国家自然科学基金面上项目:
"大学生创新创业能力评价体系与结构模型研究"
(71974163)终期成果

获得厦门大学教育学一流学科建设基金资助

创新创业教育丛书
王洪才 主编

研究型大学本科生创新创业能力培养研究

——中外比较的视域

郑雅倩◎著

厦门大学出版社 国家一级出版社
XIAMEN UNIVERSITY PRESS 全国百佳图书出版单位

图书在版编目(CIP)数据

研究型大学本科生创新创业能力培养研究：中外比较的视域 / 郑雅倩著. -- 厦门：厦门大学出版社，2024.7. -- (创新创业教育丛书 / 王洪才主编).
ISBN 978-7-5615-9452-0

Ⅰ. G647.38

中国国家版本馆 CIP 数据核字第 2024H7D434 号

责任编辑　曾妍妍
美术编辑　李夏凌
技术编辑　朱　楷

出版发行　厦门大学出版社
社　　址　厦门市软件园二期望海路 39 号
邮政编码　361008
总　　机　0592-2181111　0592-2181406(传真)
营销中心　0592-2184458　0592-2181365
网　　址　http://www.xmupress.com
邮　　箱　xmup@xmupress.com
印　　刷　厦门集大印刷有限公司

开本　720 mm×1 000 mm　1/16
印张　17.5
插页　2
字数　300 千字
版次　2024 年 7 月第 1 版
印次　2024 年 7 月第 1 次印刷
定价　69.00 元

本书如有印装质量问题请直接寄承印厂调换

厦门大学出版社
微信二维码

厦门大学出版社
微博二维码

总序

一、创新创业教育是我国高等教育进入大众化后提出的急迫命题

众所周知，创新创业教育是我国高等教育进入大众化阶段后才出现的一个命题，其产生的最直接，也是最主要原因就是高等教育入学人口激增致使大学生就业压力加剧。事实上，早在高等教育精英化阶段后期，我国高校毕业生就业压力问题就已经呈现出来了，当时集中的问题是"所学专业与就业岗位不对口"和"区域性的供需关系不匹配"以及"人才供需结构不平衡"。当高等教育进入大众化阶段后，高校毕业生就业难问题就成为一个非常突出的矛盾。事实表明，传统的就业岗位供应已经很难满足数量迅速增长的大学生毕业人口的需求，为此必须开辟大批新的就业岗位。有识之士普遍认为掌握先进知识和技术的大学生有可能成为开辟新工作岗位的重要分子，这可能是创新创业教育概念提出的最直接动因。换言之，当代大学生在掌握先进知识和技术之后，也可以不走传统的直接就业路径，而走独立创业路径，特别是在新技术领域和新行业进行创业。如此就可以在一定程度上缓解就业压力问题。显然，能够开展这种创新创业活动的是极少数学生，对于绝大多数学生而言，创新创业意味着运用掌握的知识和技术去进行岗位创业，通过钻研岗位所需要的知识、技术和技能而为所在部门做出创造性贡献。

必须指出，创新创业教育概念的提出具有鲜明的时代特征。我们知道，创新创业教育概念提出之时恰是我国社会经济发展处于动能转变时期，传统的依靠密集劳动的粗放型经济发展时代已经过去，再依靠引进简单技术和来料加工进行低附加值生产的时代也一去不复返了，我国社会经

济发展动力必须转向依靠自主知识创新,换言之,我国经济增长不能再依靠粗放型发展模式,必须转向集约型经济,集约型经济所依靠的不是劳动力数量或资本数量的增加,而是依靠技术创新、知识创新。这就涉及人力资源的开发问题,从本质上说就是依赖于培养大量具有创新知识、创新技能和创业能力的人才,而人才培养这一重要使命必然首先落在大学身上,这也是我国在高等教育领域提出创新创业教育的另一个动因。

此外,还有一个更深层次的动因,那就是作为高等教育学习主体的学生群体发生了巨大变化,要求高等教育人才培养模式必须变革,否则就难以适应学生的需要。我们知道,新一代大学生基本上都是网络时代的原住民,已经习惯于从网络世界接受学习资源,不再满足于从教师身上获取知识,为此师生关系模式、教学模式必须转变,人才培养规格必须转变,否则就难以适应他们的发展要求,从而高等教育系统自身也面临着创新与创业的要求。所以,创新创业教育也有高等教育自身转变的意味。对于这一点,虽然高等学校普遍有所意识,但还没有转变为行动动力。

最后,也是一个根本性原因,那就是消除应试教育带来的后遗症,把创新创业教育作为解决应试教育的根本对策。我们知道,应试教育严重压抑了人的创造性,使学生的创新思维处于一种不发达状态,从而导致人的创新动力不足、创业能力欠缺。这种教育模式显然无法适应高等教育大众化的就业形势要求,提出创新创业教育策略可以从根本上解决这一问题。创新创业教育无疑是以创新创业能力培养作为人才培养的根本指向,目的就在于改变目前人才普遍缺乏创新活力和创业动力的问题,旨在带动整个教育系统向创新创业方向转变,使整个教育系统具有创新活力与创业动力,从而带动中华民族整体素质的提升。如此,提出创新创业教育概念是高等教育发展战略观念转变的标志。所以,我们认为创新创业教育是一种具有中国特色的高等教育改革发展观念。

二、创新创业教育本质在于开发每个学生身上潜藏的创造力

显然,开展创新创业教育并非一件易事,因为它试图从根本上扭转传统的应试教育体制,从而注定了要走一条充满荆棘的坎坷之路。开展创新创业教育,需要反对传统的教育观念,即要反对传统的以知识传授为中心

的教学模式,在该教学模式下,学生常常作为被动的受体出现,把接受现成知识作为核心任务,并没有把学生的能力发展作为中心任务。这种教学模式的典型表现就是"老师讲、学生听""上课记笔记,考试背笔记,考后全忘记"。事实上,学生认真听讲、记笔记属于优质课堂的表现,而大量学生在课堂并未认真听讲,而是在玩手机,从而造成了大量的"水课"出现。如果不改变这种教学模式,不从根本上转变传统教学观念,创新创业教育就无法有效开展。可以说,扫平创新创业教育面临的观念障碍是首先需要解决的问题。

转变传统教学观念需要确立正确的教育观念,提出创新创业教育概念可谓正应其时。当然,对创新创业教育概念的理解应该突破狭隘化的误区。传统上对创新与创业两个概念都存在着严重的狭隘化理解,从而形成了另一种观念障碍,如果不能从根本上突破这种观念障碍,创新创业教育也不可能顺利开展。对创新创业概念最常见的狭隘化理解是把创新看成是科学家的事,把创业看成是企业家的事,认为创新创业是与普通人无关的事。这种狭隘化事实上就是把创新创业神秘化,如果这样的认识得不到澄清,那么创新创业教育就无法广泛开展。在实践中还存在着一种狭隘化认识,认为创新创业教育是一种专门化训练如"创业训练",从而与专业教育或通识教育无关,这种封闭化认识导致了创新创业教育的开展独立于专业教育与通识教育之外。虽然这种误解与目前的管理体制有关,但确实产生了割裂创新创业教育的结果。这一切都是创新创业教育进行过程中的观念障碍,都必须及时清理。

我们认为,正确的创新创业教育观念应该认识到创新创业与每个人的生活息息相关,同时与每个人的福祉息息相关,也与国家利益、中华民族根本利益息息相关。创新就是我们克服困难的过程,创业就是取得事业成功的过程,创新创业教育就是培养每个人克服困难的能力和获得成功的本领,这就是创新创业教育的本质内涵。这就回答了创新创业教育是什么的问题。因而,对创新创业教育的认识,集中在对创新创业教育目标的设计上,也即"培养什么人",因为只有知道创新创业教育力求达到的目标是什么,才能进行具体的规划设计和具体的制度设计。

创新创业教育无疑就是要培养大学生成为具有创新创业精神、创新创业能力和创新创业动力的创新创业人才。可以说，具有创新创业精神主要属于认知层面，创新创业能力属于实践层面，创新创业动力属于意志层面或人格层面。形成创新创业精神并不难，难的是形成创新创业能力，最难的是始终具有创新创业动力。创新创业精神形成是前提，创新创业能力形成是关键，创新创业人格形成是根本。具有创新创业的精神不一定具有创新创业能力，具有创新创业能力不一定使其成为终身追求，因为这些都与环境有关，与教育方式有关，与个体志趣有关。只有具有创新创业的人格追求才能最终成为创新创业人才。

培养大学生具有创新创业能力就是创新创业教育的关键点和核心，一句话，如果我们无法培养大学生具有创新创业能力，那么创新创业教育就不可能是成功的。因此，如何培养大学生具有创新创业能力是整个创新创业教育关注的核心问题。

三、创新创业教育高质量发展需要探明的五个基本问题

要培养大学生创新创业能力，就需要回答五个基本问题：一是创新创业能力该如何进行科学定义并实施有效的测量？这是创新创业教育高质量发展面临的最为核心的问题。因为创新创业教育目标就在于培养大学生的创新创业能力，如果不能对创新创业能力进行科学的界定，那么就很难进行科学的引导和评价。二是创新创业能力发展主要受哪些因素影响以及其内在作用机制是什么？这是对创新创业能力发展机制的探讨，因为创新创业能力发展不可能发生在真空中，不可能完全由个体天赋决定，必然受到后天因素的影响，在现实中这些因素究竟是如何作用于创新创业能力发展过程的，就需要探明。三是创新创业能力培养如何适应不同学校办学层次或类型的要求并发挥各自的优势？这是对创新创业教育活动主体职能的探讨，即探讨高等学校如何依据自身的特点来开展有效的创新创业教育促进大学生创新创业能力最大程度地发展。四是该如何检验目前我国高校大学生的创新创业计划项目实施的效果以及该如何完善？这是对我国创新创业教育重要举措的实施效果的研究，检验我国大学生创新创业计划项目究竟发挥了什么样的作用，能否为创新创业教育高质量发展提供

有力的支持。五是如何借鉴国外经验以促进我国创新创业教育制度设计更加完善？这是站在国际视野高度来审视我国创新创业教育优化问题，也即怎么来取长补短、洋为中用，使我国创新创业教育获得突破性发展，实现高质量发展的目标。

（一）关于创新创业能力的界定与测量

关于创新创业能力的科学定义和有效测量，可谓是创新创业教育推行过程中面临的一个最基础的且也是最核心的问题。[①] 如前所述，创新创业教育目标是培养创新创业人才，其中关键是培养大学生具有创新创业能力，如果不明确创新创业能力的具体内涵，那么创新创业教育就缺乏明确的指导性，也就无法建立科学的导向机制。对创新创业能力进行测量的目的则是为创新创业教育开展建立一个有效的督促机制，因为人们总是根据评价标准来调整自我行为方式，如果创新创业能力不可测量，人们就不知道自己创新创业能力培养的效果如何。当创新创业能力可以测量时，人们就容易观察自身工作的成效和具体改进及努力的方向。所以，创新创业能力的科学界定与有效测量是创新创业教育推进过程中面临的最基础问题。但由于能力测量向来都是一个非常复杂的课题，而且创新创业能力本身又是一个新课题，故而研究的难度大，进行测量的难度也非常大。正因为研究这个问题的难度大，所以相关成果非常少，从而该问题也成为制约创新创业教育有效开展的"卡脖子"难题。

为了解决这个难题，我结合自身经验展开了系统的理论思辨，同时也借鉴那些成功人士的经历进行思考，总结他们创新创业能力的共同特点，从中我得到了四点启示：首先，我意识到创新创业能力绝不是一种单纯的能力，而是一种复合能力；其次，我意识到创新创业能力主要是一种行动能力而非一种思辨能力；再次，我意识到创新创业能力是一种动态发展的能力，而非一旦形成就固定不变的能力；最后，我意识到创新创业能力是一种结构性能力而非一种无序的能力组合。由此我开创性地提出了创新创业

[①] 王洪才.创新创业能力评价：高等教育高质量发展的真正难题与破解思路[J].江苏高教，2022(11)：39-46.

能力七阶段理论。在此基础上,我带领团队的核心成员段肖阳、郑雅倩、杨振芳三位博士生对背后的理论基础进行深入剖析,与已有的研究成果展开对话,最终我们确认我提出的七阶段理论具有包容性、科学性和系统性,适合作为大学生创新创业能力结构模型。在此基础上我们开展了大学生创新创业能力测量量表的开发工作,在经过三轮的施测之后,最终形成了具有良好信效度的大学生创新创业能力测量量表。由此我们开展大样本的抽样调查,通过调查进一步验证了我提出的能力理论的有效性,同时也了解了大学生创新创业能力发展状况。我们的调查有许多新发现,对于进一步开展创新创业教育具有重要的启发意义。由于段肖阳、郑雅倩、杨振芳参与了调查研究全过程,从而他们也成为《中国大学生创新创业能力结构与发展水平研究》这本书的撰写主力。段肖阳是最早加入团队开展工作的,对于文献研究和模型构建发挥了重要作用,从而承担这两部分内容的撰写;郑雅倩参与了研究设计和实证调研工作,从而适合承担这两部分内容的撰写;杨振芳负责整理我的创新创业教育论述,协助我完成绪论部分工作。

(二)关于创新创业能力发展影响因素与作用机制

无疑,对创新创业能力进行定义与测量的目的是指导创新创业教育实践,那么,如何来提升创新创业能力培养效果必然是创新创业教育关注的核心问题。为此就必须探讨创新创业能力发展的影响因素以及内在的机制问题。我们认为,既然创新创业能力是可以测量的,那么就应该找到影响创新创业能力的主要相关因素,而且也要找到这些影响因素之间的相互关系,如此就能够为创新创业能力提升计划提供有效的参考方案。我们知道,影响大学生创新创业能力成长的相关因素非常多,既有直接的,也有间接的,当然,其中必然有主要的和次要的。我们不可能罗列所有的要素,必须通过调查找到影响学生创新创业能力发展的最主要的而且也是最直接的影响因素,并且通过深度调查和统计分析来找到各种影响因素之间的相互关系,如此才能找到影响创新创业能力成长的作用机制。只有这样,我们才可能调动一切积极的因素来推进创新创业教育。很显然,如果对创新创业能力的认识不同,那么对创新创业能力的发展定位就不同,进而所发现的相应的影响因素就会出现根本的不同,因为它们背后的作用机理不同。

为了解答这个问题,我们在研制大学生创新创业能力测量量表过程中就预计到了有哪些因素可能影响大学生创新创业能力的发展。为了更好地确定大学生创新创业能力的影响因素及其作用机制,研究团队认为需要专人负责这一项工作,因为这不单纯是一项调研活动,更是一个理论探讨过程。在协商基础上,确定段肖阳作为主力主要负责探讨该问题,因为她掌握的相关研究文献最丰富,有亲身的实践经历,对该问题非常感兴趣,而且全程参与了课题研究,于是该主题就成了她的博士论文选题。事实证明她从事该项研究是非常合适的,她在研究过程中发现了一个有趣的现象,即大量数据表明,影响大学生创新创业能力发展的最主要的因素就是个体的主动性,其次是教师的支持,再次是课程与教学的影响,最后是学校环境的影响,而且学校环境、课程与教学和教师都需要通过个体主动性发挥作用,不仅如此,学校环境也需要通过课程与教学再通过教师发挥作用,构成了一个从中心到边缘的层次,由此提出了"圈层理论",可以说这是通过实证研究得出的一个微型理论。由段肖阳完成的《中国大学生创新创业能力影响因素研究:基于全国大样本的实证研究》系统地阐释了"圈层理论"的提出和验证过程。

(三)高校层次与类型对创新创业能力发展的影响

对大学生创新创业能力发展影响因素的认识,必然涉及办学条件、办学环境的影响问题。我们知道,大学生创新创业能力发展必然会受到环境的影响,但办学条件对大学生创新创业能力发展的影响究竟如何确实值得探索。具体而言,我们并不清楚究竟是哪一类大学对大学生创新创业能力发展影响大:是研究型大学,还是应用型大学,或是高职高专院校?它们之间完全没有区别是不可能的,但它们之间的区别究竟显著不显著却无法确定。我们可以预料,创新创业能力必然受家庭环境影响,因为家庭文化氛围对一个人的创新创业意识和创新创业精神形成具有潜移默化的影响,也必然在一定程度上影响个体的创新创业能力。但创新创业能力更多是个体在挑战环境、挑战困难的过程中形成的,所以个体的学习经历和生活经历发挥着关键作用。创新创业能力发展必然也存在着学科差异,因为有的学科偏重于应用性,对学生实践能力训练的作用更直接,从而更有利于创新创业能力成长;而有的学科更偏重于理论知识传授,对创新创业能力的影响可能就不直接,那么作用就不怎么显著。创新创业能力也会受到性别因素影响,因为性别角色对个体的自我认知会产生非常大的影响。此外,课堂教学模式对大学生的创新创业能力影响也是非常直接的,因为它能够直接影响个体主动性的发挥,影响个体的思维方式,特别是影响个体的交往能力发展。这一切都可以汇集到学校校园文化和办学风格上。如果学校非常注重创新创业能力培养,就会有意识地创造条件,促进大学生参加创新创业实践活动,如此就会使大学生的创新创业能力得到更快的发展。一句话,创新创业能力发展主要是受教育环境的影响。要使一个人的成长不受环境因素影响是不可能的,但究竟受到多大程度上的影响？大学生的个体在与环境互动之中究竟处于什么位置？这对个体创新创业能力的发展究竟发挥了什么作用？这些是必须思考的。

事实上,我们在进行了大样本的数据调查之后,就发现这些问题得到了一定程度的解答。调查数据显示,大学生创新创业能力发展确实与个体的主动性发挥具有直接的关系,但与学校的层次类型没有直接的关系,甚至呈现了一些难以理解的状况,即研究型大学的创新创业能力反倒不如应用型大学和高职高专院校。这种情况非常出人意料,必须予以验证与解释。为了揭示这个现象,我们开展了个案研究,选择一些具有代表性的高校进行验证,看这种状况在个案学校是否存在。具体操作方式是在各层级高校中选择1～2所案例学校进行研究,综合比较各个因素在不同层次类型高校中的表现,由此来判断环境作为一个整体因素是如何影响大学生创新创业能力发展的。这就是我们团队《中国大学生创新创业能力发展路径研究:基于不同类型高校的实证分析》一书的由来,段肖阳、杨振芳、郑雅倩、李淑娥、孙佳鹏五位博士生承担该项工作。

(四)大学生创新创业训练计划项目实施效果

为了促进大学生创新创业能力培养,国家进行了强有力的政策指导,如评选创新创业教育示范校,评选创新创业实践基地,组织大学生创新创业大赛,从而为高校开展创新创业教育创设了良好的政策氛围。在国家政策的引导下,高校开设了大学生创新创业训练计划项目(简称"大创"项目),设立大学生创业园,鼓励大学生开展多种形式的创新创业实践。许多高校都设有大学生创新创业训练计划项目,以此作为培养大学生创新创业能力的主要阵地。我们认为,这种大学生创新创业实践机会是非常难得的,对大学生创新创业能力的提升作用也是比较明显的。那么,我们需要知道:大学生创新创业训练计划项目究竟是如何发挥作用的?其中的作用机制是什么?哪些做法更有效?是否存在着规律性?这是一些非常有趣的问题。我们知道,大学生创新创业能力培养肯定不能脱离具体专业学习,离开专业知识支撑,创新创业教育就难以走向深入,创新创业能力也难以健康发展。但如果专业学习的理论性太强,缺乏实践机会,大学生创新创业能力发展也不会太顺利。所以,如何处理理论学习与实践探索的关系,始终是创新创业能力培养面临的一个难题。大学生创新创业训练计划项目的实施为解决该问题提供了一个有效途径,因而,如何充分发挥这一制度的作用是我们必须要认真思考的。

要完成这样一项研究任务,需要对大学生创新创业训练计划项目运行过程有一个基本的了解,最好是实际参与过大学生创新创业训练计划项目的设计和指导工作,了解每个环节的运行规则。杨振芳显然具有该方面的优势,因为她实际指导过大学生参加并完成了大学生创新创业训练计划项目,而且她本人对探究该议题具有浓厚的兴趣,所以她把该研究主题作为她的博士论文选题。她经过两年多的田野调查,对多所高校的大学生创新创业训练计划项目团队进行了访谈,提炼出大学生创新创业训练计划项目有效运行的基本特征,回答了有效运行的内在机理问题。这个研究结果与研究过程构成了《大学生创新创业训练计划项目育人有效性研究》一书。

(五)国外创新创业教育对我们的借鉴意义

创新创业教育作为具有中国特色的高等教育理念,是在学习国外先进经验基础上进行的本土化创新,是针对中国高等教育存在的实际问题提出的发展理念。但是从理念到行动仍然有不少路要走。如何才能使中国创新创业教育比较稳健地发展?此时吸收国外先进经验就不可少,那么国外高校是如何培养大学生创新创业能力的？有哪些比较成功的经验值得我们学习和借鉴？如何才能进一步完善我国的创新创业教育体系？这些都是非常值得关注的问题。郑雅倩对这些问题非常感兴趣,她从硕士阶段就开始关注"保研生"创新创业能力发展问题,进入博士阶段后对创新创业教育兴趣更浓,特别是对国外大学开展创新创业教育的经验非常感兴趣,所以她主持完成了《研究型大学本科生创新创业能力培养研究：中外比较的视域》一书。

我们知道,对大学生创新创业能力培养在国际上具有比较长的历史,早在20世纪中期美国哈佛大学就已经开始了创业教育实践,但之后发展并不顺利,直到20世纪末叶才形成一个比较大的高潮。这个时期我国刚刚引入创业教育概念,尚未开展大面积的实践。尽管此时我国已经开始进行教育改革,但改革主要是为了让教育从服从计划体制要求转变到适应市场经济发展要求。高等教育的人才培养目标也发生了剧烈变化,开始从传统的"专业对口式"人才培养模式转变到培养复合型人才上,但并未涉及创新创业教育主题,虽然当时已经出现了部分大学生就业难问题。这个时期我国高校主要是在商学院中引入创业教育概念并进行了试点。创新教育观念开始在中小学中兴起,尚未进入高等教育改革视野。进入新世纪之后,我国改革开放进入深化期,高等教育开始重视学习国外的先进经验,开始重视创新能力培养问题,但并未形成一种普遍认识,而对大学生创业能力培养的重视是随着高等教育大众化的深入而兴起的。当走过新世纪第十个年头后,我国对创新教育与创业教育有了新的认识,开始把两者整合成一种新的教育理念,从而创新创业教育在高校得到普遍重视,其中创新创业大赛在其中发挥了决定性作用。

四、对创新创业教育五个基本问题的解答过程

显然,以上五个问题的解答都非常具有挑战性,每解决一个问题都会在理论上或实践中产生很大的推进作用。当然,各个问题之间还是存在着一定序列的,其中最具有挑战性的还是创新创业能力概念的界定与测量问题,因为它是最基础的问题。为了解答这个问题,我们对以往的创新与创业概念进行了系统的梳理,找到传统理解存在的不足,然后根据现实需要

赋予其新内涵。传统上人们对创新与创业的理解存在着严重的神秘化和窄化误区，不利于创新创业教育走向大众，所以破除这种神秘化与窄化是当务之急。

过去人们经常把创新与科学家联系在一起，创业与企业家联系在一起，这就把创新与创业神秘化了。目前人们对创新创业教育的理解主要是围绕创办科技企业进行的，这种理解使创新创业教育内涵严重窄化了，束缚了人们对创新创业教育的热情。我们进行观念创新的目的是使创新创业教育适合每个人，使创新创业教育能够发现每个人所具有的创新创业潜质，从而可以进行针对性的教育，只有这样才能使创新创业教育收到成效。这是本丛书的基本观念，我们在每本书的基本概念探讨中都会突出这个观点。

在达成这一基本理解之后，我们就开始了广泛萃取创新创业教育成功案例的工作，[①]进而凝练创新创业教育成功经验，从中建构评判创新创业成功的核心指标，最终形成创新创业能力指标体系，构建出创新创业能力模型。其中最为关键的一步是大学生创新创业能力测量量表的制定。显然这是一个非常复杂的系统工程，非单个人可以胜任，必须发挥团队的优势才能承担。作为课题负责人，我主要负责创新创业教育的理念构建和创新创业能力框架的设计工作，为整个团队的研究提供理论解释与指导；另一个主要工作就是组织团队进行量表研制开发和系列测试。段肖阳在其中发挥了骨干作用，她是我创新创业教育思想的第一个受众，也是创新创业能力测量量表研制过程中的主要联系人，她自身具有长时间创新创业实践的亲身经历，对创新创业教育具有浓厚的兴趣，她的博士论文选题就是关于大学生创新创业能力影响因素的研究。郑雅倩在本科阶段参加过创新创业实践活动，在硕士阶段就已经参与了我的创新创业教育课题研究，并且采用扎根理论方法对参加夏令营的大学生进行了调研分析，顺利地完成了硕士阶段学业并进入博士阶段学习，而且在段肖阳博士毕业后担负起团队联系人的职责，在本次研究中重点负责中外创新创业教育比较。这两

[①] 王洪才,刘隽颖,韩竹.中国特色的高职"双创"教育模式探索：以宁波职业技术学院"1234"创新创业教育模型建构为案例[J].教育学术月刊,2018(2):56-64.

位联系人都有非常强的敬业精神和韧性品质,敢于挑战困难,能够把挑战当作自己成长的机遇。杨振芳虽然是后来加入的,但她具有心理学专业基础,在量化研究过程中具有优势。她具有强烈的挑战自我的愿望,所以在博士论文选题中大胆采用质性研究方法来研究大学生创新创业训练计划项目的实践效果,想从典型事例出发来分析大学生创新创业训练计划项目有效运行的机制。她们三个人在整个研究过程中都发挥了核心成员的作用,特别是在大学生创新创业能力测量量表的研制过程中开展了高密度、高强度的研究合作,最终使量表研制获得圆满成功。李淑娥博士生和孙佳鹏博士生都是后来吸收进研究团队的,这两位博士生都具有丰富的管理实践经验,都对创新创业教育问题非常感兴趣,两人的学习能力非常强,她们很快就融入了团队,在不同类型高校案例研究过程中发挥了积极的作用。

在对大学生创新创业能力测量量表研制成功的基础上,我们对我国大学生创新创业能力的发展状况进行了大面积的测量,取得了一系列可喜的成果。

首先,我们开展理论探索,[1]为本丛书的撰写进行理论铺垫;进而瞄准国内创新创业教育研究热点,[2]从本体论意义探索创新创业教育内涵。[3]我们是从重新界定创新与创业概念进行突破的,[4]把创新创业能力研究作为重点和突破点,[5]开创了创新创业教育研究新风尚。我们进行了一系列的理论创新,把创新创业教育从狭义推向广义,[6]整体更新了人们关于创新创业教育的观念;发现了创新创业教育的多重蕴涵,[7]从而为创新创业教育体系构建提供了理论基础;发现了创新创业教育在中国高等教育转型

---

[1] 王洪才.创新创业教育必须树立的四个理念[J].中国高等教育,2016(21):13-15.

[2] 王洪才,刘隽颖.大学创新创业教育核心·难点·突破点[J].中国高等教育,2017(Z2):61-63.

[3] 王洪才.创新创业教育的意义、本质及其实现[J].创新与创业教育,2020,11(6):1-9.

[4] 王洪才.创新创业能力的科学内涵及其意义[J].教育发展研究,2022,42(1):53-59.

[5] 王洪才.创新创业能力培养:作为高质量高等教育的核心内涵[J].江苏高教,2021(11):21-27.

[6] 王洪才,郑雅倩.创新创业教育的哲学假设与实践意蕴[J].高校教育管理,2020,14(6):34-40.

[7] 王洪才.论创新创业教育的多重意蕴[J].江苏高教,2018(3):1-5.

与发展中的地位,①引导人们从战略角度认识创新创业教育;发现了创新创业教育是中国本土化高等教育发展理念,②为构建中国高等教育自主知识体系和话语体系做出了贡献。这些理论探索,为创新创业能力的测量与评价研究打下了良好基础。最终,我们建构了创新创业能力的结构模型,③研制出具有广泛适用性的创新创业能力测量量表,④对该量表拥有完全知识产权。

其次,我们发现大学生创新创业能力发展存在着一系列不平衡现象,⑤其中最大的发现是:大学生创新创业能力并未随年级提升而不断提升,而且也没有受到学校层次和类型的显著影响,从而打破了人们对大学生创新创业能力发展的美好想象。这些新发现具有重要的学术价值和实践意义,成为我们进行深入研究的切入点。

再次,我们对调查发现的大学生创新创业能力发展状况展开一系列的解释性研究,也即致力于发现创新创业能力发展背后的影响因素及其作用机理。我们发现自我发展理论是创新创业能力发展的最重要的理论基础,理性行动理论能够为创新创业能力模型构建提供重要的学术支撑。

复次,我们展开了多个案例研究来验证调查研究发现的结果。通过分类型研究不同高校的大学生创新创业能力发展状况及其影响因素,也通过高校的大学生创新创业计划项目的实践案例来研究创新创业教育的实施效果。多方面的案例研究就为了解释创新创业能力测量结果的有效性和普适性。

最后,我们也通过比较视角来审视国内外高校在开展创新创业教育方

---

① 王洪才,汤建.创新创业教育:高等教育内涵式发展的关键[J].武汉科技大学学报(社会科学版),2021,23(1):110-116.
② 王洪才.创新创业教育:中国特色的高等教育发展理念[J].南京师大学报(社会科学版),2021(6):38-46.
③ 王洪才.论创新创业人才的人格特质、核心素质与关键能力[J].江苏高教,2020(12):44-51.
④ 段肖阳.论创新创业能力模型与评价指标体系构建[J].教育发展研究,2022,42(1):60-67.
⑤ 王洪才,郑雅倩.大学生创新创业能力测量及发展特征研究[J].华中师范大学学报(人文社会科学版),2022,61(3):155-165.

面的差别,借鉴国外先进经验,弥补自身的不足。自然而然,美国高校就成为主要的比较分析对象,因为美国是一个典型的创新型国家,全社会对创新创业持高度认同的态度,这种认同也渗透到高校的办学制度设计和政策制定上。所以,认真分析和借鉴国外高校的成功经验对于客观地认识我国创新创业教育存在的不足具有重要的启发意义。

五、创新创业能力研究需要扎实的田野研究与系统的思辨研究相结合

通过研究我们发现,只有将创新创业教育与日常生活建立密切的联系,才能找到创新创业教育的切入口,否则创新创业教育就只能流于概念式的宣教。当前创新创业教育面临的最大问题是各个高校都没有把创新创业教育与专业教育、通识教育和思想政治教育有机地联系起来,各种教育都是分别实施的,没有组成一个有机整体,好像创新创业教育本质上是一种专门技能训练,只有通过特殊培训才能成功。这种理解就使创新创业教育与其他教育割裂开来。创新创业教育要想有效开展必须打破这种割裂局面,如果不从对创新创业概念的理解进行突破,就很难推动创新创业教育有效开展。事实上,创新创业教育是一个庞大的体系,它包含了专业教育和通识教育,特别是思想政治教育,因为思想政治教育根本目的就是解决培养什么样的人的问题,而创新创业教育就为此提供了答案,即培养社会急需的创新创业人才!专业教育和通识教育就是为培养创新创业人才提供支撑。

可以看出,解决创新创业教育观念问题是一个复杂的思辨研究过程,当然,这也是一个深入认识创新创业教育本质的过程。从深层次讲,这也是一个将创新创业本质与创新创业具体实践有机联系在一起的过程,如果研究者没有长期的创新创业实践体验就难以进行有效的哲学思辨,也就难以提炼出影响创新创业能力的有效因子,那么也就难以认识创新创业的真正本质。显然,如果研究者缺乏对复杂事物的透视分析能力,也就无法认识创新创业的本质,自然也就难以领会创新创业能力的旨趣。因此,对创新创业能力的界定过程是一个思辨研究与田野研究紧密结合在一起的活动。相对而言,在对创新创业能力内涵进行清晰的界定之后再进行操作化和指标化就简单多了,尽管这个工作仍然非常烦琐细碎。当我们对创新创业能力进行科学界定之后,就基本上确立了测量创新创业能力的理论框架。有了这个基本框架指引,先确立核心要素,后找到关键的指标,然后形成指标体系,再通过问卷调查进行测量验证,最终就可以形成一个比较完整的测量量表。不得不说,这也是一个巨大工程,需要进行反复的尝试和调整。

当大学生创新创业能力测量量表构建出来之后,后续的验证工作和结果分析就容易开展了。首先,我们可以根据测量量表来衡量目前大学生创新创业能力发展水平。这是一个非常重要的工作,因为这关系到对高等教育质量的评价,关系到教育投入,关系到对学生发展的引导,所以与创新创业教育如何正确定位有关。一旦建立创新创业能力测量量表,就容易确定影响创新创业能力发展的基本维度,那么进行相应的教育计划调整就容易多了。其次,我们可以结合测量量表再针对性地开展影响因素问卷研制,从而可以确定各影响因素的作用并确定各因素之间相互作用的原理,如此许多教育行为及其效果就容易解释了。再次,我们可以运用该量表对具体的教育行为过程的效果进行评定,验证它们对大学生创新创业能力发展究竟发挥多大的作用。最后,我们可以运用该量表展开对大学生的跟踪调查,看看大学生在哪个阶段表现最好,哪个阶段表现不尽如人意,由此我们可以建立大学生创新创业能力发展的数据库,为大学生创新创业教育的开展提供咨询服务,如此就可以使研究成果广泛运用于创新创业教育改革实践中。

可以说,从事大学生创新创业能力研究对于每位作者都是一次非常重要的学术创业实践,因为创新创业教育是新时代高等教育发展面临的最为急迫也是最为核心的难题,解答这个难题无疑需要巨大的学术勇气,因为它不仅需要我们转变思维模式,还需要改变自己的研究范式,需要重新建构自身的知识体系和能力系统。我们的研究团队经受住了这次考验,这次考验也使我们每个人进一步成熟和成长起来。在此感谢国家自然科学基金所提供的这一次机遇,这次机遇为我们团队发展提供了良机,我们衷心希望能不负国家自然科学基金所托,做出具有中国自主知识产权的科研成果,为后人进一步研究创新创业教育主题打下一个扎实的基础。

六、反思与展望

我们知道,解决大学生创新创业能力测量和评价问题只是推进创新创业教育体系建设工作的重要一环,创新创业能力影响因素研究、"大创"项目研究和国外借鉴研究对创新创业教育体系建设仅仅发挥辅助作用,未来建设创新创业教育体系的任务还非常繁重,可谓道阻且长。不得不说,思维方式革命是先导,如果不能确立创新创业价值在高等教育活动中的核心地位,就难以顺利推进创新创业教育。创新创业精神完全融入专业教育与通识教育过程中是创新创业教育体系建设的根本目标。只有管理系统把大学生创新创业能力成长作为评价高等教育质量高低的主要衡量指标时,高等教育系统变革才能走向成功。由于专业教育就是一种成才教育,通识教育就是一种成人教育,创新创业教育的有效开展依赖于专业教育的成功,创新创业教育又是通识教育的时代精华所在,故而,只有专业教育与创新创业教育完全融合,创新创业教育实践才算真正成功,那时中国高等教育就实现了彻底的转型,就能够为中国社会经济的高质量发展提供战略性支撑和源源不绝的动能,那时也是中国式高等教育现代化成功之时。让我们为此目标的实现加倍努力!

王洪才

于厦门大学黄宜弘楼

2022 年 12 月 25 日

目录

第一章 研究型大学本科生创新创业能力培养的研究背景 /001

第一节 研究型大学本科生创新创业能力培养的研究缘起 /001
一、本科人才培养质量：研究型大学教育改革发展的关注重点 /002
二、实施创新创业教育：提高本科人才培养质量的重要行动 /004
三、厘清创新创业能力：引导创新创业教育走出形式化的关键 /007

第二节 本科生创新创业能力培养的核心概念 /009
一、研究型大学 /010
二、创新创业 /012
三、创新创业能力 /018

第三节 研究目的与研究过程 /020
一、研究目的 /020
二、研究问题与研究思路 /020
三、研究方法与研究过程 /022
四、研究重点与研究难点 /025

第四节 研究意义 /026
一、理论意义 /026
二、实践意义 /026

第二章 研究型大学本科生创新创业能力培养的文献综述 /027

第一节 我国高校创新创业教育发展的基本历程 /027
一、高校创新创业教育政策体系日渐完善 /027

    二、高校创新创业教育实践载体不断丰富 /029

    三、高校创新创业教育理念转向关注内生性创业 /031

第二节　本科生创新创业能力内涵与培养方式研究 /033

    一、创新创业能力的内涵界定 /033

    二、创新创业能力的组成结构 /035

    三、创新创业能力的培养场所 /038

    四、创新创业能力的评价方式 /041

第三节　研究述评 /043

    一、关于研究型大学本科生的系统研究较少 /044

    二、关于创新创业能力结构的研究尚处于起步阶段 /044

    三、采用混合研究方法成为研究趋势 /045

第三章　研究型大学与本科生创新创业能力培养 /047

第一节　具有开拓精神的人：一流研究型大学本科人才培养目标 /048

    一、一流研究型大学的案例选择 /048

    二、一流研究型大学本科人才培养目标内涵释义 /052

    三、一流研究型大学本科人才培养目标内涵的启示 /061

第二节　一流研究型大学本科人才培养目标与创新创业能力 /065

    一、体现"自我发展与能力导向"的本科人才培养理念 /065

    二、体现"全球视野与社会关怀"的本科人才培养需求 /067

第四章　研究型大学本科生创新创业能力模型的初步构建 /072

第一节　理论依据及其整合框架 /073

    一、自我概念理论 /073

    二、社会认知理论 /074

    三、计划行为理论 /076

    四、理论的整合框架及适用性分析 /077

第二节　欧盟创业能力框架的要点解读与思路借鉴 /078

    一、欧盟创业能力框架的研制背景 /078

    二、欧盟创业能力框架的研制过程 /079

三、欧盟创业能力框架的内容概要 /080

四、欧盟创业能力框架的特点及启示 /085

第三节 研究型大学本科生创新创业能力的框架构建 /085

一、扎根理论研究方法的设计 /086

二、研究型大学本科生创新创业能力的构建 /096

三、理论饱和度检验 /112

第四节 研究型大学本科生创新创业能力模型的内涵分析 /112

一、研究型大学本科生创新创业能力要素释义 /113

二、研究型大学本科生创新创业能力结构模型的内在联系 /133

三、模型修正及说明 /137

第五章 研究型大学本科生创新创业能力结构模型的验证 /139

第一节 量化研究的设计及实施 /139

一、量化研究的思路及程序 /139

二、量表题项设计 /140

三、抽样与样本特征 /142

四、项目分析及信度检验 /144

第二节 基于探索性因子分析的研究型大学本科生创新创业能力 /146

一、因子分析前提条件检验 /146

二、分量表探索性因子分析结果 /148

第三节 研究型大学本科生创新创业能力结构模型的检验结果 /154

一、分量表验证性因子分析结果 /154

二、研究型大学本科生创新创业能力结构模型分析结果 /162

第六章 案例高校本科生创新创业能力的培养行动 /164

第一节 我国案例高校本科生创新创业能力的培养行动 /165

一、清华大学本科生创新创业能力的培养行动 /165

二、浙江大学本科生创新创业能力的培养行动 /176

三、香港中文大学本科生创新创业能力的培养行动 /185

第二节 国外案例高校本科生创新创业能力的培养行动 /190

一、美国斯坦福大学本科生创新创业能力的培养行动 /190

二、新加坡南洋理工大学本科生创新创业能力的培养行动 /199

　　三、法国里昂中央理工学院本科生创新创业能力的培养行动 /211

　　四、印度理工学院孟买分校本科生创新创业能力的培养行动 /218

第三节　研究型大学本科生创新创业能力培养的异同 /225

　　一、共性特征 /226

　　二、差异表现 /227

第七章　研究总结、建议与展望 /228

第一节　研究结论 /229

　　一、创新创业能力是衡量研究型大学本科人才培养质量的
　　　　重要指标 /229

　　二、创新创业能力结构模型为研究型大学本科人才培养提供
　　　　参考依据 /232

　　三、以知识生产范式转型引领研究型大学本科生创新创业
　　　　能力培养 /233

第二节　对策与建议 /235

　　一、克服功利化创新创业教育理念，重视研究型大学本科生创造
　　　　性人格的养成 /235

　　二、以创新创业能力结构模型为指导，改革研究型大学本科教育
　　　　人才培养模式 /237

　　三、把本科生创新创业能力发展作为评价研究型大学本科教育
　　　　质量的重要内容 /239

第三节　研究不足与研究展望 /240

参考文献 /242

附录 /249

　　附录一　研究型大学本科生创新创业能力访谈提纲 /249

　　附录二　研究型大学本科生创新创业能力调查问卷 /251

后记 /256

第一章

研究型大学本科生创新创业能力培养的研究背景

研究型大学本科教育是一流本科教育的重要组成部分，研究型大学的发展水平关乎国家高等教育的整体发展水平。院校发展水平体现在人才培养质量上，彰显于人才的创新创业能力水平。培养具有创新创业能力的人才不仅是一流本科教育建设的必然要求，也是面对新一轮产业革命和技术革命变革要求的现实考量。但研究型大学本科生创新创业能力培养仍存在种种困境。基于此，我们不禁反思：究竟什么是创新创业能力？究竟该如何培养具有创新创业能力的人才？这成为研究型大学提升人才培养质量的关键问题。

第一节 研究型大学本科生创新创业能力培养的研究缘起

高校人才培养质量是一个亘古不变的研究议题。《教育部关于进一步深化本科教学改革全面提高教学质量的若干意见》《教育部关于加快建设高水平本科教育全面提高人才培养能力的意见》等系列政策的颁布，持续推动我国高校开展提升人才培养质量的理论和实践探索。"大学应该为学生适应持续变化的社会并创造一个更美好的社会做准备"[①]逐渐成为共识，我国高校人才培养质量的衡量标准从注重就业率、升学率等外在性客观指标渐而转向重视学生的素质培养、能力内化等关注学生个体成长的关键性指标。创新创业教育

---

① 王建华.创业精神与大学转型[J].高等教育研究,2019,40(7):1-9.

就是这场高校人才培养质量建设持久战中的产物。创新创业教育①作为一种新型教育理念和教育模式已成为国际高等教育领域理论探讨和实践探索的重要议题。但在我国,关于高校创新创业教育的理论与实践探索起步较晚,并且主要得益于政府"自上而下"的推动。随着高校创新创业教育的深入推进,什么是创新创业教育?如何避免创新创业教育沦为"运动式"创新创业活动?如何评价创新创业教育质量?这些尚未得到较好解答却又亟须揭开神秘面纱的研究议题始终困扰着我们。

一、本科人才培养质量:研究型大学教育改革发展的关注重点

当科学研究逐渐成为社会评价高校的重要标准后,高校已不再单纯地以人才培养作为办学核心。特别是在研究型大学,其本科教育所受冲击更为严峻。

研究型大学忽视本科人才培养质量是世界高等教育的普遍现象。哈佛大学本科生院前院长哈瑞·刘易斯(Harry Lewis)在《失去灵魂的卓越:哈佛是如何忘记教育宗旨的》(*Excellence Without a Soul: How a Great University Forgot Education*)一书中激烈抨击了哈佛大学本科人才培养质量。他认为美国研究型大学表面上取得了巨大成功,成为科学研究的重镇,但这些科研成果的取得实质上是以本科教育的空洞化为代价的。"大学对教学持无关痛痒的态度,更多强调教师的科研发表,极少关注教师是否上好一堂课",因此,他表示研究型大学硬件设施齐全,却迷失了教育目标,忘记了高等教育使命——"继续塑造这些学生,使其成为富有学识、智慧,能为自己的生活和社会承担责任的成年人"②。

实际上,我国研究型大学同样面临着本科人才培养质量与社会人才规格需求不平衡的现实困境。本科毕业生难以适应社会发展需求,更毋提及引领社会发展。③ 由于历史原因,我国研究型大学受国家政策支持力度较大,办学

---

① 创新创业教育为我国本土化概念,国际上因创新教育已融入教育全过程,因而"创新创业教育"主要指创业教育。本书认为二者之间差别极微,因此不作区分,即国内创新创业教育概念等同于国外创业教育,创新创业能力等同于国际上界定的创业能力。

② 哈瑞·刘易斯.失去灵魂的卓越:哈佛是如何忘记教育宗旨的[M].侯定凯,译.上海:华东师范大学出版社,2012:11.

③ 王建华.创新创业与大学范式革命[J].高等教育研究,2020,41(2):9-16.

经费相对充足,具有丰富优质的物质资源和人力资源,且又录取了国内外一流生源。① 从理论上讲,我国研究型大学在本科人才培养上具有天然优势,肩负着培养拔尖创新人才和建设世界一流大学的重要使命,理应是推动国家创新发展的领军人才策源地。但在这一系列光鲜亮丽的光环下,本科教育却逐渐成为我国研究型大学忽视的重要部分。这隐含着研究型大学在本科人才培养方式选择上存有困惑,即研究型大学本科教育该如何与社会、与时代建立有效互动,以培养能够引领社会发展的人才?

增加课堂教学时长是研究型大学本科人才培养的有效方式吗?有学者对我国研究型大学本科生学习时间与学习任务开展调查研究,高达62%的本科生每周上课时间超过20小时,甚至有21%的本科生一周上课时间超过30小时,平均每天上课6小时。② 而美国研究结果指出,平均每小时课堂学习时间应当配以2小时课外学习时间。③ 如此对比可知,我国研究型大学课堂教学时长严重挤压学生的课外自学时间。缺乏自由探索空间的教学方式,是否将加快"天之骄子"逐渐成为"优秀的绵羊"④?不可否认,增加课堂教学时长在一定程度上反映了我国研究型大学本科教育仍停留在"教师教,学生学""重灌输,轻思考"的阶段。实际上,这还隐含着价值判断:课堂教学时间越长,学生知识收获越多;知识量的增加等同于能力的增长。

增加科研训练是研究型大学本科人才培养的有效方式吗?不少学者提出研究型大学本科阶段理应以培养具有研究能力的学生为根本之道,这一认识源于研究型大学的起源,也基于研究型大学配备着最前沿且又最丰富的科研资源这一现实情况。目前,这一人才培养目标促使着我国大多数研究型大学将科研训练提前至本科阶段。有调查显示,研究型大学中大约占比30%的本科生已经辅助或正在辅助教师从事科学研究工作。⑤ 增加本科生科研训练似

---

① 周叶中.人才培养为本 本科教育是根:关于研究型大学本科教育改革的思考[J].中国大学教学,2015(7):4-8.

② 吴凡.我国研究型大学本科生学习时间与学业任务的调查研究[J].高等教育研究,2018,39(11):71-78.

③ KUH G D. What we're learning about student engagement from NSSE: benchmarks for effective educational practices[J]. Change: the magazine of higher learning, 2003, 35(2): 24-32.

④ 威廉·德雷谢维奇.优秀的绵羊[M].林杰,译.北京:九州出版社,2016.

⑤ 常桐善.中美研究型大学本科学生基本能力比较研究[J].中国高教研究,2018(2):48-55.

乎成为研究型大学提高人才培养质量的重要手段。但这种盲目增加本科生科研的做法实则体现了教育者对研究型大学本科人才培养目标的模糊认知,因为其忽略了本科生的学习情况和认知特征。由此,研究型大学本科生科研训练活动饱受诟病。例如,现实中很少有导师时常与自己的学生见面,进而导致本科生科研训练"名存实亡";又如,并非所有人均对科学研究感兴趣,强行推动本科生参加科研训练,可能致使缺乏内生动力的本科生因此放逐自我而渐渐成为平庸之才。如此可言,增加本科生科研训练虽发挥和利用了研究型大学优势资源,却在一定程度上忽略了本科教育的阶段特色,同时也体现了研究型大学在本科教育改革举措上的"碎片化"。

"如何将研究型大学积累人才、知识创造的优势,运用到育人方面,是建设高水平一流大学的关键。"①我们之所以关注到研究型大学本科人才培养质量,最根本的是在追问优质学生成长成才的有效路径,最关键的是在探究以科学研究为导向的研究型大学何以走出"象牙塔",该培养何种人才,该如何培养人才以回应社会所需并使其具备引领社会发展的素质和能力。当前我国高等教育正处于内涵发展、质量提升、改革攻坚的关键时期和全面提升人才自主培养能力、建设高等教育强国的关键阶段②,作为高等教育改革的先锋部队,研究型大学回归大学之道,重视本科人才培养质量是我国高等教育质量整体提升的关键。从上述研究得出,不管是增加课堂教学时长还是增设本科生科研训练计划,注重秩序胜于活力的现象凸显于我国研究型大学本科教育。因此,研究型大学该培养什么样的人,研究型大学本科生应该具备什么样的能力,该如何培养这些能力,仍旧是我们不可回避的重要理论问题,也是探索我国研究型大学本科人才培养质量提升路径一个亟待解决的关键命题!

二、实施创新创业教育:提高本科人才培养质量的重要行动

高等教育发展方向与社会发展需求息息相关。当信息技术、知识经济与创新创业作为未来社会发展的核心支柱③,作为具有良好发展基础且具备丰

---

① 温才妃.中山大学校长许宁生:大学要在"学"字上下功夫[N].中国科学报,2012-05-16(B1).

② 教育部关于加快建设高水平本科教育全面提高人才培养能力的意见[EB/OL].(2018-10-08)[2020-06-01]. http://www.moe.gov.cn/srcsite/A08/s7056/201810/t20181017_351887.html.

③ 王建华.加速时代如何成就大学的卓越[J].江苏高教,2020(4):7-15.

富教育资源的研究型大学,该如何回应时代需求以更好地服务社会？高等教育的社会功能主要通过其育人功能得以实现。[①] 因此,对研究型大学社会功能有效发挥路径的解答也就回到了上述命题:我国研究型大学何以培养适应时代甚至引领时代发展的人才？

创新创业是时代的主流,新时代高等教育需要培养一大批创新创业人才。作为高等教育领域的领头羊,研究型大学办学理念本身带有创新创业的种子。[②] 因此,当研究型大学人才培养的理论与实践陷入瓶颈时,作为适应"双创时代"经济社会和国家发展战略需要而产生的一种教育理念和教育模式,创新创业教育的提出就成为研究型大学提高本科人才培养质量的重要突破口。[③]

在讨论创新创业教育对于我国研究型大学本科教育改革的重要意义之前,首先应先厘清和把握创新创业教育的实质内涵。创新创业教育是具有中国特色的本土化概念,随着创新创业教育的逐渐深入,其本质内涵被揭示得越来越全面。目前学界日渐认可创新创业教育具有多重意蕴,但最根本最核心的是认同每个学生都具有创新创业的潜能,这是我国开展创新创业教育的哲学假设。[④] 因此,创新创业教育是对学生具有自我认识、自我发展、自我超越、自我实现的创新创业潜能的认识、挖掘和培养。创新创业教育是一种通识教育、能力教育、合作教育、科学教育。[⑤] 所以,创新创业教育不应局限于为创业技能而教的教育理念或教育模式,也并非对教学活动或科研活动等单一的零星式的教育改革,而是一种面向未来社会的关注学生个体成长成才的新型教育理念和教育模式。

简要来说,研究型大学本科阶段开展创新创业教育具有重要的意义。从学生视角而言:一是创新创业教育促进了研究型大学本科生知识与能力的转换,有利于本科生提升综合能力。不可否认,目前我国大多数研究型大学以培

---

① 付八军.高等教育属性论:教育政策对高等教育属性选择的新视角[M].南昌:江西人民出版社,2008:89-102.

② 汪怀君.美国研究型大学的创新创业教育生态系统及其启示[J].黑龙江高教研究,2020,38(6):73-79.

③ 国务院办公厅关于深化高等学校创新创业教育改革的实施意见[EB/OL].(2015-05-13)[2020-05-23].http://www.gov.cn/zhengce/content/2015/05/13/content_9740.htm.

④ 王洪才,郑雅倩.创新创业教育的哲学假设与实践意蕴[J].高校教育管理,2020,14(6):34-40.

⑤ 王洪才.论创新创业教育的多重意蕴[J].江苏高教,2018(3):1-5.

养研究型、综合型人才为目标,将重心放在了理论知识体系的构建上。研究型大学的办学定位和丰富资源着实为本科生成长提供了较好的专业教育和通识教育平台,有利于本科生搭建知识框架。但是,目前课堂授课已然成为研究型大学学生接受广博知识的重要渠道,可学生仅仅接受知识传授是远远不够的,更重要的是具备将广博的知识内化,为个体持续发展提供源源不断的动力的能力。创新创业教育强调实践,实践远比知识传授来得复杂,实践也往往能够有效地促进知识的内化。从这一点而言,创新创业教育是促进研究型大学本科生将广博的知识内化并在实践过程中又进一步提升自身综合能力的重要途径。亦可言之,研究型大学本科阶段开展创新创业教育实则是对"高深知识等同于能力素质"传统认知的消解。二是研究型大学开展创新创业教育有助于激发师生探究兴趣。研究型大学本科生作为高考筛选出的"优质学生",由于受益于高中阶段的传统教学方式,其对传统讲授式教学方式的信赖与依赖相比较其他类型学校的学生更加明显,再加之研究型大学教师在教学创新方面投入精力低于科研活动,接受式学习成为研究型大学本科生的学习常态。创新创业教育以激发学生的主动探究意识为目的[①],因而在研究型大学中开展创新创业教育将挑战研究型大学传统的、固化的教学方式,也将打破传统观念中将创新创业教育窄化为创业技能教育的狭隘认知。

就大学发展而言,研究型大学本科阶段开展创新创业教育具有两个重要意义。一是重新审视研究型大学在推进社会发展上的重要作用。当前工业社会向知识社会转型,工业经济也逐渐转型为知识型产业。与工业化社会相比,知识型社会依靠的是一套完全不同的动力,它涉及更加迅猛的、普遍的和更强变革性的转化流程。知识型社会的发展是通过政府、产业和大学之间的三重螺旋式相互作用进行的。从表面上看,重视科研反映了时代与社会对研究型大学在产生创新成果方面的期待,期待拥有丰富资源的研究型大学成为驱动社会创新发展的先行者。但实质上,科研至上、论文至上从侧面反映出了研究型大学在培养真正适应和引领社会发展的创新创业人才的作用正在被忽视,一味追求科学研究成果而忽视人才培养将难以满足社会经济对创新创业的需要。二是促使研究型大学系统性改革本科教育。创新创业教育的实施需要研究型大学智力、技术、文化与市场资源的精准对接,因而也就要求研究型大学

---

① 王洪才,汤建.创新创业教育:高等教育内涵式发展的关键[J].武汉科技大学学报(社会科学版),2021,23(1):110-116.

必须将创新创业教育渗透在人才培养的各个环节。可以说,研究型大学开展创新创业教育是对现有研究型大学"旧瓶装新酒"式改革的反对。

由此种种,创新创业教育无疑是研究型大学本科教育改革最急迫的课题,这源于研究型大学本科教育在社会发展中的重要性,也源于经济社会发展转型的要求。最根本的,在于创新创业教育对于激发研究型大学本科生认识自我,提高自主成长能力具有重要作用。

三、厘清创新创业能力:引导创新创业教育走出形式化的关键

创新创业教育作为推动研究型大学改革发展的教育理念和教育形式逐渐被认可。包括研究型大学在内的我国各类高校大力开展创新创业教育,例如设立创新创业学院,统筹全校创新创业教育[1];开设创新创业教育课程,讲授创新创业知识和培训创新创业技能;举行创新创业活动,参与创新创业项目;等等。这些实践为创新创业教育的发展提供了基本条件,但也导致学界常以"创新创业课程数量""创新创业竞赛参赛率"等指标衡量高校创新创业教育质量,如此也就不可避免地造成了师生对创新创业教育满意度普遍不高[2]、创新创业师资队伍质量不高[3]、创新创业教育评价体系缺乏[4]等问题,进而引起不少师生对创新创业教育的质疑。

目前大多数研究型大学创新创业教育主要针对少数具有创新能力的学生开展,以学术创新为主要目标,将这些学术创新人才的研究成果进行包装,参加创新创业大赛,赢得相应的奖章或荣誉。这实际上窄化了创新创业教育的对象和内容,反映出我国研究型大学尚未科学认识创新创业教育的理念和模式。究其根源,就在于研究型大学尚未建立以学生创新创业能力发展为中心的创新创业教育评价体系,从而无法从顶层设计上有效推进创新创业教育发展,更无法激发全体师生参与创新创业教育的内生动力。因此,尽管部分研究

---

[1] 陈耀,李远煦.改革开放以来我国高校创新创业教育组织变迁及其启示[J].高等教育研究,2019,40(3):46-52.

[2] 刘帆.高校创新创业教育现况调查及分析:基于全国938所高校样本[J].中国青年社会科学,2019(4):67-76.

[3] 陈春晓.地方高校创业教育师资队伍建设的困境与机制创新[J].高等工程教育研究,2017(3):170-173.

[4] 王占仁,刘志,刘海滨,等.创新创业教育评价的现状、问题与趋势[J].思想理论教育,2016(8):89-94,103.

型大学在创新创业竞赛、创新创业活动等方面呈现出轰轰烈烈的实施现状,但实质上却难以取得理想的育人效果。

深究之,"研究型大学创新创业教育要培养什么样的人?"以及"这样的人才应该具备什么样的创新创业能力?"是推动创新创业教育深入发展所必须解答的关键问题。创新创业教育是面向未来的,而未来社会是"互联网+"时代,是创新创业的时代,由此必将带来知识积累方式和知识获取渠道的丰富性和多元化。大学生,特别是研究型大学的学生,由于受传统教育模式的影响,在学习知识与积累知识上的敏锐性和自觉性相对较高。但是,光输入知识显然是不够的,可以说"先知识后能力"的传统教育方式已然不足以支撑起未来社会的人才培养。[①]"能力发展优先"应该成为高校人才培养的创新方向。我们从世界范围内对研究型大学本科人才培养目标的改革中可以得到些许启示。早在1997年,杜克大学(Duke University)成立课程评估委员会,提出杜克大学通识教育的目的是发展学生的批判性思维和判断能力、开展研究和解决问题的能力、从事工作所需的意志和能力。[②]斯坦福大学于2015年发布"斯坦福大学2025计划"(Stanford University 2025 Plan),提出21世纪本科教育目标:掌握知识(owning knowledge)、磨炼能力(honing skills and capacities)、培养责任感(cultivating responsibility)、自适应学习(adaptive learning)。[③]2015年联合国教科文组织(United Nations Educational,Scientific and Cultural Organization,UNESCO)发布《教育2030行动框架》(Education 2030 Framework for Action),呼吁各国高等教育人才培养目标除了掌握具体的工作技能,必须重视发展高水平的认知和非认知能力,如问题解决能力、批判思维、创造力、沟通能力等。从以上研究型大学或教育机构对本科人才培养目标的改革中可以发现,研究型大学人才培养关注点转向学生学到了什么,学生是否学有所用、学有所长,也即学生能力的增值。

我们必须清楚地认识到,创新创业教育不宜以追求外在功利为目的,而应以实现学生自我成长、主动成长为目的,以培养创新创业精神为核心,以培养

---

① 眭依凡.一流本科教育改革的重点与方向选择:基于人才培养的视角[J].现代教育管理,2019(6):1-10.

② 贺国庆.战后美国教育史[M].上海:上海交通大学出版社,2014:99.

③ About Stanford 2025. About[EB/OL].[2020-06-10].http://www.stanford2025.com/about.

创新创业能力为关键,应通过提升学生自我认知能力而主动开发其内在潜能。① 毋庸置疑,能力是创新创业教育结果的直接体现,是学生在未来社会生存与发展的必备条件,创新创业教育的关键在于培养学生的创新创业能力,因为"如果学生的创新创业能力得以提高,他们将有能力迎接21世纪创业环境下的各种挑战"②。因此,衡量创新创业教育质量的关键是学生的创新创业能力水平。能力结构取决于教育培养模式。③

当下,创新创业教育在研究型大学中出现了与专业课程教学割裂、学生创新创业行动与教师科研活动脱节等课内课外、校内校外实践"碎片化"等问题,而这些问题的出现在于我们缺乏对学生创新创业能力结构和培养路径的科学认识。因此,只有清楚了研究型大学本科生创新创业能力的组成结构及其形成,才能避免窄化创新创业教育,防止泛化创新创业教育,也才能提出具有针对性的创新创业能力培养体系,从而更好地推动研究型大学本科生教育培养模式的改革,促进创新创业教育融入人才培养的全过程。

综上而言,我国研究型大学要深入开展创新创业教育亟须科学的理论作为指导,即研究型大学本科生创新创业能力结构模型和培养方式。如此才能将创新创业教育与专业教育深度融合,进而整体性地提高学生的创新创业能力,从而实现创新创业教育的真正落地。

第二节 本科生创新创业能力培养的核心概念

概念界定是科学研究的基础工作,是推动研究顺利进展的前提条件。本书的研究集中在研究型大学本科生与创新创业能力方面,因而,界定研究型大学、创新创业以及创新创业能力概念内涵是研究基础。

---

① 党建宁,Amy Gerrard.融合与嬗变:世界多国创新创业教育的比较与镜鉴:访澳大利亚南昆士兰大学科林·琼斯博士[J].中国电化教育,2020(9):105-111.
② 阿兰·法约尔,海因茨·克兰特.国际创业教育:议题与创新[M].金昕,王占仁,译.北京:商务印书馆,2019:43.
③ 眭依凡.一流本科教育改革的重点与方向选择:基于人才培养的视角[J].现代教育管理,2019(6):1-10.

一、研究型大学

随着大学办学理念的多元化以及机构设置的复杂化，大学这个复杂组织系统内部形成了不同的高校分类。本书探讨的对象是研究型大学，因此，有必要阐释研究型大学的定义和特征。

研究型大学（research university）概念最初是由卡内基教学促进基金会（the Carnegie Foundation for the Advancement of Teaching）所提出，其在《高等教育机构分类》（A Classification of Institutions of Higher Education）中依据拥有博士学位授予权的大学，按照每年从联邦获取的科研经费和博士学位授予数量的标准，将研究型大学划分为研究型大学Ⅰ类、研究型大学Ⅱ类和博士学位授予大学Ⅰ类、博士学位授予大学Ⅱ类。卡内基教学促进基金会分别于1976年、1987年、2000年、2005年、2010年及2015年对大学分类标准进行了重新修订，在大学分类标准研制上取得了普遍的认可。[①] 综合既有研究关于高校类型的分类指标，可以发现不同分类标准基本上都将研究型大学视为大学机构的塔尖，肩负着培养拔尖创新人才以及推动社会创新发展的重任，是国家的思想库和智慧之源。

我国政府部门首次使用"研究型大学"概念是在国务院学位办草拟的《中国学位与研究生教育发展战略报告2001—2010》中[②]，这引发了学界的广泛关注，推动了研究型大学分类标准的学术研究进程。刘念才等以博士生招生数、科研经费、国际学术影响力、学科特色与区域特色指标作为大学类型划分的判断指标。[③] 张振刚借鉴美国卡内基分类法，以二级学科博士点数量、年授予博士学位数量以及科研经费为判断指标。[④] 闵维方等认为研究型大学具有显性和隐性特征。其中，显性特征既包括精英人才培养、原创性成果、社会服务、对政治和文化产生的影响、培养的人才具有较大的社会贡献等外部贡献特征；也包括广泛的学科和课程设置、研究型教师队伍、生源的广泛性和较大的研究生群体、办学经费等内部建设特征。隐性特征包括坚持求是崇真的办学宗旨、具

---

① 毛建青,陈文博,宣勇.重新识读研究型大学：美国研究型大学的发展特征及其对中国的启示[J].湖南师范大学教育科学学报,2023,22(2):103-114.
② 夏远.研究型高校大学生创业人力资本评价研究[D].北京：北京科技大学,2020:7-8.
③ 杨林,刘念才.中国研究型大学的分类与定位研究[J].高等教育研究,2008(11):23-29.
④ 张振刚.中国研究型大学分类研究[J].高等工程教育研究,2002(4):26-30.

备以教学和科研为中心并以此服务于社会的多种职能、奉行以学术自由为核心的大学精神等。① 潘懋元提出我国高等教育可划分为三类,其中研究型大学以培养拔尖的科学家为目的②,这是从人才培养规格方面进行的判断。

从上述关于研究型大学的定义和判断标准的相关研究可以得知,迄今为止,关于研究型大学的内涵特征和判断标准在学术界尚未取得一致认可。并且,随着时代的变迁,研究型大学概念也在不断改变,甚至逐渐走向复杂化和模糊化。因此,关于研究型大学的内涵既难以给出清晰的定义,更难以单一地用量化指标进行衡量。③ 但总体来说,根据现有研究成果,可以将研究型大学归纳为以下三个共同特征④:一是在本科阶段致力培养具有创新意识和高阶能力的高级人才;二是科学研究处于学校的中心地位,是国家的智囊团,且通过科学研究不断更新教育内容,进而培养引领社会发展的人才;三是通过教学和科研延伸的社会服务,对大学人才培养提出了新的需求,进而不断更新人才培养的内容和方式。

尽管从理论上尚未取得对"研究型大学"判断标准的一致认可和形成科学有效的划分方式,但我国在实际工作中已经形成了对研究型大学事实上的分类。⑤ 1995年我国实施"211"工程,1998年实施"985"工程,2015年统筹推进"双一流"建设,入选以上各类建设项目的高校具有雄厚的科研资金支持、较高的学术水平、开展先进的科学研究、以培养社会精英为目标,这些均符合研究型大学的特征。

基于此,本书计划采用2017年我国教育部、财政部、国家发展改革委联合发布的《关于公布世界一流大学和一流学科建设高校及建设学科名单的通知》"'双一流'建设高校"名单中的"一流大学"建设名单。原因如下:一方面入选此名单的高校符合研究型大学的特征,另一方面以此作为划分依据有利于研究案例的顺利筛选。

---

① 李勇,闵维方.论研究型大学的特征[J].教育研究,2004(1):61-64.
② 叶祝弟.对高等教育大众化的反思和展望:著名教育学家潘懋元教授访谈[J].探索与争鸣,2009(2):4-6.
③ 徐岚.大学教师的学术责任:流沙之上的朝圣之路[M].厦门:厦门大学出版社,2019:61.
④ 薛天祥,杨运鑫,李健宁.以学科评价为基础的研究型大学综合实力评价的思考[J].中国高等教育评估,2002(1):19-23,27.
⑤ 吴薇.中荷研究型大学教师信念比较研究[M].广州:广东高等教育出版社,2012:17.

二、创新创业

创新与创业本身具有丰富的内涵,创新创业是由两个具有丰富内涵的概念有机组合而成的新概念。因此,本书首先厘清创新与创业的概念,辨析创新与创业的关系,进而进行创新创业组合概念的界定。

(一)创新与创业

1. 创新

创新(innovation)的定义和内涵丰富且复杂,从多学科视角有利于深入探究"创新"的本质内涵,在此基础上确定本书"创新"的概念定义更具有科学性。根据既有研究,一般从经济学视角、心理学视角、社会学视角阐释"创新"一词概念内涵。

(1)从经济学视角看"创新"

目前较多学者从经济学视角研究"创新"。这是源于美国经济学家约瑟夫·熊彼得(Joseph Alois Schumpeter)在其1912年出版的《经济发展理论》(*Theory of Economic Development*)一书中第一次将"创新"一词引入了经济研究领域,其认为创新是指企业家通过生产要素和生产方法"重新组合"引入生产体系,提出了"引入一种新商品""引入一种新的生产方法""一个新市场的开放""一个新的原材料供应来源""一个新的行业组织"等五种"创新"组合,通过以上方法进而能够创造新的价值。① 如表1-1所示,学者在熊彼得的"创新"概念基础上进行了延伸和拓展。

但总体而言,经济学视角的"创新"概念有以下几个特点:认为创新是进行市场竞争的工具,是增加新产品的方法和技术,创新的目的是帮助企业提升生产和经营能力,为企业创造更多的经济价值。

表1-1 经济学视角关于"创新"的代表性概念列表

学者	表述	特征
Juett R. Cooper	创新是组织变革的过程[1]	强调管理组织的创新,关注创新的过程性
Michael Aiken, Jerald Hage	创新是一种新思想、新流程、新产品或新服务的产生,接受和实施[2]	强调生产流程的创新,关注创新的应用价值

---

① 约瑟夫·熊彼得.经济发展理论[M].郭武军,译.北京:中国华侨出版社,2020:10-15.

续表

学者	表述	特征
Felix J. Heunks	创新是新想法的成功实施并取得一定的经济价值[3]	强调创新的结果,即经济价值
Simone Strambach	创新是一种创造新知识的工具,由此,将会导致新产品、新服务的产生[4]	

资料来源:[1]COOPER J R. A multidimensional approach to the adoption of innovation[J]. Management decision,1998,36(8):493-502.

[2]AIKEN M,HAGE J. The organic organization and innovation[J]. Sociology,1971,5(1):63-82.

[3]HEUNKS F J. Innovation,creativity and success[J]. Small business economics,1998(10):263-272.

[4]STRAMBACH S. Change in the innovation process:new knowledge production and competitive cities:the case of stuttgart[J]. European planning studies,2002,10(2):215-231.

(2)从心理学视角看"创新"

心理学领域"创新"概念的提出最先源于吉尔福德(Joy Paul Guilford)将其作为任职美国心理学会的就职演讲内容①,并逐渐成为心理学领域研究的热点。目前,大多数心理学研究将创新与个体的创造力相等同,如我国学者林崇德将创新与创造力视为同义语。② 根据文献研究结果,如表1-2所示,心理学视角的"创新"主要是从人格特质以及能力角度进行阐释。

表1-2 心理学视角关于"创新"的代表性概念列表

学者	表述	特征
Rollo May	创造力是某类群体所具有的特殊的人格特质,创造力是具有首创精神的表现[1]	强调创新具有个体独特性,创新的可测性及其在个体发展中的地位
贺腾飞,康苗苗	创新是指在目标的引导下,利用已有信息,通过个体创造的活动过程,从而产生出新颖、独特的智力特征[2]	强调创新的过程性以及创新过程体现出的个人特质

资料来源:[1]MAY R. The nature of creativity[J]. ETC:a review of general semantics,1959,16(3):261-276.

[2]贺腾飞,康苗苗."创新与创业"概念与关系之辩[J].民族高等教育研究,2016,4(4):7-12.

---

① 吴瑞林,王建中.心理学视角下高校创新人才培养[J].高校理论战线,2012(7):51-54.
② 林崇德.创新人才与教育创新研究[M].北京:经济科学出版社,2009.

(3) 从社会学视角看"创新"

马克思(Karl Heinrich Marx)曾在《1857—1858年经济学手稿》《资本论》等著作中阐释对创新的理解,认为创新的主体是所有人民群众,创新是在不断地满足人和社会的发展需求,解决人与社会发展中的基本矛盾,并且最终可以促进和实现人类社会物质和精神全面发展的过程。[①] 如表1-3所示,综合社会学领域关于"创新"的相关文献,研究者认为社会学视角下"创新"的主体是每个个体,创新起源于个体的自我发展需求,通过不断地突破常规或产生某种新颖想法,在与社会互动的过程中进行自我革命和实现自我超越。

表1-3 社会学视角关于"创新"的代表性概念列表

学者	表述	特征
Maxim Kotsemir, Alexander Abroskin, Dirk Meissner	创新可以体现为一种新想法,并且这种新想法可以促进个体发展[1]	强调创新的表现及其对个体发展的重要作用
王云坤	创新是指在语言、法律、宗教等社会全部领域中开展的创造性活动[2]	强调创新带来的社会影响、创新活动范围以及主体的广泛性

资料来源:[1]KOTSEMIR M, ABROSKIN A, MEISSNER D. Innovation concepts and typology:an evolutionary discussion[J]. Higher school of economics research paper, 2013(3):1-49.

[2]王云坤.以创新精神迎接新世纪[N].人民日报,2000-12-12(9).

综上所述,无论从何种视角界定"创新",均离不开"思想转变"这一本质内容,因为只有实现了思想的转变才能进一步实现科技创新、管理创新等创新行为。从创新的主体对象来看,个体的创新是管理结构、社会结构实现创新的基本条件。因此,从社会学视角和心理学视角界定"创新"更具有普遍意义。社会是个大系统,社会发展由个体发展构成,每个个体都是在面对挑战、改变认知、适应环境这样一个循环往复的过程中实现对自我的超越,并且在这个过程中也间接地推动了社会的发展。所以,创新最根本的关注点是在个体身上,这与教育的指向是一致的。

---

① 孙民,刁丽丽.论马克思历史唯物主义创新内涵及其当代启示[J].河南师范大学学报(哲学社会科学版),2020,47(3):1-7.

2. 创业

创业(entrepreneurship)是个复杂的概念,由此引申的创业教育在国际范围内就有"entrepreneurship education""enterprise education""enterprise and entrepreneurship education"等多种不同的翻译。本部分首先探究"创业"的本质内涵,在此基础上界定"创业"概念。现有研究一般从经济学和心理学角度出发研究"创业"概念。

(1)从经济学视角看"创业"

早期研究"创业"时,学界时常将其与企业家联系在一起,将创业等同于创办企业,或者认为创业是对创业过程中各种资源与要素的平衡。① 从具体表现来看,创业是一个发现商业机会,并将其转化为商业行为,创造商业经济价值的行为。这是从经济学、管理学的角度来阐释的"创业",即通常人们理解的狭义的创业,亦可认为是从社会层面界定的创业,因为这是可以直接显示社会价值的。(见表1-4)

表1-4 经济学视角关于"创业"的代表性概念列表

学者/机构	表述	特征
the Quality Assurance Agency for Higher Education	创业是指在项目或项目实施过程中创新想法的产生和应用[1]	强调创新与创业的紧密联系,关注创业具有的行动性特征,以及创业带来的经济价值
Murray B. Low, Ian C. MacMillan	创业是创办企业的过程及其行动[2]	强调创业的过程性和行动性特征
Scott Shane	创业就是发现和利用有利可图的机会[3]	强调创业的经济价值

资料来源:[1]The Quality Assurance Agency for Higher Education. Enterprise and entrepreneurship education: guidance for UK higher education providers[EB/OL]. (2018-01-09)[2021-02-10]. https://www.qaa.ac.uk/docs/qaa/about-us/enterprise-and-entrpreneurship-education-2018.pdf?sfvrsn=20e2f581_14/.

[2]LOW M B, MACMILLAN I C C. Entrepreneurship:past research and future challenge[J]. Journal of management, 1988, 14(2):139-161.

[3]SHANE S. Prior knowledge and the discovery of entrepreneurial opportunities[J]. Organization science, 2000, 11(4):448-470.

---

① 宋克勤,刘国强.高科技创业企业成长要素与战略选择研究[J].技术经济与管理研究,2012(12):35-40.

(2)从心理学视角看"创业"

随着创业理论研究的逐渐深入,创业的内涵也在拓展和延伸,"摒弃目前狭隘的创业很重要"①。从心理学的角度来讲,创业被视为一种思维方式、行为方式②,甚至可以说是一种生活方式。③(见表1-5)人的一生就是在创业,创立自己的人生基业,其内涵是个体成长过程中不断主动"创造新事业"的过程及其采取的行动。④

表1-5 心理学视角关于"创业"的代表性概念列表

学者/机构	表述	特征
G. T. Lumpkin, Gregory G. Dess	创业倾向者具有创新性、冒险精神以及竞争意识[1]	强调创业根源于个体心理特征
Martin Lackeus	创业并非建立一个新的组织机构,而是使每个个体都能够实现自身的价值,并为他人创造价值的一种能力[2]	强调创业主体的广泛性及创业对个体发展的价值

资料来源:[1]LUMPKIN G T, DESS G G. Linking two dimensions of entrepreneurial orientation to firm performance: the moderating role of environment and industry life cycle [J]. Journal of business venturing, 2001, 16(5): 429-451.

[2]LACKEUS M. Entrepreneurship in education: what, why, when, how[J]. Studies in continuing education, 2015, 31(1): 206-208.

综上所述,经济学视角的创业更偏向创业的结果,即组织的经济价值,体现了创业在社会层面的意义。心理学视角的"创业"更偏向关注个体的个性品质,体现了创业在个体层面的意义,因此也就更具有普遍意义。但两种视角的"创业"均具有行动性意蕴,即关注将创新想法转化为行动。

毋庸置疑,狭义的"创业"对于大多数人而言是难以企及的,且"创业"的经济价值体现同样来源于具有"创业精神""创业品质""创业能力"的个体,他们敢于实施新的想法,敢于创新,勇于尝试。所以,在"大众创业、万众创新"的时代背景下,"创业"理应被理解为更具有普遍意义的"创业",即"创业"的主体是每个个体,创业是每个个体将自己的理想目标付诸行动的过程。在这个过程

---

① 阿兰·法约尔,海因茨·克兰特.国际创业教育:议题与创新[M].金昕,王占仁,译.北京:商务印书馆,2019:56.

② 孙惠敏,陈工孟.全球创新创业教育研究报告[M].北京:经济管理出版社,2016:3.

③ ONSTENK J. Entrepreneurship and vocational education[J].European educational research journal,2003,2(1):74-89.

④ 夏远.研究型高校大学生创业人力资本评价研究[D].北京:北京科技大学,2020:9-10.

中,他们体现出一系列突出的个性品质。因此,本书采用"entrepreneurship"代表创业,一方面突显了创业的行动性本质,另一方面也体现了个体通过创业行为实现个人发展的可能性。[①]

对于大学生而言,他们在认识到自身价值和潜能的基础上,通过各种各样的行为,例如创立自己的企业、创办或经营社团、组织团队参加竞赛活动、在学业上寻求更高发展等实现理想目标的行为,皆可以划分在创业范畴中。

(二)创新创业的整合性概念

创新与创业是一体的活动。关于创新与创业的关系,学界出于不同的视角有不同的界定。有学者认为创新是创业的根本动力[②];有学者认为创业是创新在实践层面的具体体现[③],是实现创新的过程[④];有学者认为创业与创新是互补的[⑤];也有研究直接将"创业"概念界定为关于创造力和创新的一种活动[⑥],将"创新"蕴含在"创业"之中。

以上观点皆验证了一点:创新与创业是不可分割的整体活动。本书认为创新与创业都应该从个体层面展开研究[⑦],如此才更具有普遍意义,也更符合我国提出的"大众创业、万众创新"的政策指向。所以,个体创业行动的开展是基于创新思想的提出,一旦产生了创新的想法,将会有极大的内生动力将想法付诸实践。创业行为的开展同样有利于创新思想的提出,因为个体在进行创业行为的过程中必然面临许多挑战和抉择,在迎接挑战的过程中个体将不断

---

① ONSTENK J. Entrepreneurship and vocational education [J]. European educational research journal,2003,2(1):74-89.

② 廖益,赵三银.大学生创新创业入门教程[M].北京:北京理工大学出版社,2019:49.

③ 包水梅,杨冬.美国高校创新创业教育发展的基本特征及其启示:以麻省理工学院、斯坦福大学、百森商学院为例[J].高教探索,2016(11):62-70.

④ 约瑟夫·熊彼得.经济发展理论[M].郭武军,译.北京:中国华侨出版社,2020:40.

⑤ RODRIGUEZ-LOPEZ A,SOUTO J E. Empowering entrepreneurial capacity:training,innovation and business ethics[J]. Eurasian business review,2020(10):23-43.

⑥ KINDEL A,STEVEN M. What is educational entrepreneurship? Strategic action,temporality,and the expansion of US higher education[J]. Theory and society,2021(50):577-605.

⑦ HARKEMA S J M,SCHOUT H. Incorporating student-centred learning in innovation and entrepreneurship education[J]. European journal of education,2010,43(4):513-526.

更新自己的认知,调整行为①,以更好地符合个体发展需求,实现个体的自我超越②。

基于对创新、创业以及创新创业概念的分析,研究者认为创新创业是指一个人在面对环境挑战过程中发现自我、发展自我、超越自我、实现自我的一系列行为。

三、创新创业能力

创新创业是一种行为,成功实现创新创业行为需要一定的能力,即创新创业能力,而这也是创新创业教育所要达到的标准。③ 大学生创新创业能力是衡量高校创新创业教育质量的关键标准。在释义创新创业能力抽象概念之前,首先应该阐释"能力"的内涵。能力是一个人或组织取得成就的核心与关键,心理学、管理学和经济学等不同研究视角在能力概念上具有不同的解释,这说明了能力的复杂性、模糊性和争议性,同时也揭示了研究能力的必要性和重要性。

现阶段关于能力的界定存在三种取向。第一种界定认为"能力"是指一个人有效完成某项事务的个性心理特征,将能力需求认为是有助于人类适应环境和促进发展的动机。这源于怀特(Robert White)于1959年在成就动机研究中引入"能力"用以表述个人具有优质表现的个性特征。此外,怀特还认为人类具有内在的动机去获得和增长能力。④ 随后,麦克利兰(David Clarence McClelland)沿用这种理念,主张应该开展能力评估而非测试智力水平。⑤ 麦克利兰认为能力不仅包括认知能力,同时也包括发展目标确定、社交技能等非

---

① LACKEUS M. Entrepreneurship in education: what, why, when, how[J]. Studies in continuing education, 2015, 31(1):206-208.

② 王洪才,郑雅倩.创新创业教育的哲学假设与实践意蕴[J].高校教育管理,2020,14(6):34-40.

③ 花茜,章利华.双创背景下美国硅谷创新创业模式的再思考[J].中国高校科技,2017(10):36-38.

④ WHITE R. Motivation reconsidered: the concept of competence[J]. Psychological review, 1959, 66(5):297-333.

⑤ MCCLELLAND D C. Testing for competence rather than for "intelligence"[J]. American psychologist, 1973, 28(1):1-14.

认知能力。① 能力是整合和应用适合知识、技能和心理社会因素（例如信仰、态度、价值观和动机）的能力，以便在特定领域内始终如一地成功表现：(1)能力与一个领域相关；(2)能力是一个整体概念；(3)能力可预测未来表现；(4)能力涉及既有知识和技能；(5)能力涉及心理社会因素；(6)能力与特定领域的学习或能力水平有关。② 这一种研究取向再次论证了个性心理特征以及行为在能力发展中的重要性。

第二种将"能力"界定为职业能力，即在职业生涯中从事活动的能力，达到预期的职业标准。这种界定根据职业领域把能力划为不同的单元，其目的主要是建立全国统一的职业资格框架。可以说，这一种研究取向从职业定义的角度阐释了能力的功能作用及其在工作场合的重要性。实际上，这种取向与第一种能力界定是有所重合的，职业能力是建立在个人完成某项事项能力基础之上的，是针对职场领域的能力要素提炼。第三种取向是将知识、技能和个人属性相结合③，论证了能力具有多维性。

由此可见，对能力研究的日益深入逐渐揭示能力的多重维度。总体而言，能力具有整体性，既包含了个体能力，又通过个体能力的整合显现在对组织运行的掌控能力上，但始终以微观层面的个体能力为根本。因此，本书主要聚焦个体能力，认为能力体现在个性心理特征和行为方式上，即能力内蕴于个体对自己的发展、态度、情绪等的认知上，外显于个体的行为方式上。而这一心理特征及其行为方式能够让个体在行动中取得卓越的成效。④

综上所述，本书采用王洪才等提出的创新创业能力概念⑤⑥，即创新创业能力是个体认识到自我的价值和成长的意义，在挑战自我、发展自我、超越自

---

① MCCLELLAND D C. Identifying competencies with behavioral-event interviews[J]. Psychological science，1998，9(5)：331-339.

② SIECK W. What is competence and why is it important？[EB/OL].(2020-07-14)[2020-07-20].https://www.globalcognition.org/what-is-competence/.

③ 杜瑞军,周廷勇,周作宇.大学生能力模型建构：概念、坐标与原则[J].教育研究，2017,38(6)：44-57.

④ ROBER S R. Risk taking propensity of entrepreneurs[J]. Academy of management journal，1980，23(3)：509-520.

⑤ 王洪才,郑雅倩.创新创业教育的哲学假设与实践意蕴[J].高校教育管理，2020,14(6)：34-40.

⑥ 王洪才.创新创业教育的意义、本质及其实现[J].创新与创业教育，2020,11(6)：1-9.

我等实现个体理想目标的创新创业行为上所应具有的能力。从而,创新创业能力可使个体不断进行自我革新,并预判个体在各种环境中取得成功的可能性。[①]

第三节　研究目的与研究过程

一、研究目的

研究型大学创新创业教育实践陷入困境,成为一种附加式教育,阻碍了创新创业教育融入专业教育的进程,致使创新创业教育难以取得预期效果。研究型大学创新创业教育的系列困境根源在于缺乏对本科生创新创业能力结构的认知。为此,本书期冀在探讨研究型大学本科生创新创业能力培养重要性的基础上,分析研究型大学创新创业能力结构框架,并进而阐述如何提升研究型大学本科生创新创业能力水平。

具体而言,研究目的如下:一是系统性构建研究型大学本科生创新创业能力结构模型,为研究型大学培养本科生创新创业能力提供方向指引;二是分析国内外研究型大学案例高校培养本科生创新创业能力的行动举措,为突破我国研究型大学创新创业教育瓶颈提供参照;三是系统阐述我国研究型大学本科生创新创业能力提升的行动路径。

二、研究问题与研究思路

(一)研究问题

围绕研究型大学本科生创新创业能力培养这一核心议题,拟从"为什么研究型大学本科生培养应重点关注创新创业能力""研究型大学本科生创新创业能力结构是什么""国内外案例高校如何培养本科生创新创业能力""研究型大学该如何更好地培养本科生创新创业能力"四个方面破题。具体而言:

第一,对研究型大学本科人才培养目标的探讨:研究型大学应该培养什么

---

① 阿兰·法约尔.创业教育研究手册:第3卷[M].刘志,译.北京:商务印书馆,2020:294.

样的本科生？这些学生具有什么样的特征？创新创业能力在研究型大学本科生培养中具有什么样的地位？

第二，对研究型大学本科生创新创业能力的探讨：创新创业能力研究的逻辑起点是什么？研究型大学本科生的创新创业能力组成要素是什么？研究型大学本科生创新创业能力组成要素之间的关系是什么？研究型大学本科生创新创业能力结构模型为研究型大学本科教育教学改革提供何种指导路径？

第三，国内外案例高校创新创业能力培养的探讨：国内外案例高校的创新创业教育是如何实施的？有何特色？何以培养本科生创新创业能力？

第四，我国研究型大学提升本科生创新创业能力的路径探讨：研究型大学该如何基于院校类型特色实施创新创业教育？提升本科生创新创业能力的关键举措是什么？

(二)研究思路

根据研究问题，本书计划遵循"研究背景—文献回顾—理论探讨—扎根提取—量化验证—案例研究—总结反思"的逻辑。

首先，通过文献回顾以及理论探讨，在重新释义创新创业教育的基础上提出研究型大学开展创新创业教育的理论依据，并进而界定创新创业能力的基本内涵。此外，通过对世界一流研究型大学本科人才培养目标内容的分析，揭示出创新创业能力培养在研究型大学本科教育中的重要作用，由此确定本书的研究背景、研究概念以及研究思路。

其次，根据创新创业教育是一种关注学生成长、促进学生自我超越和自我实现的新型教育理念和教育形式这一关键要义，重新建立创新创业能力研究的逻辑起点。通过访谈研究型大学表现卓越的本科生，了解他们在自我发现、自我超越以及完成自我实现等创新创业过程中的经历和感悟，并结合对研究型大学本科教育具有深入了解的专家学者的访谈资料，通过扎根理论三级编码建构研究型大学本科生创新创业能力结构模型。

再次，将理论依据及质性研究中提炼出的主题转化成量表题项，以使得研究型大学本科生创新创业能力结构模型能够得到大数据的验证。

复次，通过质性研究和量化研究构建研究型大学本科生创新创业能力结构模型，以期为有效测量研究型大学本科生创新创业能力提供结构模型参照。

最后，根据国内外研究案例提炼其创新创业能力培养路径，发现其行动逻辑，通过参考较为成熟的创新创业教育模式，最大可能为研究型大学本科生创新创业能力提升开辟新道路。

由此，本书主要由五大部分内容组成。第一部分由第一章组成，主要介绍了研究缘起、核心概念及研究思路等。第二部分由第二章和第三章组成，主要包括了研究文献综述、研究前提条件分析。第三部分由第四章和第五章组成，详细介绍了研究开展过程中的质性分析、量化分析的具体操作及其研究结果，从而构建起研究型大学本科生创新创业能力结构模型，这是研究的主体部分。第四部分是第六章，通过研究国内外案例高校在创新创业教育上的实践举措，探讨其形成因素，为研究型大学本科生创新创业能力提升提供有效参照。第五部分是本书的第七章，通过对前述研究进行总结反思，提出研究型大学本科生创新创业能力培养的建议。

三、研究方法与研究过程

社会科学研究方法一般分为量化研究(quantitative analysis)和质性研究(qualitative analysis)。① 量化研究主要是以数字的形式搜集和分析资料，是一种"自上而下"的思维方式，其所关注的是假设检验和理论检验。采用量化研究的目的一般是希望找到普遍的方式或者模式去解答现实中存在的思想或者行为方式，并将此方法或模式进行推广。质性研究则一般遵循"自下而上"的思维方式，采用非数字的方式进行资料的搜集及整理分析，关注个体本身对世界的理解与解释。② 教育是一个复杂的现象，解释这一复杂现象需要借助多视角的研究方法。量化研究方法与质性研究方法各有优劣，为了实现两种研究方法的互补性优势，混合研究方法成为教育学界关注的新的研究范式。③ 混合研究方法有三种路径：一是融合式，即质性与量化研究同时进行，将两种研究方法得出的结论进行整合；二是探索式，即先采用质性研究找出研究对象的特征、本质，再用量化方法进行验证；三是解释式，即先采用量化研究描述一般规律的现象，再采用质性研究进行深入的解释和分析。

核心研究问题之一是探究研究型大学本科生创新创业能力结构，试图先通过学生个体行为的描述资料建构能力结构模型，再进行验证，为创新创业教

---

① 维尔斯曼.教育研究方法导论[M].袁振国,主译.北京:教育科学出版社,1997:14.
② 陈向明.质性研究的新发展及其对社会科学研究的意义[J].教育研究与实验,2008(2):14-18.
③ 伯克·约翰逊,拉里·克里斯滕森.教育研究:定量、定性和混合方法:第4版[M].马健生,等译.重庆:重庆大学出版社,2015:50.

育的开展提供理论支撑。因此,拟计划采用探索式混合研究方法,具体的研究路径如图1-1所示。特别需要提出的是,质性研究方法有五大具体类型:现象学、民族志、个案研究、扎根理论和历史研究。如表1-6所示,五大质性研究类型各有侧重。由于试图从实际的质性材料中扎根建构出本土化研究型大学本科生创新创业能力结构模型,用以弥补现有研究中对研究型大学本科生创新创业能力理论研究的不足,因而适合采用扎根理论。具体而言,首先,通过对质性数据的搜集,获取研究型大学本科生在实现个体创新创业行为上的真实感受和具体陈述,并通过质性分析软件将质性材料进行分析,提炼出创新创业能力;其次,根据相关理论基础以及质性数据资料,提炼整合形成本科生创新创业能力量表;最后,通过小规模试测确定量表的有效性,随后开展大规模的抽样,检验研究型大学本科生创新创业能力结构模型的科学性和有效性。

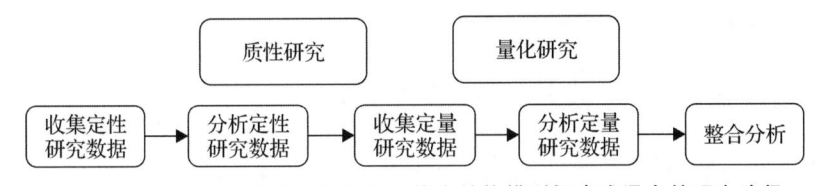

图1-1 研究型大学本科生创新创业能力结构模型探索式混合的研究路径

表1-6 五种质性研究方法具体类型的比较分析

项目	现象学	民族志	个案研究	扎根理论	历史研究
研究目的	描述一个或多个个体对于某个现象的体验	描述一群人的文化特征,并描述文化的景观	深度描述一个或多个案例,解决研究问题	以归纳的方式产生一个描述和解释一种现象的扎根理论	了解过去的事情并系统审视历史事件的组合过程
学科来源	哲学	人类学	多学科,包括法学、教育学或医学	社会学	文学、历史学
主要的资料收集方法	对10人以上进行深度访谈	在一段长时间(例如,一个月到一年)内参与观察;访谈	多种方法(例如,访谈、观察等)	以访谈为主;观察	以档案文献为主;访谈

续表

项目	现象学	民族志	个案研究	扎根理论	历史研究
资料分析方法	列出有意义的陈述,确定陈述的意义,识别现象的本质	使用整体性描述,并提炼资料的文化主题	使用整体性描述,提炼能够解释案例的主题	由开放式编码开始,然后进行主轴式编码,以选择式编码结束	对资料进行确认、溯源和情境化,然后将其排序或分类为不同的主题,呈现完整的历史内容
叙事报告的重点	详细描述基本或不变的结构	详细描述背景和文化主题	详细描述一个或多个案例的背景和运作;讨论主题、问题及其含义	形成理论或理论模型	对历史事件的详细描述

资料来源:伯克·约翰逊,拉里·克里斯滕森.教育研究:定量、定性和混合方法:第4版[M].马健生,等译.重庆:重庆大学出版社,2015:50.

如图1-2所示,本书具体研究阶段及其所采用的研究方法为:

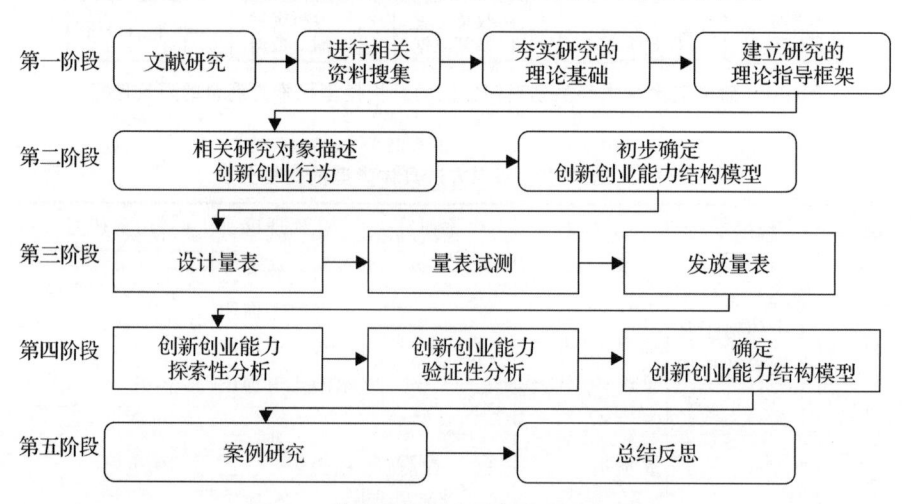

图 1-2 本书研究顺序及各阶段研究方法

注:图中箭头表示研究顺序,圆角框表示采用质性研究方法,矩形框表示采用量化研究方法。

第一阶段:通过对相关理论依据的整合,厘清创新创业能力研究的逻辑起点,确定本研究在质性研究阶段需要关注的重点和关键点。也即,质性研究阶段将重点关注研究型大学本科生在实现自我发展过程中所体现出来的能力,研究中将根据研究对象的相关认知和行为体现来挖掘创新创业能力的关键信息。

第二阶段:通过访谈研究型大学本科生和相关研究的专家学者,对研究型大学本科生创新创业能力进行初步建构。

第三阶段:通过分析质性资料所提炼出来的能力特征,将其能力特征表现作为创新创业能力量表题项来源之一,并结合相关理论丰富和补充量表,形成研究型大学本科生创新创业能力量表。

第四阶段:在确定创新创业能力量表科学性的基础上,进行大规模的发放,通过大数据验证研究型大学生创新创业能力结构模型。

第五阶段:基于对案例高校创新创业能力培养路径的分析,为提升研究型大学创新创业教育提供意见建议。

四、研究重点与研究难点

(一)研究重点

第一,阐释创新创业教育的时代意蕴及其融入研究型大学本科教育的必要性。创新创业教育是国际高等教育发展趋势,已由关注创造社会经济价值转向关注个体自我成长和价值提升,而这一点在我国仍未得到重视,目前国内不少高校和专家学者对创新创业教育仍持质疑甚至否定的态度。因此,应进一步明晰我国创新创业教育开展的哲学假设以及研究型大学开展创新创业教育的意义与价值。

第二,将质性研究与量化研究相结合论证研究型大学创新创业能力结构模型的科学性。创新创业能力是一种综合能力成为共识,但是目前关于创新创业能力结构模型的研究尚不成体系,更是缺乏以研究型大学为案例、以本科生为研究对象进行的创新创业能力建构研究。因此,本书力求在此领域进行突破。

(二)研究难点

第一,案例的筛选。创新创业教育已不再是狭义的"创业教育"抑或创业技能培训,也并非仅注重学术创新的学术精英人才教育。创新创业教育是一种面向全体学生自主成长能力培养的教育。因此,创新创业教育内涵的广泛性在一定程度上增加了案例筛选的难度,本书在确定案例筛选指标上需要进行更加深入的思考。

第二,关键文献的缺乏。一方面,国外创新创业教育发展较早,对创新创业能力的研究也比较成熟，需要具备较好的外语阅读水平，翻译和理解外文文献；另一方面，现有研究中关于研究型大学本科生创新创业能力的文献少之又少，因而就需要花费更多的时间和精力对相关文献进行筛选整理。

第四节 研究意义

一、理论意义

以创新创业能力作为研究内容，有助于突破创新创业教育研究的理论桎梏。现阶段我国在开展创新创业教育质量评价时，常以如"创新创业园建设""创新创业项目开展""创新创业竞赛参赛率""创新创业教育师资队伍建设"等外在指标评价创新创业教育质量。这一方面窄化了创新创业教育的内涵意蕴，另一方面也难以体现创新创业教育效果。毋庸讳言，这些外在指标只能体现高校掌握着的创新创业教育资源的数量和形态，却无法证明高校创新创业教育实质上对学生的成长成才发挥了何种作用。学生是教育的主体和经历者，能力是教育成果的直接显现。以学生为主体，探究学生创新创业能力，这是对创新创业教育的基础理论探索。因为只有科学地解释了创新创业能力结构问题，才能针对性地开展创新创业教育活动。

二、实践意义

以创新创业能力为研究内容，有利于指导研究型大学创新创业教育的开展。研究型大学在本科教育与创新创业教育融合的实施和引领上具有不可忽视的关键作用。以研究型大学为研究案例，了解学生在参与创新创业教育中应该具有的能力，为进一步整合研究型大学教育资源，调整和改进研究型大学创新创业教育系统，促进研究型大学创新创业教育的发展提供实践指导。

第二章

研究型大学本科生创新创业能力培养的文献综述

创新创业能力是研究型大学面向未来社会培养人才必须面对的课题,但目前学界仍缺乏关于创新创业能力的研究,将研究型大学本科生创新创业能力结构作为一个独立话题开展的研究更为稀少。为了更好地论证本书的理论意义与实践意义,亟须对创新创业教育研究以及创新创业能力培养相关研究做系统梳理及评价。根据现有研究,本书主要以创新创业教育的发展历程为研究背景信息,分别对创新创业能力的内涵、要素、培养以及评价这四部分内容展开综述。

第一节 我国高校创新创业教育发展的基本历程

政策文本是认识和理解我国高校创新创业教育理念变革及行动框架的重要工具,高校相关实践体现了制度化成果,学者、专家等行动者的认知以及社会环境的创设是创新创业教育制度化建设的有力支撑。本部分内容通过系统梳理总结我国 20 余年创新创业教育相关政策文本、学术研究以及社会环境背景变迁,在呈现我国创新创业教育发展历程的同时展现高校创新创业教育所取得的举世瞩目的成绩。

一、高校创新创业教育政策体系日渐完善

制度的规制性要素既能制约行为又具有赋能作用,是保证秩序的基础。

斯科特(W. Richard Scott)认为通过激励或奖惩的方式来获得组织或行动者遵从的强制性机制是规制性要素(regulative)的扩散机制,也是制度落地实施必须获得的合法性基础。[①] 换言之,政府通过制定法律法规将其意志和教育主张传递给组织或行动者,而组织或行动者则必须通过遵守法律法规、制度政策获得合法性机制和资源以维持生存。国家政府的部署是创新创业教育嵌入高校的首要保证。[②] 强制性机制是我国高校创新创业教育政策扩散的主导机制,政策扩散呈现出政策主体从单一到协同、政策内容涉及领域从简单的就业创业技能培训到全方位育人这两大突出特征。

第一,政策主体从单一到协同。政策主体不仅包含制度化政策的制定者,也包括制度化实践的参与者。作为引导者,国家政府对创新创业教育政策主体多元性的认同有利于吸纳其他主体参与其中,并且有效规制多元主体制度化表达利益诉求和政策建议,形成共同协作的治理图景。

首先,创新创业教育政策制定者从单一的教育行政部门到多部门协同。2002年教育部着手实施高校创业教育试点工作,2012年印发《普通本科学校创业教育教学基本要求(试行)》,教育行政管理部门展现出极强的主动性。2015年《关于深化高等学校创新创业教育改革的实施意见》的颁布、2018年对创新创业高质量发展的推进以及2021年进一步支持大学生创新创业的政策导向,为创新创业教育的广泛实施创造了必要的制度环境。在顶层设计下,教育部、科技部以及财政部等多部门协同联动,分别针对高校创新创业教育制定了相应的政策文件。多部门协同有效推进了创新创业教育政策在全国范围内的扩散。

其次,创新创业教育实践主体从单一的高校主体到校企、校地联动。试点阶段的创新创业教育以狭义创业教育为主,强调培养学生的就业创业技能,归为高校就业管理服务部门的工作范畴,因此教育行政管理部门将高校作为关键的、主要的实践主体。随着创新创业教育成为创新型国家建设的重要战略之一,地方产业行业在国家号召下参与高校创新创业教育,并通过制定规范性文本以及提供资源支持有效协调了利益相关者的利益矛盾,兼顾了创新创业教育主体的利益诉求,在深化高校创新创业教育上逐渐扮演越来越重要的

---

① W.理查德·斯科特.制度与组织:思想观念与物质利益:第3版[M].姚伟,王黎芳,译.北京:中国人民大学出版社,2010:59-62.
② 徐蕾,严毛新.多重制度逻辑视角下中国高校创业教育的演进[J].教育发展研究,2019,39(3):41-47.

角色。

第二,政策内容从单一到综合。政策内容是政策理念的重要体现。我国高校创新创业教育政策在政策目标、政策实践内容上呈现出越来越丰富的趋势。在政策目标上,"以创业促进就业"是初期创业教育政策的焦点,后期虽同样关注大学生创业,但更加聚焦社会责任感、创新精神、创业意识以及创新创业能力等软技能培养上。显然,聚焦软技能的创新创业教育是实现创新创业教育面向全体的基本条件。① 在政策内容上,初期聚焦在创业培训课程上,如2004年劳动和社会保障部《关于在部分高等院校开展"创办你的企业"(SYB)培训课程试点的通知》提出建立 SYB 培训课程试点,适时进行远程创业培训。但此时并未形成规模化,创新创业教育内容局限于创业技能培训。随着2012年《普通本科学校创业教育教学基本要求(试行)》的颁布,高校创新创业教育的教学目标、方法和内容有了整体性规划,突破了前期碎片化的实践,创新创业教育课程与教学也在政策指导下逐渐走向科学化和制度化。随着创新创业教育相关政策的大规模出台,政策注意力配置逐渐转向推动创新创业教育与专业教育、思想政治教育等教育体系紧密结合方面,创新创业教育实践也从单一的课程体系到融入丰富性的专业课程、从课外实践活动拓展到校外实践参与、从校内师资队伍培养到双师型师资队伍培养、从聚焦研究型大学创新创业教育到扩大职业院校的参与度。可见,随着国家对创新创业教育重视度的提升,创新创业教育政策几乎覆盖了高等教育的全部领域。

二、高校创新创业教育实践载体不断丰富

我国高校创新创业教育推进过程中,以创新创业学院、创新创业课程以及创新创业学分制为典型特征的专业化体系的建立是创新创业教育从高等教育场域中的边缘角色逐渐走向中心地位的表现。

第一,丰富多样的制度性平台嵌入高校教育教学系统,成为高校育人的重要部分。美国社会学家菲利普·赛尔兹尼克(Philip Selznick)认为通过产生正式结构、提供交流平台等能够推进制度化。② 事实上,我国高校创新创业教育的民间实践起源于1998年清华大学举办的创业计划大赛以及开设的创业

---

① 王洪才,郑雅倩.大学生创新创业能力测量及发展特征研究[J].华中师范大学学报(人文社会科学版),2022,61(3):155-165.
② 王杨,邓国胜.第三次分配的制度化:实现机制与建构路径:基于制度理论视角的分析[J].新疆师范大学学报(哲学社会科学版),2022,43(4):16-24.

课程,而这也成为我国创新创业教育官方推行后的"基本要素"。2002年以后,我国创新创业教育实践载体在此基础上不断丰富,建立起一系列制度性平台。

首先,创业园、创业学院、创新创业学院等组织是创新创业教育的重要载体。截至2017年底,99所首批深化创新创业教育改革示范高校中超过七成高校已成立或拟成立创业学院。① 为适应创新创业教育需求,此类组织通常承担创新创业大赛组织工作、创新创业课程体系建设工作,同时也是学校对外交流拓展的重要中介组织,积极寻求和吸纳社会资金、场地以及政策支持等。比如,安徽工业大学与中科集团共建创业学院②,校企联合培养创新创业人才;南京大学与美国纽约大学理工分校(New York Institute of Technology, NYIT)、英国华威大学(the University of Warwick)共同建立国际创新创业学院,推动创新创业教育国际化,实现国际科创资源的有效对接。③ 除此之外,国家或高校联盟推动建立了创新创业教育专门组织、高校联盟,使创新创业教育行动有了专业组织支持;建立了创新创业教育的专门期刊,如《创新与创业教育》、联合国教科文组织亚太地区首份创业教育英文学术期刊《创业教育》(*Entrepreneurship Education*)等。

其次,创新创业课程及其学分制度的设立让创新创业教育内容扎根在师生意识观念中。据统计,我国200所深化创新创业教育改革示范校共打造了6586门"专创融合"示范课程,这些课程兼顾了专业课程知识和创业精神培育,获得了学生的认可,选课人数达271万人次。④ 在传统观念的束缚下,师生对创新创业教育抱有怀疑的态度,普遍认为其所倡导的创业实践并非大学生最佳选择。但当一大批融合专业知识与创业精神的高质量创新创业教育课程在国家政策的引导下大规模走入高校师生群体,他们开始从内心认可和接受"广谱式"创新创业教育,从而使面向全体的创新创业教育价值规范逐渐被

---

① 朱家德.高校创业学院的组织特征分析:基于首批深化创新创业教育改革示范高校的实证数据[J].中国高教研究,2017(11):49-53.

② 安徽工业大学与中科招商集团签署共建中科创业学院战略合作协议[EB/OL].(2017-01-16)[2022-12-11]. https://news.ahut.edu.cn/info/1007/28993.htm.

③ 南京大学国际创新创业学院简介[EB/OL].[2022-12-29].https://innovation-entrepreneurship.nju.edu.cn/10038/list.htm.

④ 吴岩.创新创业教育:人才培养范式的深刻变革[R]//教育部高等学校创新创业教育指导委员会.敢闯会创 筑梦未来:新时代中国高校创新创业教育发展报告(上册).北京:高等教育出版社,2021:1-2.

自觉遵守。

第二，体系化的竞赛机制是创新创业教育的标志性成果。与国外显著不同的是，中国高校创新创业教育制度化推进不仅与国家顶层设计有着密切关系，还与利益分配机制和奖励激励机制紧密结合，可谓通过规范性机制（normative）增强了行动者的凝聚力。规范性机制通过指标产生"软法"效果，当行动者遵守规则时则容易产生荣誉感，而一旦违反规则便会出现羞耻感。我国高校创新创业教育从边缘角色向中心地位的演进，离不开系列创新创业竞赛及其隐含的奖励激励机制。现实中，学生参与创新创业教育竞赛获奖可以抵换创新学分，能够有机会获得研究生保送资格；教师指导学生参赛获奖，通常作为职称评聘的成果之一；学校在创新创业教育竞赛上的获奖率是创新创业教育质量的重要体现，更是成为新一轮本科教育教学审核评估的指标之一。[①] 其直接结果是，基于创新创业竞赛的激励与赋能，师生参与创新创业教育的积极性逐渐增强，创新创业竞赛加强了创新创业教育主体之间的关联状态，成为创新创业教育理念突出的外在表现形式。

三、高校创新创业教育理念转向关注内生性创业

迪马吉奥（Paul DiMaggio）与鲍威尔（Walter Powell）提出模仿性机制是为应对不确定性而主动模仿先进组织的理念和行为，建构起合乎公众反应的信念认知。[②] 我国高校创新创业教育理念的演进与社会环境、知识精英以及公众期望密切相关，在多重认知因素的共同作用下，创新创业教育理念从最初的强调解决就业问题到如今的岗位性创业、内生性创业等。强调自我发展能力的创业理念逐渐进入政策视野，成为部分高校创新创业教育改革的遵循。

随着1998年"自主择业"政策在全国的铺开，毕业生就业问题也日渐凸显，"就业难"引发社会公众对教育质量的质疑，"读书无用论"等民间舆论热潮对教育行政管理部门造成极大压力。同期，创新创业教育被联合国视为教育"第三本护照"正式提出。伴随着国际组织的呼吁，创新创业教育在世界范围

---

① 普通高等学校本科教育教学审核评估实施方案（2021—2025年）[EB/OL].(2021-02-03)[2023-01-01]. http://www.moe.gov.cn/srcsite/A11/s7057/202102/t20210205_512709.html.

② DIMAGGIO P, POWELL W. The iron cage revisited: institutional isomorphism and collective rationality in organizational fields[J]. American sociological association, 1983, 48(2):147-160.

内逐渐推广开。又加之斯坦福大学创新创业教育带来的硅谷奇迹，"以创业带动就业"的创新创业教育自然而然成为我国高校解决"就业难"问题的关键抓手。培训创业技能、建立科技转移转化基地等显性行动是最易模仿的，也是在先进经验的框架下最快被行动者理解和接受的选择。但是，创业不单单是高等教育内部所能解决和引导的，创办企业需要来自家庭经济等复杂条件的支撑。因此，提倡创办企业的狭义创业教育难以获得认同，显然也无法呈现"大众创业、万众创新"的应然状态。在国内学者们的不断探索下，人们逐渐发现，以美国为代表的创新创业教育本质上是在培养具有首创精神、冒险精神和创新创业能力的创新创业型人才。[①] 中国知识界和行政精英们呼吁关注创新创业教育追求幸福的本质[②]、提倡岗位性创业[③]、强调对大学生创业能力的培养和对首创精神的塑造[④]。在实践中，清华大学等研究型大学提倡体验式学习的教育理念、推出"学生创新力提升证书"课程、组建具有学科交叉特质的创新创业教育平台预示着创新创业教育从浅层次的技能培训向深层次的创新创业型人才培养走入。[⑤] 这种教育模式也随着其显著成效而获得其他高校的模仿跟随。广义的创新创业教育有效减少了师生及民众的心理阻力，使他们对创业概念的认知逐渐深刻，提升了社会对创新创业教育的认同感。[⑥]

但是，我国高校创新创业教育建设依然存在不少困境，突出体现为：其一，由于政策体系不健全诱发了系列策略行为，如各省市与各级各类高校偏向提供"税收减免"等狭义创业行为的支持，但对广义层面的创新创业教育关注不足；其二，由于过度强调显性指标评价体系的设计致使创新创业教育出现质量危机，如关注创新创业竞赛等显性指标投入，促使创新创业竞赛沦为高校争夺资源和利益的名利场，效率取代效益；其三，由于行动者的认知惯性以及高校传统文化的制约导致创新创业教育文化远未形成，如以标准化知识传授的教

[①] 卓泽林,赵中建.高校全校性创业教育：美国经验与启示[J].教育发展研究,2017,37(17):46-53.

[②] 王志强,郭宇."追求成功"还是"追求幸福"：对创新创业教育目的的伦理审思[J].教育发展研究,2022,42(1):77-84.

[③] 黄兆信,曾纪瑞,曾尔雷.以岗位创业为导向的人才培养体系研究与实践：以温州大学为例[J].教育研究,2013,34(6):144-149.

[④] 清华副校长杨斌：一流大学应有什么创业教育？[EB/OL].(2022-11-16)[2023-01-01]. https://learning.sohu.com/a/606739490_608848.

[⑤] 清华 x-lab[EB/OL].[2022-12-19].http://www.x-lab.tsinghua.edu.cn/about.html.

[⑥] 严毛新.创业教育的中国经验[J].教育研究,2017,38(9):70-75.

学认知惯性、知识生产的"唯论文""堆量科研"现象。究其根源,一套过度强调竞赛数量、组织建设数量等外显性指标的评价制度直接加速了创新创业教育实践的浅层化。这些实践载体更容易在短期内实现,也更容易衡量,从而成为高校追捧的对象,但忘却了这些实践载体的现实作用及其实际价值。而作为创新创业教育的根本旨归——培养和提升大学生的创新创业能力,则由于较难度量其水平及增值情况,往往成为被忽视的对象,抑或以实践载体建设情况替代衡量。因此,应该强调创新创业能力培养的重要性,加强对创新创业能力的系统研究,从而能够有意识地避免外显性评价制度对创新创业教育育人实质的侵蚀。

第二节 本科生创新创业能力内涵与培养方式研究

一、创新创业能力的内涵界定

创新创业是世界高等教育改革与发展的重要议题,它以培养与发展学生的创新创业能力为关键。近年来,随着创新创业教育的兴起,学界对创新创业能力的培养与发展产生兴趣,国内外专家学者站在不同的研究视角对创新创业能力进行了研究,但是对于创新创业能力的独特要素、创新创业能力的内涵,至今仍未形成统一认识。根据现有研究,目前普遍存在"创新创业能力等同于创新能力""创新创业能力等同于创业能力""创新创业能力为综合能力"三种不同的观点。

(一)将创新创业能力等同于创新能力

创新是创业的基础条件[①],创业的每个阶段都需要创新的介入,创新能力的提升能够为个体的创业发展提供支持。现有研究认为,高校不应该提倡创业,因而大学生创新创业教育以培养创新能力为主[②],特别提出培养以创造力

---

① 宋士华,黄强,张文娟,等.机械类专业应用型人才核心能力培养研究[J].教育理论与实践,2020,40(3):19-21.
② 李艳平.基于翻转课堂教学模式的大学生创新创业能力培养[J].教育与职业,2018(2):81-84.

为核心的创新能力。① 从企业运营的角度来看,创新能力一方面体现在对已有产品的重新组合上,另一方面体现在对新技术或新产品的研发上,即能够为企业带来较高产值的能力。②

(二)将创新创业能力等同于创业能力

创业能力贯穿于整个创新创业过程,对创新创业效果产生直接影响,可以认为创业能力是创业素质的核心。③ 现有研究认为创新创业能力等同于创业能力正是遵循此思路。具体而言,从创业萌芽阶段来看,创业能力重在培养创业意识④和实践能力⑤;从创业选择阶段来看,认为创业者所拥有的创业能力主要是由先天生物基因以及家庭因素决定的,此种概念下的创业能力是促使个体走向创业的决定性因素;从整体的创业过程来看,创业能力包括创办企业、捕捉机会以及整合资源的能力⑥,特别是把握的机会能力⑦,学界将其视为创业的关键。

(三)将创新创业能力视为一种综合能力

知识经济社会的到来促使市场的更迭速度日益增快,对个体的能力要求愈发严格,因此,仅仅拥有创新能力或者创业能力是不够的。越来越多的学者认为创新创业能力是一种综合能力,适用于生活的所有领域,包括个体自身发展、积极参与社会活动、作为雇员进入就业市场抑或创业。⑧ 如王洪才提出:"创新创业能力是创新能力与创业能力的有机合成而不是两者的简单叠加,无

---

① 董保宝,曹琦.不平衡时代的创新与创业研究[J].南方经济,2019(10):1-10.
② 安江英,田慧云.我国高校创新型人才培养模式的探索和实践[J].中国电力教育,2006(1):29-32.
③ 王占仁,林丹.大学生创业素质结构论析[J].社会科学战线,2012(3):250-252.
④ 杨勇,商译彤.高质量发展导向下高职创新创业教育系统构建的意义、取向与路径[J].教育与职业,2020(8):68-73.
⑤ 周光礼.从就业能力到创业能力:大学课程的挑战与应对[J].清华大学教育研究,2018,39(6):28-36.
⑥ 杰弗里·蒂蒙斯.创业者[M].周伟民,译.北京:华夏出版社,2002:11-15.
⑦ CHANDLER G N, HANKS S H. Measuring the performance of emerging businesses: a validation study[J]. Journal of business venturing, 1993, 8(5):391-408.
⑧ 田冠军,韦彦彬.MPAcc研究生创新创业能力培养研究:基于扩展三螺旋模型[J].财会通讯,2018(10):42-45.

论缺乏创新能力还是创业能力，都不算具有创新创业能力。"[1]尽管不少学者逐渐认同创新创业能力是一种综合能力[2]，且该能力在培养创新创业人才上具有重要的地位。[3] 但是，大多数学者仅仅是将"创新创业能力"作为一个概念提出[4]，鲜少深入研究创新创业能力作为一种综合能力的具体内涵，即并未阐释创新创业能力涵盖的能力要素。

可见，目前对于创新创业能力的基本内涵尚存有争论。对以上三种研究视角进行分析，发现部分学者仍将创业定义为创办企业。诺贝尔和平奖得主、小额信贷先驱穆罕默德·尤努斯（Muhammad Yunus）称"我们都是创业者"[5]，摒弃现有的狭义创业是非常重要的，我们必须认识到创业面向的是所有的个体。可以说，狭义的创业定义无疑是创业表层化的体现，并未认为个体将理想变为现实本就为一种创业，也尚未意识到创新创业是每个人必然面临的选择，因而也未能真正意识到创新创业能力作为一种综合能力的真正内涵。2010年我国教育部把创业教育名称改为"创新创业教育"，这说明我们对创新教育与创业教育的双生性认识已形成共识。

由此而言，创新与创业融合是时代发展的趋势，是个体成长的助推器，创新创业能力是一种工作生活领域必备的综合能力之认识理应成为所有人的共识。因而，本书将基于个体层面的创新创业内涵界定创新创业能力，这样能够更准确地理解知识经济社会背景下高校创新创业教育的关键。

二、创新创业能力的组成结构

目前国内外学者对创新创业能力结构的研究正渐趋深入。经调查，现有研究路径主要是：一为通过访谈创业者及企业家得出其典型特征，筛选创业能力的组成结构，而后进一步通过问卷调查和实证数据分析确定创新创业能力的结构模型。二为以大学生为研究对象，通过定量和定性数据考查学生在不

---

[1] 王洪才.创新创业能力评价：高等教育高质量发展的真正难题与破解思路[J].江苏高教,2022(11):39-46.

[2] 冯涛,黄翔,南文海.以创新创业能力培养为导向的工程硕士培养模式探析[J].研究生教育研究,2016(3):76-80.

[3] 高文兵.众创背景下的中国高校创新创业教育[J].中国高教研究,2016(1):49-50.

[4] 宫毅敏,林镇国.创业竞赛对提升学生创新创业能力的影响：基于创业竞赛参赛意愿调查问卷的数据挖掘分析[J].中国高校科技,2019(12):57-60.

[5] 科林·琼斯.研究生创业教育[M].王占仁,译.北京：商务印书馆,2016:79.

同实践项目中的发展情况,进一步确定创新创业能力的构成要素。三为通过以往相关理论概念直接确定创新创业能力结构模型。现有研究结论主要有以下几点。

(一)以企业家为研究对象建构创新创业能力结构模型

此类研究通常秉持创新创业能力等同于创业能力的观点,研究者通过考察企业家个人特征或者企业运营历程初步得出创新创业能力结构模型,再利用量化分析确定创新创业能力结构模型。经分析可知,以企业家为研究对象得出的创新创业能力,大多是基于资源视角进行的划分,认为创新创业能力就是创业者在充分掌握资源(包括有形或无形的各种资源,如资金、机会、设备等)的基础上成功开展创新创业活动的一种必备技能。如托马斯等提出机会胜任力、关系胜任力、概念胜任力、组织胜任力、战略胜任力和承诺胜任力六维创业能力结构[1];唐靖、姜彦福等学者认为创业能力由机会能力和运营管理能力构成[2];百森商学院提出创业能力由社交能力、资金筹集能力以及人力资本构成[3]。

(二)以大学生为研究对象建构创新创业能力结构模型

高校创新创业教育进行得如火如荼,从而也引起了学者对大学生创新创业能力的关注。现有研究中,常(Jane Chang)根据学生参与创业实践项目的能力发展情况,将创业能力分为技术技能、管理技能、创业技能和个人成熟度四个维度[4];杨晓慧则通过学生访谈、创业典型案例分析以及文献分析等各类研究方法,认为大学生创新创业能力包括基本创业能力、核心创业能力、创业人格和社会应对能力四个基本维度[5];王辉等认为大学生创业能力主要由机会把握力、创业坚毅力、关系胜任力、创业原动力、创新创造力、实践学习力、资

---

[1] THOMAS M, LAU T. Entrepreneurial competencies of SME owner/managers in the HongKong services sector: a qualitative analysis[J]. Journal of enterprising culture, 2000, 8(3): 235-254.

[2] 唐靖,姜彦福.创业能力概念的理论构建及实证检验[J].科学学与科学技术管理, 2008(8):52-57.

[3] 科林·琼斯.本科生创业教育[M].王占仁,译.北京:商务印书馆,2016:53.

[4] CHANG J, RIEPLE A. Assessing students' entrepreneurial skills development in live projects[J]. Journal of small business and enterprise development, 2013, 20(1): 225-241.

[5] 杨晓慧.大学生就业创业教育研究[M].北京:经济科学出版社,2015:74-159.

源整合力七个维度构成[①];齐书宇等针对某一学科的大学生进行调查,得出创新创业能力由创新能力、创业意识、创业能力、创业管理能力四种要素组成[②];刘追等人针对某一群体开展调查,认为大学生创新创业能力划分为机会识别能力、人际关系能力、战略管理能力、创新能力、学习能力、资源整合能力、受挫能力和跨文化能力八个维度[③]。

(三)基于理论工具直接建构创新创业能力结构模型

此类研究主要基于文献、政策或已有相关理论等直接提取创新创业能力的共同要素,建构创新创业能力结构模型。例如,威尔逊(Nick Wilson)等在能力理论的基础上重新建构创新创业能力,认为其由识别与利用机会的能力、概念性能力、毅力、人力资源管理能力、政策性能力以及技术能力等六大维度构成[④];王占仁等基于全球创业观察(Global Entrepreneurship Monitor, GEM)概念模型认为创业能力包括把握机会能力、终身学习能力、领导管理能力、社会合作能力、心理调控能力以及创新思维能力六个维度[⑤];贾建锋基于能力成熟度模型(Capability Maturity Model,CMM),并结合现有创新能力模型以及创业能力模型,将创新创业能力划分为创新知识基础、创新思维能力和创新学习能力等创新能力维度以及创业机会能力、创业通用能力和创业专业能力等创业能力维度[⑥]。

综合以上研究可知,目前学界对大学生创新创业能力结构尚未形成统一的认识。但在宏观上普遍可以将其分为以专业知识为基础的认知能力和以主动性、毅力等为基础的非认知能力,并且认为非认知能力在创新创业能力中占

---

① 王辉,张辉华.大学生创业能力的内涵与结构:案例与实证研究[J].国家教育行政学院学报,2012(2):81-86.

② 齐书宇,方瑶瑶.工科大学生创新创业能力评价指标体系构建与设计[J].科技管理研究,2017,37(24):68-74.

③ 刘追,姜海云.民族网络对少数民族大学生创业能力的影响:创业学习的中介作用[J].科技进步与对策,2017,34(14):140-146.

④ WILSON N, MARTIN L. Entrepreneurial opportunities for all?: entrepreneurial capability and the capabilities approach[J]. The international journal of entrepreneurship and innovation, 2015, 16(3):159-169.

⑤ 王占仁,林丹.大学生创业素质结构论析[J].社会科学战线,2012(3):250-252.

⑥ 贾建锋.基于能力成熟度模型的大学创新创业课程体系构建[J].高等工程教育研究,2018(5):178-182.

据重要地位。从研究方法上看,较多研究以质性研究和量化研究相互佐证,使研究更具科学性。但是,关于创新创业能力组成结构的相关研究尚存在不足之处,主要体现在以下几点。其一,套用能力理论建构创新创业能力模型虽具有合理性,但不可否认这在一定程度上遮蔽了创新创业能力的特殊性。其二,目前有不少学者借鉴国外相关理论或者套用国外对创业能力的结构模型进行我国大学生创新创业能力建构,但并未对相关理论的可借鉴性进行分析。任何国家的社会背景以及教育背景都存在较大差异,我们应当认为国外的相关研究可以为我们建构本土化模型提供参考,但盲目套用国外模型或理论是不可取的。对国外理论或模型进行本土化使用都需开展适用性分析。同时,通过梳理现有的研究结果可以发现,我国目前在创新创业能力结构模型上的建构仍处于初级阶段,未来亟须加强创新创业能力国家模型的建构。其三,目前关于创新创业能力的研究多是从创业活动开展的过程出发,而非从大学生个体能力成长角度出发进行研究。这使得创新创业教育的普适性遭到质疑。

三、创新创业能力的培养场所

目前学界在创新创业能力影响因素方面的研究主要分为两类:一类认为创新创业能力是一种先天能力,受遗传基因影响较大;另一类认为创新创业能力受多重因素影响,但主要受环境因素影响。

(一)创新创业能力先天形成论

持创新创业能力先天论者主要从人格心理学以及计量基因学两个视角出发。从人格心理学研究视角来看,创新创业能力先天论观点主要源于对创业人格特质是否可教的探讨。例如,洛佩斯(M.I. López-Núñez)等采用量化研究方式,对比创业者以及非创业者的人格特质,得出创业者具备天生的不可教的人格特质[1],例如高成就需求、高承担风险倾向和高模糊性容忍度。为了科学区分基因与环境对创新创业能力的影响,有学者将具有自然实验性质的计量基因学应用于创业者进行研究[2]。从计量基因学视角来看,尼克(Nicos

---

[1] LOPEZ-NUNEZ M I, RUBIO-VALDEHITA S, APARICIO-GARCIA M E, et al. Are entrepreneurs born or made? the influence of personality[J].Personality and individual differences,2020,154(1):109699.

[2] NICOLAOU N, SHANE S. Can genetic factors influence the likelihood of engaging inentrepreneurial activity? [J]. Journal of business venturing,2009,24(1):1-22.

Nicolaou)等多次利用计量基因技术对同卵双胞胎和异卵双胞胎进行对照分析,得出基因对人们创业倾向性①以及识别商业机会能力的影响具有显著性②,因而普遍持有创新创业能力先天论。此外,也有其他学者通过计量基因学研究方法同样得出"创业不可教"的结论,因此认为创业能力是一种天生能力。③

(二)创新创业能力后天形成论

"创业是可以被学习的",尽管德鲁克(Peter Drucker)所言的"创业"更多指向狭义的创办企业活动,但目前学术界多数研究已经表明,创新创业能力是可培养的,即持有创新创业能力后天形成论。首先,创新创业能力后天形成论持有者通过文献元研究以及实证研究得出环境因素与学习者的创业倾向性和创业意图有显著相关④,该研究无疑是对创新创业能力先天论的有力反驳。其次,通过实证研究,大部分学者普遍认为创新创业能力的环境影响因素可以分为三类。其一,认为创新创业能力受家庭因素影响,以家庭亲密度和情感表达为主要要素,能够对大学生创新创业能力产生重要影响。⑤ 其二,认为创新创业能力受高校环境影响较大。国外学者早已通过大量实证研究证明高等教育对于学生成长具有重要的"净效应"。⑥ 就创新创业能力而言,目前大部分学者也均持有该观点,例如谌飞龙等基于对创业校友的访谈得出母校的专业

---

① NICOLAOU N, SHANE S, CHERKAS L, et al. Is the tendency to engage in entrepreneurship genetic? [J]. Management science, 2008, 54(1):167-179.

② NICOLAOU N, SHANE S, CHERKAS L, et al. Opportunity recognition and the tendency to be an entrepreneur: a bivariate genetics perspective[J]. Organizational behavior & human decision processes, 2009,110(2):108-117.

③ NICOLAOU N, SHANE S. Entrepreneurship and occupational choice: genetic and environmental influences[J]. Journal of economic behavior & organization, 2010, 76(1):3-14.

④ BAE T J, QIAN S, MIAO C, et al. The relationship between entrepreneurship education and entrepreneurial intentions: a meta-analytic review [J]. Entrepreneurship theory & practice, 2014, 38(2):38.

⑤ 师保国,许晶晶.家庭环境对大学生创造性倾向的预测作用[J].首都师范大学学报(社会科学版),2009(5):71-77.

⑥ KLEIN S P, KUH G D, CHUN M, et al. An approach to measuring cognitive outcomes across higher education institutions[J]. Research in higher education, 2005, 46(3):251-276.

教育、校友资源、校园文化以及实践活动在培养创新创业能力上均有重要作用[①]；以朱利安（Julian Lange）和爱德华（Edward Marram）等为代表的学者对接受过创业教育与未接受过创业教育的校友进行长期分组跟踪调查，发现母校创业教育等对其创业意向和创新创业能力均有积极影响[②]；邹建芬等同样认为，就教育视角而言，大学生创新创业能力受学校创业氛围、创业准备以及创业实践等直接影响[③]，学生参与创新创业竞赛等对其提升创新创业能力具有积极影响[④]。其三，从社会环境来看，政府政策支持、社会认可等因素对大学生创新创业能力提升同样也存在一定的影响。[⑤]

综上所述，越来越多的学者认可创新创业能力具有可培养性，且高校是创新创业能力培养的关键场所。基于人格心理学以及计量基因学视角的实证研究逐渐发现，基因对于先天的创业人格、创业倾向以及创新创业能力的形成有一定的影响，但非决定性影响。因而，越来越多的学者反对创新创业能力的基因决定论。一方面，现有研究基于质性及量化研究等方法已得出家庭、学校及社会等环境因素影响创新创业能力的培养，特别是高校所营造的文化氛围、提供的课程资源以及教师的指导等可以直接影响学生创新创业能力水平。另一方面，从教育学角度出发，正是因为每个人的先天禀赋不同，才使得教育具有多样性，这是对"因材施教"的最佳诠释。换言之，正是每个人所具有的不同的禀赋才为教育注入了最宝贵的资源。创新创业人格特质等受先天基因影响，但同样可以通过环境的塑造促使越来越多的人认识自己、发掘自身潜能，使其超越自身先天因素的限制，进而提升个人发展质量。

需要注意的是，后天形成论观点其实隐含着创新创业能力形成具有特征性特点，也即创新创业能力在不同的环境中表现出的特点是不一样的，因而不

---

① 谌飞龙,陈松.创业者母校经历对事业成功的影响：质性研究视角[J].教育学术月刊,2020(2):85-91.

② 尹向毅.创业是否可教：基于教育学视角的分析[J].高等教育研究,2017,38(5):64-71.

③ 邹建芬.大学生创业教育与创业能力研究[J].江苏高教,2012(6):112-113.

④ 宫毅敏,林镇国.创业竞赛对提升学生创新创业能力的影响：基于创业竞赛参赛意愿调查问卷的数据挖掘分析[J].中国高校科技,2019(12):57-60.

⑤ 陈洁茹."三位一体"的大学生创新创业能力培养体系探析[J].教育与职业,2018(6):60-63.

同发展阶段上或者不同环境下的主体所需要的创新创业能力也是不同的。①因此,基于能力所处的环境特征提出的培养举措和建议才具有更强的说服力。

四、创新创业能力的评价方式

高校是创新创业能力形成的关键阵地,大学生拥有创新创业潜质,激发大学生创新创业活力是社会发展的需求。②目前相关研究在创新创业能力评价主体上已取得共识,认为创新创业能力评价主体应以大学生为主。但在具体案例选取上却出现了一定的差异,大多局限于高职或商科学生。

(一)主要以高职或商科学生为研究对象

目前关于创新创业能力的评价主体主要分为两类:一类是对某类高校学生创新创业能力的整体性评价;另一类是关于某个学科学生的创新创业能力的评价。其一,以某所大学为案例进行大学生创新创业能力研究,且学校类型集中在高职院校。例如,李隽等认为高职院校培养学生创新创业能力是教育改革的重要课题③,构建了我国高等职业院校大学生创新创业能力评价体系④⑤⑥;胡剑锋和程样国构建了民办本科高校大学生创新创业能力评价体系⑦。其二,以某个学科为例进行创新创业能力评价体系的构建与测评。现

---

① 金昕.大学生创业能力分类培养的筛选机制研究[J].社会科学战线,2011(10):254-256.

② 韩健文,何美娜.提升大学生创新创业能力的实践探索[J].学校党建与思想教育,2020(6):69-71.

③ 李隽.高职学生创新创业能力培养研究[J].教育与职业,2016(13):86-88.

④ 何忠伟,任钰,郭君平,等.基于AHP法的我国农业高等职业院校大学生创新创业能力评价[J].农业技术经济,2010(12):111-117.

⑤ 陆晓莉.高职院校大学生创业能力的评价与提升机制[J].高等工程教育研究,2015(3):152-156.

⑥ 柳春.基于层次分析法的高职学生创新创业能力评价体系研究[J].成人教育,2015,35(4):55-57.

⑦ 胡剑锋,程样国.基于OBE的民办本科高校大学生创新创业能力评价[J].社会科学家,2016(12):123-127.

有研究对大学生创新创业能力的评价集中在商科[①]、理工科[②][③],也有少部分研究对人文社科学生进行评价[④]。

（二）主要以自陈式量表为评价工具

确定研究对象后,则要考虑如何获取研究数据,即对创新创业能力关键指标进行度量。自陈式量表以自我报告形式开展调查,让学生陈述例如参与活动情况、学习收获、能力增长情况等,以直接了解学生的在校感受。现有大学生创新创业能力评价量表以自陈式为主要呈现形式。目前学界基于不同群体的访谈建构了不同的创新创业能力模型,因而不少学者通过对模型的细化形成自陈式评价量表,并选取案例研究对评价量表进行验证[⑤]。也有学者基于相关政策中对大学生创新创业能力的主要措施和要求,以粗糙集理论和可拓性理论为指导建立大学生创新创业能力自陈式评价量表[⑥]。

（三）主要以水平测定作为研究结果

回顾我国现有对大学生创新创业能力评价的相关研究,可以发现大部分学者倾向于通过建构创新创业能力评价体系,对某学校或某学科的学生进行能力测定,但是缺乏对评价体系的进一步利用与探索。例如韩晨光等在分析大学生创新创业能力评价数据时仅得出其能力发展的整体状况[⑦],或仅对能力与能力之间要素的相关性进行分析[⑧],再或者倾向于从大学生家庭社会人

---

① 严玉萍.基于VPTP的商科大学生创新创业能力培养模式研究[J].电化教育研究,2014(10):48-52.

② 韩晨光.理工科大学生创业能力评价研究[D].北京:北京科技大学,2015.

③ 齐书宇,方瑶瑶.工科大学生创新创业能力评价指标体系构建与设计[J].科技管理研究,2017,37(24):68-74.

④ 沈月娥,杨松明.人文社科专业大学生创新创业能力培养的思考[J].教育与职业,2015(14):76-78.

⑤ 刘沁玲.创新型创业能力评价指标体系的构建:基于中国大学生初次创业案例的调研[J].科技管理研究,2013,33(24):65-69.

⑥ 沈铭.大学生创新创业能力评价体系的研究:基于粗糙可拓复合理论[J].技术经济与管理研究,2019(7):23-28.

⑦ 韩晨光,曲绍卫,纪效珲.能力基点:理工科大学生创业创客教育课程设计及实践:基于两岸理工科大学生创业能力调查数据[J].现代教育技术,2015,25(2):114-119.

⑧ 高桂娟,韩德丽,苏洋.大学生创业能力状况的调查与分析:以上海高校为例[J].武汉理工大学学报(社会科学版),2013,26(5):818-823.

力资本方面进行相关性分析①。可以得知,现有研究普遍存在数据解读乏力的现象。

综上所述,为了科学合理地评价创新创业能力,多数学者致力于提出创新创业能力结构评价体系,但目前仍尚未形成具有全国影响力的创新创业能力评价体系。总体而言,现有研究仍存在以下局限:

高职或商科、理工科学生创新创业能力研究成果较多,缺乏对研究型大学或者其他学科的研究。研究者认为大学生创新创业能力虽可能受学科规训及学院环境等影响,但随着跨学科教育在大学中的推广,"学校的训练应该把学校的生活作为一个整体来进行"②,学科特征或学院环境对于学生的影响仍不如学校的整体环境。创新创业能力培养是个系统性工程,如果过度聚焦于某个学科或专业的研究,不利于学校开展系统性教育改革。从学校类型上看,现有研究忽视研究型大学对培养大学生创新创业能力的重要作用,实则是缺乏对知识经济的认识,也是创新创业概念狭义化的一种体现。总之,后续研究中应避免以单一学科学生为研究对象开展研究,同时也应该挖掘作为知识创新重要场所的研究型大学在创新创业人才以及创新创业能力培养路径上的建设。

第三节　研究述评

通过对已有研究的梳理及分析,可以看出创新创业教育以及大学生创新创业能力培养已成为学界关注的话题,同时也是高等教育领域改革的重要议题。学界基于创新创业活动历程以及社会现实需求探讨了大学生创新创业能力培养问题,并在创新创业能力内涵、培养场域及培养环节等方面取得了一定的共识:国内外研究者普遍认为创新创业能力是一种综合能力,研究创新创业能力结构是开展创新创业教育的基本前提,高校是培养学生创新创业能力的关键场所,各类型高校应该基于学生创新创业能力结构,精准定位创新创业教育以进行系统性改革,从而有针对性地培养学生的创新创业能力。总而言之,已有研究对以上各个主题进行的深入探讨以及所取得的共识为本书奠定了基

---

① 李琳璐.研究型大学大学生创业能力实证测评[J].当代教育科学,2019(8):84-90.
② 赵祥麟,王承绪.杜威教育名篇[M].北京:教育科学出版社,2006:5.

本的理论基础,同时也为本书的深入开展提供了一定的启发。

一、关于研究型大学本科生的系统研究较少

创新创业教育面向全体,创新创业教育应分类型分层次发展[1],这在某种程度上揭示了各类型高校办学定位与人才培养的紧密联系,同时进一步指出了各类型高校在创新创业能力培养上存在着差异。因此,现有研究仅关注高职院校或者商科学生的创新创业能力是远远不够的,亟须拓宽研究的范围和视野。事实证明,研究型大学是创新创业教育开展的重要场域,但现有研究却缺乏对研究型大学的关照。研究型大学相比较其他类型高校而言资源更多,在培养创新创业能力上更有优势[2],研究型大学长期专注于与创新有关的知识交流,在满足现代知识经济的要求上起着举足轻重的作用[3]。但是,目前关于大学生创新创业能力的研究大多围绕高职院校或者应用型大学进行,鲜少涉及研究型大学学生创新创业能力,更毋论及研究型大学本科生。

因此,研究型大学本科教育与创新创业能力培养关系的理论尚未得到充分的研究与解释。从研究手段来看,多数研究尚未融合学生视角及专家视角探究研究型大学本科生创新创业能力结构。究其根源,理论上的缺失与我国长期以来认为创新创业教育即创业技能培训的认识有关,多数学者并未认真追索创新创业教育的实质含义,也未能正确认识和深入探究创新创业能力。这在一定程度上造成研究型大学缺乏对本科生创新创业能力培养的探索,从而无法实质性推动研究型大学创新创业教育的发展。国内外研究趋势已表明,各类高校都必须重视创新创业教育,这就意味着各类高校都应研究学生创新创业能力结构。目前对此问题的系统研究非常缺乏,而这也是本书力求突破的重要领域。

二、关于创新创业能力结构的研究尚处于起步阶段

国内外学者分别从不同研究视角对创新创业能力结构进行了探究,但是

---

[1] 王占仁."广谱式"创新创业教育概论[M].北京:人民出版社,2016:56-69.

[2] ABREU M, DEMIREL P, GRINEVICH V, et al. Entrepreneurial practices in research-intensive and teaching-led universities[J]. Small business economics, 2016, 47(3): 695-717.

[3] ETZKOWITZ H. Research groups as 'quasi-firms': the invention of the entrepreneurial university[J]. Research policy, 2003, 32(1):109-121.

就目前研究来看,关于创新创业能力的研究尚处于起步阶段。其一,研究主体具有局限性。目前关于创新创业能力结构的研究仅从单一主体出发,特别是以商科学生或高职院校学生为研究主体开展的共性能力要素提炼。创新创业是每个人都必须经历的过程,将研究主体局限于商科学生或者高职院校的学生是一种窄化创新创业概念以及狭隘化创新创业教育的体现。其二,研究工具存在局限性,体现在:一是简单套用相关理论基础,因而未能体现创新创业是认识自我、挑战自我的一种行为;二是简单移植国外创新创业能力结构研究,缺乏本土化改造,因此难以体现我国对创新创业能力的培养需求;三是直接引用企业家的创新创业能力结构,缺乏对大学生创新创业能力结构的研究,因而高校创新创业教育的开展缺乏理论根基。

创新创业教育质量直接影响人才培养的质量,创新创业能力结构模型为创新创业教育的发展指明了方向,因而重新探析和明晰创新创业能力结构模型显得尤为迫切。人才培养的素质与能力是创新创业教育理论与实践必须回应的一个核心问题,是创新创业教育定位的关键点,同时也是检验创新创业教育质量的评估点。只有明确了高校学生创新创业能力结构,创新创业教育发展乃至高校教育改革才能有章可循。

三、采用混合研究方法成为研究趋势

在创新创业能力水平及结构研究方面,目前研究主要分为两类:一类是关于创新创业能力现状的研究;一类是关于创新创业能力结构的研究。其中,较多采用量化研究来研究创新创业能力现状,试图通过数据客观、直接地展示创新创业能力的发展情况,进而根据发展现状提出解决对策。数据可以客观、准确地描述现状,但仅靠数据的呈现是不够的,更应该去深挖创新创业能力建构背后的真实内涵。创新创业能力结构模型是近年来的研究趋势,在此类研究中普遍采用的研究方法是先采取质性研究方法提炼能力要素,后采取量化方法进行能力模型的验证。探索式的混合研究方法一方面可以吸纳质性研究在挖掘和建构本土化理论的优势,另一方面又能够发挥量化研究在事实和数据验证上的重要作用,有利于全面深入地阐释案例,解答研究问题。[①]

在创新创业能力培养方面,对研究型大学学生创新创业能力培养的案例

---

① 唐涌,汪燕.教育研究的范式之争与方法之变:兼论对我国远程教育研究的启示[J].职教论坛,2016(15):54-59.

研究不足。工业4.0时代,5G技术以及人工智能技术等新兴技术的兴起推动了传统工业向智能化发展,对研究型大学高校人才培养质量提出更高需求,从而引发研究型大学创新创业模式的变革。国外研究型大学的创新创业教育发展历史较为深厚,在适应和引领时代发展的创新创业教育模式变革上呈现较好的态势,已然受到普遍关注。但与之相对应的专门聚焦研究型大学的案例研究还处于薄弱阶段。研究型大学是创新创业教育的重要阵地,研究型大学本科生作为接受高等教育的新生代力量,是最有创新创业潜力的重要群体。借鉴国内外研究型大学创新创业能力培养的典型案例,能够帮助我们重新审视研究型大学创新创业教育的培养目标与培养路径,推动研究型大学创新创业教育改革创新以适应经济社会的快速发展。

综上所述,本书拟基于扎根理论,以行为事件访谈法(behavioral event interview, BEI)为基础设计研究型大学本科生访谈提纲,调研研究型大学中创办企业、参与创新创业竞赛以及在学业上获得优异成绩等具有突出表现的本科生,通过访谈提取共性因素,并结合对专家学者的访谈以及既有研究,修正研究型大学本科生创新创业能力要素,以期探寻研究型大学本科生创新创业能力结构模型,在此基础上通过相关实践案例探索研究型大学本科生创新创业能力培养的行动路径,为进一步开展研究型大学本科生创新创业能力评价以及科学有效地把握研究型大学本科生创新创业能力培养策略奠定坚实的基础。

第三章

研究型大学与本科生创新创业能力培养

本章旨在从理论层面探讨把研究型大学本科生创新创业能力作为研究内容的依据。"研究背景"部分重新释义创新创业教育,并概述了创新创业教育对于研究型大学本科教育的重要意义,为本章探讨"研究型大学本科教育与本科生创新创业能力"奠定前期基础。不可否认,本科教育在研究型大学中具有基础性地位[①],起着关键性作用[②],本科人才培养是研究型大学的核心使命[③]。在此共识下,研究型大学本科教育的办学定位和教育理念理应体现引领示范的积极作用,以提升研究型大学本科教育的质量。人才是检验研究型大学本科教育质量的关键,研究型大学人才培养目标和人才特征反映了人才培养定位以及价值取向。[④] 因此,本章试图解答"创新创业能力在研究型大学本科教育中的地位"问题,拟从世界一流研究型大学本科人才培养目标的内涵中揭示一流研究型大学对本科人才的定位以及人才特征,即回答"研究型大学本科阶段应该培养什么样的人""这些人应该具有什么样的特征"问题,进而在理论上解答"本科生创新创业能力在研究型大学本科教育中的地位"这一根本性前提条件。

---

① 贺国庆.美国研究型大学本科教育的百年变迁与省思[J].教育研究,2016,37(9):106-115.

② 邱勇.一流本科教育是一流大学的底色[N].光明日报,2016-06-21(13).

③ 秦春华.重新认识研究型大学[N].中国科学报,2014-06-19(7).

④ 季波,李劲湘,邱意弘,等."以学生为中心"视角下美国一流研究型大学本科人才培养的特征研究[J].中国高教研究,2019(12):54-59.

第一节　具有开拓精神的人：
一流研究型大学本科人才培养目标

一、一流研究型大学的案例选择

（一）一流研究型大学的案例筛选标准

第一，具有典型性。首先，综合世界大学排行榜选择"一流"大学。从国际范围来看，目前世界一流研究型大学均将本科教育作为立校之本，大力推动本科教育改革[①]，取得了卓越的成绩，并不断以本科教育改革作为支点，引领着高等教育改革的发展潮流[②]。因此，为了更好地探究研究型大学本科教育人才培养目标的内涵，选择一流研究型大学作为案例更能挖掘出丰富的信息。但是，关于"一流"的标准，学界至今尚未具有统一的说法，这为研究增加了难度。本书认为，从操作层面来看，"一流"是具有"比较"意义上的等级概念，在同一判断标准下，多个主体相比较而言属于排名前列的主体可称为"一流"。据此，世界大学排行榜就为本书提供了参照。目前世界范围内存在多个高校排行榜，每个排行榜评价指标各有侧重。因此，为更好地筛选出"一流"大学，计划综合学界具有较高认可度的 U.S. News 世界大学排名（U.S.News & World Report Best Global Universities Rankings，U.S.News）、泰晤士高等教育世界大学排行榜（Times Higher Education World University Rankings，THE）、软科世界大学学术排名（Shanghai Ranking's Academic Ranking of World Universities，ARWU）以及 QS 世界大学排行榜（Quacquarelli Symonds，QS）四大排行榜的大学排名情况筛选研究案例。

第二，具有一定的覆盖面。人才培养目标的确定受到学校定位、国家政策以及市场需求的影响[③]。因此，尽可能地描绘不同高等教育背景下一流研究型大学的人才培养目标，以提炼出既具有代表性同时又具有普遍性的世界一

---

① 战双鹃,李盛兵.美国常春藤大学本科教育的基本特征[J].高等教育研究,2019,40(5):92-99.
② 邬大光.重视本科教育:一流大学成熟的标志[J].中国高教研究,2016(6):5-10.
③ 王严淞.论我国一流大学本科人才培养目标[J].中国高教研究,2016(8):13-19,41.

流研究型大学本科人才培养特征。世界高等教育分为英美体系以及欧洲大陆体系。[①] 在英美体系中,高校教育教学普遍遵循市场逻辑,而欧洲大陆体系的高校则普遍强调政府主导逻辑。两种不同治理逻辑下的研究型大学本科人才培养目标可能具有不同的特点,都值得我们关注。所以,案例筛选时除了需要考虑典型性外,也应该遵循全面性原则。具体而言,本书将在根据四大排行榜及研究型大学特征筛选得出的研究案例的基础上,进一步考察各个大学所属高等教育体系,使得研究案例中兼具英美体系及欧洲大陆体系高校,最大程度提高研究案例的广泛性。

(二)一流研究型大学本科人才培养目标研究的技术路线

首先,确定案例。根据案例筛选的典型性和全面性原则,拟在四大世界大学排行榜中分别选取排名前50名的大学,进而筛选出在四大排行榜前50名中重复出现的研究型大学作为本研究的研究案例。

其次,收集资料。在确定研究案例后,通过查阅官网等途径,搜集案例学校的本科人才培养目标及其相关资料。需要注意的是,为保持文本研究的科学性,在搜集例如德语、中文等学校官方用语时,均采用其官网的语言转换功能,将相关表述转化为全球通用语言英语。

再次,分析资料。词频是指词语在本文中出现的次数,通过对高频词的统计和深挖,能够反映出词汇所蕴含的意义或者揭示某一现象在现阶段受到普遍重视。具体而言,如果某一词汇在文本中反复出现,说明该词汇所代表的内涵、隐含的现象受到了撰写者,甚至是社会群体的关注。反之,如果某些词汇并未高频次出现,抑或从未出现,可以说明这些词汇在现阶段尚未引起关注,其所反映的问题并非急迫需要解决的。这就是进行词频分析法(word frequency analysis)的认知基础。为充分反映世界一流研究型大学本科人才培养目标的定位及其深刻内涵,拟计划采用词频分析法,即通过提取文本高频词的方法确定文本挖掘的重点和关键,再结合相关资料对高频词进行内容分析,以此探究世界一流研究型大学本科人才培养目标的深层意蕴和价值取向。

最后,总结反思。根据提炼出来的特征,结合现有研究,对一流研究型大学本科人才培养目标指向进行总结反思。

[①] 周光礼,蔡三发,徐贤春,等.世界一流大学的建设与评价:国际经验与中国探索[J].中国高教研究,2019(9):22-28,34.

(三) 世界一流研究型大学人才培养目标研究案例的基本情况

根据研究的筛选原则及技术路线得出表3-1中的案例学校。本书中以27所世界一流研究型大学为研究案例。从办学属性来看,共有14所私立研究型大学,13所公立研究型大学;从所属高等教育体系而言,共有25家研究型大学属于英美体系,有2所研究型大学属于欧洲大陆体系。综合来看,这27所研究型大学都是具有一定代表性的世界一流研究型大学,引领着世界本科教育改革发展的潮流,能够提供丰富的研究材料。

表3-1 世界一流研究型大学的基本情况

序号	学校名称	属性	U.S. News 排名	THE 排名	ARWU 排名	QS 排名	是否属于研究型大学	所属高等教育体系
1	哈佛大学(Harvard University)	私立	1	3	1	3	是	英美体系
2	斯坦福大学(Stanford University)	私立	3	2	2	2	是	英美体系
3	剑桥大学(University of Cambridge)	公立	9	6	3	7	是	英美体系
4	麻省理工学院(Massachusetts Institute of Technology)	私立	2	5	4	1	是	英美体系
5	加州大学伯克利分校(University of California, Berkeley)	公立	4	7	5	30	是	英美体系
6	普林斯顿大学(Princeton University)	私立	11	9	6	12	是	英美体系
7	哥伦比亚大学(Columbia University in the City of New York)	私立	6	17	7	19	是	英美体系
8	加州理工学院(California Institute of Technology)	私立	7	4	8	4	是	英美体系
9	牛津大学(University of Oxford)	公立	5	1	9	5	是	英美体系

续表

序号	学校名称	属性	U.S. News 排名	THE 排名	ARWU 排名	QS 排名	是否属于研究型大学	所属高等教育体系
10	芝加哥大学（The University of Chicago）	私立	16	10	10	9	是	英美体系
11	耶鲁大学（Yale University）	私立	12	8	11	17	是	英美体系
12	康奈尔大学（Cornell University）	私立	22	19	12	18	是	英美体系
13	加州大学洛杉矶分校（University of California, Los Angeles）	公立	13	15	13	36	是	英美体系
14	约翰·霍普金斯大学（Johns Hopkins University）	私立	10	12	15	25	是	英美体系
15	宾夕法尼亚大学（University of Pennsylvania）	私立	14	13	19	16	是	英美体系
16	苏黎世联邦理工学院（Swiss Federal Institute of Technology in Zurich）	公立	26	14	20	6	是	欧洲大陆体系
17	密歇根大学安娜堡分校（University of Michigan）	公立	17	22	22	21	是	英美体系
18	多伦多大学（University of Toronto）	公立	17	18	23	25	是	英美体系
19	帝国理工学院（Imperial College London）	公立	20	11	25	8	是	英美体系
20	杜克大学（Duke University）	私立	23	20	27	42	是	英美体系
21	纽约大学（New York University）	私立	29	26	27	35	是	英美体系
22	清华大学（Tsinghua University）	公立	28	20	29	15	是	欧洲大陆体系
23	西北大学（Northwestern University）	私立	24	24	30	29	是	英美体系

续表

序号	学校名称	属性	U.S. News 排名	THE 排名	ARWU 排名	QS 排名	是否属于研究型大学	所属高等教育体系
24	墨尔本大学（The University of Melbourne）	公立	25	25	35	31	是	英美体系
25	英属哥伦比亚大学（University of British Columbia）	公立	31	31	38	45	是	英美体系
26	爱丁堡大学（The University of Edinburgh）	公立	30	30	42	20	是	英美体系
27	伦敦国王学院（King's College London）	公立	34	34	47	31	是	英美体系

资料来源：U.S. News 世界大学 2020 年排行榜官网、泰晤士报高等教育世界大学 2021 年排行榜官网、软科世界大学学术 2020 年排行榜官网、QS 世界大学 2021 年排行榜官网。

二、一流研究型大学本科人才培养目标内涵释义

（一）词频统计

在词频提取方面，主要借助 NVivo 12 Plus 软件对 27 所世界一流研究型大学本科人才培养目标进行高频词提取。具体的实施步骤如下：首先，将 27 所世界一流研究型大学本科人才培养目标的表述文本导入 NVivo 12 Plus 软件中，快捷地得出高频词以及词云图。但此时的词汇尚未进行人工处理，只能初步地得出词汇的词频情况。其次，进行人工筛选，将 the/a/to/and 等虚词，mission/college/goal 等词汇一并列入停用词列表。本研究认为以上词汇不能反映人才培养目标的聚焦点。再次，结合 NVivo 12 Plus 软件中的"同义词"功能，再次进行人工处理，将相似词作为同一词汇进行筛选、过滤、归类、合并等操作。最后，根据词汇出现的次数从高到低进行排序。因篇幅原因本书主要展示前 10 个高频词，其他高频词可借助图 3-1 词云图进行查看，以清晰地反映出世界一流研究型大学人才培养关注的重点及其所揭示出的重要的办学思想和人才培养理念。

词频统计结果如表 3-2、图 3-1 所示：

表 3-2　世界一流研究型大学本科人才培养目标高频词统计表

排序	关键词	代表词汇	加权百分比（%）	相似词（样例）
1	全球	global	3.52	global, globally, public, world
2	知识	knowledge	3.08	knowledge, knowledgeable, learned, learning
3	发展	develop	2.36	develop, developing, development, educational, educations, grow, growth, original, prepare, preparing, initiative
4	创新	innovative	2.03	advance, advanced, advancement, advancing, foundation, foundational, innovation, innovative, institute, original, trailblazing
5	体验	experience	2.03	experience, experiences, keeping, life, livelihoods, lives
6	探索	research	1.88	explore, inquiry, research
7	挑战	challenge	1.79	ambitious, challenge, challenges, challenging
8	发现	discover	1.49	discover, discovering
9	想法	think	1.48	believe, imagination, imaginative, think, thinking
10	年轻	young	1.25	new, young

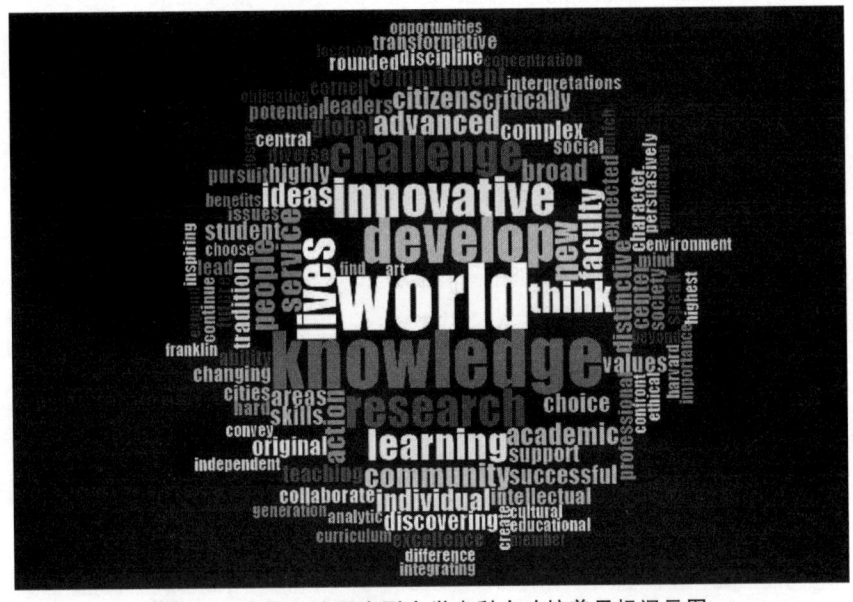

图 3-1　世界一流研究型大学本科人才培养目标词云图

(二)内容分析

高频词的提取为人才培养目标的解读提供了方向。为了深入地挖掘高频词的含义,此部分计划通过采取以下步骤,深度剖析关键词。首先,通过NVivo 12 Plus 软件中的"参考点"查询功能,查看并解读高频词所在句子,理解关键词的含义;其次,查阅案例高校关于本科人才培养目标的其他文本。通常情况下,高校人才培养目标以简短的文字展示,因此需要通过查阅学校官网或者其他文献中相关的具体的阐释性文字,以全方位深入地解析世界一流研究型大学本科人才培养目标的关注点。通过以上分析步骤,将世界一流研究型大学本科人才培养目标特征及具体内容分析如下:

1. 世界一流研究型大学本科人才的标准:引领世界发展的领袖人才

世界一流研究型大学本科人才培养目标的定性描述体现了人才培养的方向和要求,反映出世界一流研究型大学本科人才培养的标准。通过对高频词及其相关资料的探析,发现世界一流研究型大学期冀培养引领世界发展的领袖人才。其内容主要体现在以下两点:

第一,为世界发展服务。"为世界发展服务"体现的是研究型大学育人功能与社会功能的相互结合。一流研究型大学不能培养"书斋式"人才,而是要培养符合社会发展所需,能够为社会发展提供帮助和服务的高层次人才。为此,世界一流研究型大学将"为世界发展服务"定为本科阶段人才培养目标。例如,哈佛大学提出本科生要"学习如何最好地为全世界服务","努力建设一个更加公正、公平和充满希望的世界"[①];剑桥大学将提供卓越的教育,帮助本科生"为社会作出贡献"[②];普林斯顿大学认为本科生应该思考"如何造福国家、世界和人才"[③];加州大学伯克利分校认为本科阶段的教学要能够为学生的终身发展服务,使其为不断变化的社会作出贡献;墨尔本大学提出本科毕业

---

① Vision[EB/OL].[2020-10-12].https://college.harvard.edu/about/mission-vision-history.

② How the university and colleges work[EB/OL].[2020-10-12].http://www.cam.ac.uk/about-the-university/how-the-university-and-colleges-work/the-universitys-mission-and-core-values.

③ In service of humanity[EB/OL].[2020-12-17].https://www.princeton.edu/meet-princeton/service-humanity.

生要"在全球产生积极的影响"[①];伦敦国王大学认为学生应该在"一个更加关联、复杂的世界中发挥越来越积极主动的作用"[②]。

第二,主动应对全球挑战。社会纷繁变化,全球问题日益复杂,世界一流研究型大学在人才培养过程中受到全球变化的制约与挑战。为更好地体现大学人才培养适度超前原则,一流研究型大学本科生应该具备能够积极应对社会变化的能力,主动地勇敢地迎接全球挑战。为此,研究型大学在本科人才培养目标的描述中均提到了"应对全球挑战"的要求。例如,麻省理工学院认为本科生要与教师一起共同为解决全球挑战而努力;加州理工学院提出本科生要"解决复杂的科学和社会挑战"[③];多伦多大学认为本科生应该具备"驾驭快速变化的世界所需的知识和能力"[④];帝国理工学院提出本科阶段的学习要"应对世界上许多巨大的挑战"[⑤];杜克大学提出学生要"不怕面对困难和复杂的问题,挑战现状,以推动世界的变化"[⑥]。

2. 世界一流研究型大学本科人才的基本特质:创新性与行动性

(1)创新性

创新性主要指学生能够在思想认识或者科学研究等方面突破常规。其从外在表现来看,是学生主体实现了对前人成果的超越;从内在实质而言,是突破自我,推动和实现了自我的成长。如表3-3所示,通过高频词统计表可以发现世界一流研究型大学本科人才培养目标中与创新相关的词汇占比较大。由此可得,世界一流研究型大学在阐释本科人才培养目标时关注到了人才的创新性表现。结合世界一流研究型大学的定位、本科人才培养计划以及相关的研究资料,研究者将世界一流研究型大学本科人才"创新性"的表现归纳如下:

表 3-3　与创新性相关的高频词统计表

在高频词中的排序	关键词	代表词汇	加权百分比(%)	相似词(样例)
2	知识	knowledge	3.08	knowledge, knowledgeable, learned, learning

---

① About us[EB/OL].[2020-11-10].https://about.unimelb.edu.au/.
② Policies & strategies.[2020-11-10].https://www.kcl.ac.uk/aboutkings/strategy.
③ Careers[EB/OL].[2020-10-21].https://hr.caltech.edu/careers.
④ Mission[EB/OL].[2020-12-11].https://www.utoronto.ca/about-u-of-t/mission.
⑤ Jobs[EB/OL].[2020-10-11].https://www.imperial.ac.uk/jobs/.
⑥ Our students[EB/OL].[2020-11-21].https://admissions.duke.edu/our-students.

续表

在高频词中的排序	关键词	代表词汇	加权百分比（%）	相似词（样例）
4	创新	innovative	2.03	advance, advanced, advancement, advancing, foundation, foundational, innovation, innovative, institute, original, trailblazing
8	发现	discover	1.49	discover, discovering
10	想法	think	1.48	believe, imagination, imaginative, think, thinking

第一，不断促进对自我的深度认识。大学是科学创造和知识创新的重要场域，正如牛津大学在办学使命中所阐释的"世界一流的教育将提供给学生丰富的选择，使学生充分发挥潜能"①，实施个性化教育有助于激发个体的创新意识。相关研究结果显示，世界一流研究型大学均重视开展个性化教育，而有效开展个性化教育除了需要高校具备丰富的教育教学资源供学生自由选择外，更为关键的是要使学生具有充分了解自己的能力。这是大学实施个性化教育的前提条件。由此可得，不断促进对自我的深度认识是人才"创新性"特质形成的根本条件。

具体而言，自我认识包括对自己的兴趣、能力、优劣势的认识等。例如，哈佛大学在本科课堂教学的论述中指出学生需要"了解自己，评估自己的兴趣，明白想用自己的天赋和才能做什么"②。无独有偶，斯坦福大学格外重视挖掘学生的兴趣，帮助学生了解自己的兴趣，其在本科课程计划中写道："考虑到个人教育目标与特定兴趣需求相符合，斯坦福大学本科课程允许每个学生单独进行一个学习计划。"③此外，普林斯顿大学也提出学生要"研究你所热爱的事物"④。

第二，搭建认识世界的知识框架。知识是经验的整合提炼，因而是个体认

---

① An exceptional education[EB/OL].[2020-11-11].https://www.ox.ac.uk/admissions/undergraduate/student-life/exceptional-education.

② Vision[EB/OL].[2020-10-12].https://college.harvard.edu/about/mission-vision-history.

③ Undergraduate degrees and programs[EB/OL].[2020-11-20].https://exploredegrees.stanford.edu/undergraduatedegreesandprograms/.

④ About[EB/OL].[2020-12-12].https://odoc.princeton.edu/about.

识世界的窗口,是提出创新性想法、实现创新行为的基础。世界一流研究型大学本科生是创新群体的生力军,知识框架搭建表现在两方面:一方面要求具有知识的广度,这需要个体不断发挥探索的精神;另一方面要求具备知识的深度,这更多体现为个体在专业领域的求知。例如,康奈尔大学认为"康奈尔大学所提供的不仅仅是学位,更是为学生未来的成功打下基础"[①]。因此,为了更好地帮助学生个体成长,康奈尔大学强调知识的实用性,致力于培养学生具备宽广的基础知识。[②] 同时,康奈尔大学关注本科生在专业领域上的深度学习,其在所有专业上均设有专业类的必修课程。[③] 又如,苏黎世联邦理工学院将"交流知识"作为办学的原则之一,其认为本科期间学校应该传授基础科学的深度知识,通过掌握基本知识,学生能够适应复杂的、迅速变化的环境。[④]

第三,在变化中进行批判性思考。变化是目前及未来世界发展的显著特征,瞬息万变的社会随之带来的是多样化复杂化的信息资源。如果不能有效地检验和辨别各类信息资源、不同观点,个体的思想及思维方式很大程度上将会被束缚在他人的思想认知框架内,进而难以提出具有突破性的观点和想法,更难以开展创新创业行为。因此,世界一流研究型大学强调本科教育要培养学生的批判性思考能力,认为批判性思考是世界一流研究型本科人才"创新性"特质形成的关键。

具体而言,批判性思考表现在两个方面:其一,具有包容开放的心态,乐于接触多元化信息以不断激发思维碰撞;其二,具备辩证分析的思维能力,善于基于信息进行合理的分析,并做出准确判断。例如,哈佛大学在办学任务中指出课堂应该是"从接触新思想、新的认识方式、新的思维方式开始"[⑤],这为培养学生的开放性、包容性特质提供了条件。墨尔本大学培养目标之一是培养

---

① Value of a cornell education[EB/OL].[2020-12-01].https://finaid.cornell.edu/Cost-Attend/educational-value.

② 陈棣沭.美国研究型大学发展规划探析:以康奈尔大学发展规划(2010—2015)为例[J].教育科学,2011,27(6):83-89.

③ 旋天颖.美国康奈尔大学本科教学及管理的特点和启示[J].中国大学教学,2011(2):92-94,58.

④ Selbstverständnis und grundsätze[EB/OL].[2020-10-10].https://ethz.ch/de/die-eth-zuerich/portraet/selbstverstaendnis-und-werte.html.

⑤ Vision[EB/OL].[2020-10-12].https://college.harvard.edu/about/mission-vision-history.

"具有批判性思维"的人才①,为此,墨尔本大学制定全球化、国际化教育改革策略,为学生创造多元化的交流渠道。② 西北大学提出学生应该在"一个多元化的社区里实现个人成长"③。剑桥大学同样提出学生应该保持"开放的新想法",并且能够"独立思考,在逻辑推理的基础上做出判断"④。

(2)行动性

行动性是指个体勇于将想法转变为具体的行动。从这个定义来看,行动性与创新性存在一定的模糊界限。创新性与行动性的内涵确实存在一定的交叉,因为创新是在行动的过程中不断碰撞而形成的,而行动的结果在推动创新想法落地的同时也能再次激发创新思维,可以说,这是一个密不可分的过程。以表3-4为例,在查询和梳理世界一流研究型大学本科人才培养目标高频词时,研究者发现"将想法付诸实践(put your ideas into practice)"⑤、"行动者(people of action)"⑥成为许多高校的育人指向,同时本书也发现蕴含行动性意蕴的相关词汇与创新性密切联系。例如,世界一流研究型大学普遍重视的"挑战",从社会层面来讲,解决全球挑战需要学生进行具体实际的行动;从个体角度来讲,实现探索和挑战自己更多倾向于突破原有的想法,而这需要在行动中进行反思。

之所以将行动性作为一个单独的维度,并非否认创新性特质与行动性特质的共性,而是要突显"行动"作为一个社会关注的重点在世界一流研究型大学人才培养中已逐渐得到落实,试图突破传统观念"大学是产生思想的地方,但缺乏将思想转化为行动的能力"⑦。通过查阅相关资料,研究者认为世界一流研究型大学本科人才所具备的"行动性"特征具体表现在以下三点。

---

① Study with us[EB/OL].[2020-11-10].https://study.unimelb.edu.au/study-with-us.

② 王禄佳.墨尔本大学课程国际化策略及启示[J].教育探索,2016(12):147-150.

③ About[EB/OL].[2020-11-24].https://www.northwestern.edu/about/index.html#mission.

④ Undergraduate study[EB/OL].[2020-09-20].https://www.undergraduate.study.cam.ac.uk/find-out-more/order-prospectus.

⑤ Undergraduate admissions[EB/OL].[2020-09-25].https://apply.jhu.edu/explore-academics/our-academic-philosophy/.

⑥ Duke undergraduate admissions[EB/OL].[2020-12-01].https://admissions.duke.edu/our-students.

⑦ 曾开富,陈丽萍,王孙禺.美国工学院办学定位的话语分析[J].高等工程教育研究,2016(1):118-125.

表 3-4　与行动性相关的高频词统计表

在高频词中的排序	关键词	代表词汇	加权百分比（%）	相似词（样例）
5	体验	experience	2.03	experience, experiences, keeping, life, livelihoods, lives
6	探索	research	1.88	explore, inquiry, research
7	挑战	challenge	1.79	ambitious, challenge, challenges, challenging

第一，善于与他人开展合作。单一学科已经难以适应并解决日渐复杂化的全球问题，世界一流研究型大学本科教育普遍重视跨学科建设。重视跨学科建设并非仅仅为了拓宽学生的知识宽度，其关键在于培养学生的合作意识，这从世界一流研究型大学本科人才培养的目标描述中可见一斑。具体而言，具备与人协作的合作能力体现在两点：其一在于懂得理解和欣赏他人的观点；其二在于乐于与不同的人开展合作。例如，哈佛大学认为大学中聚集了来自不同行业、具备不同身份的人①，这为同伴之间开展多元化话题交流创造了条件，有利于培养和促进学生的包容性与互鉴能力的提升。斯坦福大学同样提出要与同伴进行合作，这样有助于激发创造性，以应对全球性挑战②，更是指出本科生在大学四年期间要与教师、同伴等共同合作，基于专业学习培养具有持久价值的社会能力是本科阶段学习关注的核心内容。③ 普林斯顿大学更是将合作能力作为本科生培养目标 12 项标准中的一项提出④，并在阐释本科人才培养目标时突出强调"我们的学生在普林斯顿大学求学期间要相互合作"⑤，可见合作意识和合作能力在人才培养过程中占据着重要地位。

第二，学会利用机会并积极尝试。如表 3-4 所示，在世界一流研究型大学

---

① Vision[EB/OL].[2020-10-12].https://college.harvard.edu/about/mission-vision-history.

② Undergraduate education[EB/OL].[2020-10-02].https://exploredegrees.stanford.edu/undergraduateeducation/.

③ Undergraduate degrees and programs[EB/OL].[2020-10-06].https://exploredegrees.stanford.edu/undergraduate degrees and programs/.

④ 眭依凡.杰出人才培养：大学必须守持学术理性[J].中国高教研究，2012(12):1-12,25.

⑤ In service of humanity[EB/OL].[2020-12-17].https://www.princeton.edu/meet-princeton/service-humanity.

本科人才培养目标的高频词统计表中,"体验"的加权百分比为2.03%,"探索"的加权百分比为1.88%,均位居高频词前十。根据对高频关键词及人才培养方案的阐述,研究者发现世界一流研究型大学重视学生机会能力的培养,使其学会利用丰富的资源条件开展实践活动。例如,普林斯顿大学认为学生要专注于自己所热爱的事物,并利用机会钻研,积极探索,在必要的时候学会寻求他人的帮助。① 哥伦比亚大学将研究和教学与其所处区域中的丰富资源条件相互连接,从而为学生提供了丰富的自由选择的机会,并鼓励学生不断探索尝试。② 创建者本杰明·富兰克林(Benjamin Franklin)提出"行动总比空想好"③,宾夕法尼亚大学认为本科生要能够将知识转化为行动。这同样揭示了研究型大学对机会能力的培养,因为只有不断寻求机会,利用机会,把握机会,才能将知识转化为实际的行动。

第三,注重具体体验的反思学习。设置"高峰体验"(capstone experience)的"接受—联系—反思—改进—重建"经验学习模式④,推动学生将知识应用到实际生活中⑤,成为世界一流研究型大学教育教学改革的重要行动。这一行动揭示了实践学习在人才培养中的重要性,也再次突显本科人才培养目标中的"行动性"特质。研究者从世界一流研究型大学的本科人才培养目标阐述及培养方案等相关资料的描述中发现,世界一流研究型大学不仅强调本科生要乐于参与实践活动,也强调本科生只有学会在实践活动中反思,才能在未来生活中拥有不断自我成长的能力和动力。以普林斯顿大学为例,该校认为学习不仅局限于课堂,要不断拓宽学习的场域,甚至推动学生进入当地社区进行研究或开展服务⑥。普林斯顿大学还强调学生在实践过程中要不断反思,从而能够采取更加适合的方式以服务社会。⑦ 再如,牛津大学强调学生只有在

---

① About[EB/OL].[2020-12-12].https://odoc.princeton.edu/about.

② About Columbia[EB/OL].[2020-10-09].https://www.columbia.edu/content/about-columbia.

③ Welcome to penn[EB/OL].[2020-09-25].https://www.upenn.edu/about/welcome.

④ Capstone experience in career and technical education[EB/OL].[2020-09-29].http://www.ericacve.org/fulltext.asp.

⑤ 李巧平.墨尔本模式:澳大利亚公立大学新型人才培养模式的探路者[J].全球教育展望,2008,37(12):46-51.

⑥ About[EB/OL].[2020-12-12].https://odoc.princeton.edu/about.

⑦ In service of humanity[EB/OL].[2020-12-17].https://www.princeton.edu/meet-princeton/service-humanity.

求学期间不断反思自身发展所需,才能有动力获得更多的技能、知识以应用到未来的生活和职业发展中。①

三、一流研究型大学本科人才培养目标内涵的启示

(一)引领时代:一流研究型大学本科人才的培养导向

人才培养目标是关于人才培养活动的目标。② 换言之,人才培养目标能够指导各类人才培养活动的开展,是衡量各类人才培养活动质量的关键标准,是关于大学培养什么样的人的价值主张③,能够体现大学对社会发展的反应灵敏度。结合世界一流研究型大学人才培养相关资料,研究者发现目前世界一流研究型大学在设计人才培养目标时关注时代的发展需求,注重培养学生具备高效的学习力、敏锐的洞察力、充沛的创造力、果敢的行动力,以积极主动地适应现在及未来社会的发展需要,突显了研究型大学在引领时代发展上的社会责任。

从历史角度探析,一流研究型大学曾因本科人才培养目标漠视社会需求而引起人才培养与时代需求脱节,进而引发声誉和生存危机。其危机很大程度上源于研究型大学人才培养目标设置混乱、偏离和简单,难以解答"我们需要培养什么样的人""我们应该如何处世"等深层次问题。④ 哈佛大学前校长德里克·博克(Derek Bok)在《回归大学之道:对美国大学本科教育的反思与展望》(*Our Underachieving Colleges*:*A Candid Look at How Much Students Learn and Why They Should be Learning More*)中提出,大学将本科人才培养目标局限在智力提升上,而忽略本科生活的其他领域,推卸了大学

---

① An exceptional education[EB/OL].[2020-11-11].https://www.ox.ac.uk/admissions/undergraduate/student-life/exceptional-education.
② 王严淞.论我国一流大学本科人才培养目标[J].中国高教研究,2016(8):13-19,41.
③ 眭依凡.素质教育:高校人才培养体系的重构[J].中国高等教育,2010(9):10-13.
④ 卡内基教学促进基金会,欧内斯特·L.博耶.学院:美国本科生教育的经验[C]//吕达,周满生.当代外国教育改革著名文献·美国卷第一册.北京:人民教育出版社,2004:74-76.

的社会责任。① 这一现象在顶尖研究型大学中更加突显。② 因此,重新审视研究型大学本科人才培养目标的合理性,强调研究型大学本科人才培养的社会责任,成为高等教育改革的理念共识和行动指南。

从现有调查看,世界一流研究型大学在设置本科人才培养目标时充分考虑到社会以及时代的发展需求。其一,与时代发展的变化性相符合。当今时代是瞬息万变的时代,是创新创业时代,世界一流研究型大学人才培养目标强调培养学生的反思能力、批判思维,重视人才的"创新性"特质,正是出于对时代变化性的考量。因为只有不断进行反思,才能更加明晰个体在自身发展行动中所存在的不足,才有动力持续开展个体自我革新,适应时代变化。其二,与时代发展的国际性相匹配。世界是一个共同体,2012年美国联邦教育部发布的《通过国际教育和国际参与制胜全球》(Succeeding Globally through International Education and Engagement)强调加强学生全球能力的培养③,提高与其他国家的互动,这从侧面体现了合作意识在人才培养中的重要性。无独有偶,一流研究型大学强调合作能力的重要性,且通过开展各种社会实践活动培养学生的合作能力。其三,与研究型大学的引领性相符合。教育是面向未来的,教育要培养未来人。研究型大学作为建设一流大学的领军队伍,其在人才培养目标的阐释上应强调学生要直面世界重大问题,勇于挑战,服务时代发展。

(二)开拓精神:一流研究型大学本科人才的核心素质

21世纪是充满不确定性的时代,以网络化、信息化与智能化深度融合为特征的新一轮科技革命正带来诸多前所未有的社会变革④,智能替代人脑、人力的趋势愈加明显,科学技术跨学科、跨领域融合现象渐趋普遍。为适应充满

---

① 张应强,王平祥."双一流"建设背景下我国本科教育人才培养目标的思考[J].湖南科技大学学报(社会科学版),2019,22(6):148-154.

② 贺国庆.美国研究型大学本科教育的百年变迁与省思[J].教育研究,2016,37(9):106-115.

③ Succeeding globally through international education and engagement[EB/OL].[2020-12-12].https://www2.ed.gov/about/inits/ed/internationaled/international-strategy-2012-16.pdf.

④ What is the fourth industrial revolution?[EB/OL].(2016-01-19)[2020-10-14].https://www.weforum.org/agenda/2016/01/what-is-the-fourth-industrial-revolution/.

不确定性的时代,一流研究型大学在确定本科人才培养目标时直接或间接渗透了培养学生开拓精神的要求,如纽约大学就直接提出培养学生的"开拓精神"。① 实质上,这正是突显一流研究型大学在人才培养目标设置上对主体性人才培养目标的强调②,期冀推动学生的自我认知、自我发展以及自我超越能力。正由此,学生便有源源不断的动力完善自我,进而有勇气有能力去面对和解决时代变化所带来的一系列挑战。

"创新性"和"行动性"是世界一流研究型大学本科人才的基本特质,而开拓精神则是支撑这两个特质的核心。其一,创新性来源于主动探索。很多大学生缺乏主动求知的欲望,一味接受知识的灌输,成为知识的容器。这些大学生所接触的知识基本来自教师的传授,是"课堂上的知识",更是"一本书"的陈旧的知识。③ 长此以往,学生仅仅成为人类知识的传承者而非知识的创新者。如果学生具备主动探索的精神,那么他们便会追根溯源教师传授的知识,发现原有知识体系存在的弊端和问题,并对不适宜未来社会发展的理论知识进行修正,也即主动建构知识体系,而这就是在进行创新。再如,"在变化中进行批判性思考"是"创新性"特质的表现之一。深究之,社会生活是变化着的,而如果不主动去发现生活中的变化及其存在的问题或挑战,就必然难以进行批判性思考,更不用说能对变化做出反应。

其二,开拓精神推动学生"将想法转化为行动"。首先,"从想法到行动"是从"知"到"行"的转变,这两种不同思维方式的转换本身就体现了主动开拓精神。目前我国研究型大学学生普遍"光有想法而缺乏行动","书斋式理论家"培养倾向性明显④,缺乏现实问题敏感度和解决问题能力。为避免此类现象的产生,世界一流研究型大学重视本科生的实践探索,试图通过思维方式和行动方式的转变推动学生主动开拓精神的形成与提高。其次,行动过程本身存在众多不确定性,因而必然会遇到诸多困难和挫折,这些困难和挫折的解决就需要学生不断探索以探寻适宜的机会,并找到最佳的解决方式。为此,本书认为世界一流研究型大学本科人才的"行动性"特质同样扎根于主动开拓精神。

---

① About NYU[EB/OL].[2020-09-23].http://www.nyu.edu/about.html.
② 张应强.从政策到行动:建设一流本科教育需要面对的关键性问题[J].江苏高教,2019(9):1-7.
③ 别敦荣.大学教学改革新思维和新方向[J].中国高教研究,2020(5):66-70.
④ 王洪才,汤建.创新创业教育:高等教育内涵式发展的关键[J].武汉科技大学学报(社会科学版),2021,23(1):110-116.

（三）能力优先：一流研究型大学培养目标的设计逻辑

在传统教育观念中，"知识优先"是大学人才培养目标的设计逻辑，"系统掌握本专业的知识"在我国研究型大学人才培养目标描述中屡见不鲜。高校的人才培养目标满足于书本知识的传授及其运用，认为系统掌握理论知识体系是人才评价标准。由此，大学在实际的人才培养活动中突显"知识的系统掌握"的重要性和优先性，绝大多数课程局限于讲解知识点、背诵知识点、考核知识点。但是，"知识优先"的人才培养目标设计逻辑已然不适合高等教育发展的需求，因为学生获取知识的方式已经发生了根本性变化。具体而言，以往学生获取知识主要来源于教师，而在信息技术迅猛发展的情况下，知识获取将更加便捷，知识来源具有无限性。从而，我们既不能寄希望于教师及时获取所有的知识，并将其传授给学生，也不能要求学生在大学期间掌握所有的知识。俗语有言，"授人以鱼不如授人以渔"，只有学生个体具备了一定的能力，遇到新的问题后，才能够去分析、思考、判断，寻求解决新问题的知识，而不是仅会从既有知识中寻求答案。

世界一流研究型大学本科人才培养目标以"能力优先"为设计逻辑，将能力培养视为学生学习的目标和成效。[①] 一流研究型大学"能力优先"设计逻辑，一方面体现在人才培养目标内容表述中对人才能力的需求。例如：普林斯顿大学提出本科生培养包含具有与他人合作的能力、具有独立思考的能力等12项能力；耶鲁大学将大学定位为"学生探索好奇心、发现新兴趣和发展能力的地方"[②]，多伦多大学提出培养学生"驾驭快速变化的世界所需的知识和能力"[③]。另一方面体现在以能力培养为核心制定和实施教育改革计划。例如斯坦福大学提出的"斯坦福大学2025计划"将"磨炼能力"（honing skills and capacities）作为本科教育的四大目标之一，并统领学生教学和管理活动，把能力作为学生学习和成长的基础。为更好地实现"能力优先"，斯坦福大学改革传统的以学科为主的院系建构方式，聚焦学生能力相当的群体，组建共

---

① 季波,李劲湘,邱意弘,等."以学生为中心"视角下美国一流研究型大学本科人才培养的特征研究[J].中国高教研究,2019(12):54-59.

② Undergraduate study[EB/OL].[2020-11-25].https://www.yale.edu/academics/undergraduate-study.

③ Mission[EB/OL].[2020-12-11].https://www.utoronto.ca/about-u-of-t/mission.

同体。①

目前我国研究型大学仍以"知识优先"为逻辑设计人才培养目标及培养方案,这与高等教育内涵式发展方向存在偏离。世界一流研究型大学"能力优先"的培养目标设计逻辑给予我们重要启发,值得进一步探究和借鉴。

第二节 一流研究型大学本科人才培养目标与创新创业能力

一、体现"自我发展与能力导向"的本科人才培养理念

(一)同样强调学生主体性培养

一流研究型大学关注本科人才主体性培养。人才主体性培养目标强调回归学生个体的成长,关注高等教育在促进学生自我认知、自我发展、自我超越和自我实现上的重要作用,体现了"促进学生自我发展"的教育理念。世界一流研究型大学本科人才主体性培养表现在:

其一,强调培养学生的主体意识。每个人的生命价值都是独特的,唯有充分激发学生对认识自我和推动自我发展的主体意识,才能实现个体的最大发展。哈佛大学等世界一流研究型大学在设计和阐释本科人才培养目标时以促进学生自我认知为重要关切点,认为学生只有在认识和了解自己的兴趣、能力、优劣势等的基础上才有方向也才有可能提升个体自我管理能力。

此外,为了落实主体性人才培养目标,世界一流研究型大学在本科阶段实施个性化教育,避免整齐划一的教育方式和教育模式压抑和遏制了学生主体意识的形成和提高。

其二,强调关注学生的主体地位。世界一流研究型大学在人才培养目标阐释中强调组建师生共同体,推动学生与教师共同研讨协作。这既是对教师主导地位的肯定,同时又避免了学生主体地位的弱化。

创新创业能力内涵契合一流研究型大学主体性培养目标。创新创业能力是一种推动自我认识、自我发展、自我超越和自我实现的能力,关注和强调学生作为"人"的发展,正是主体性的核心要义。具体而言,研究型大学培养本科

---

① Axis flip[EB/OL].[2020-12-12].http://www.stanford2025.com/axis-flip.

生创新创业能力可以在以下两个方面引导学生彰显主体性。

一方面,创新创业能力意在促进学生认识自我,了解自己的发展兴趣,关注自己的价值,有利于转变研究型大学形成的本科生"毕业即升学"的固化的、狭隘的育人思维。不可否认,目前仍有很多大学主导着甚至掌控着学生的成长发展计划。尤其是在研究型大学,"升学"成为绝大多数本科生的选择。①但这种选择有时候并非学生的自主意愿,而是研究型大学教师的隐性要求,或是被研究型大学传统的教育教学氛围所支配着的。如此,个体就如提线木偶一般,失去生气和活力。本科阶段是大学生确立人生发展目标的关键时期,研究型大学应回归学生个体,帮助学生去探索自身发展兴趣,进而实现自我的成长与解放。

另一方面,创新创业能力强调学生的自我选择性,而这需要研究型大学改变传统教育理念中对人才培养目标职业性、专业性的过度关注。我国研究型大学人才培养目标的价值取向过度强调专业、职业以及行业适用性②,这正揭露出研究型大学人才培养目标存在工具价值取向。在特定的时期,此种价值取向对推动和发展我国社会经济起到了不可忽视的作用。但是,我们必须清楚地认识到,面对未来急速变化的社会,本科阶段培养高度专门化的人才已难以胜任社会需求。因此,研究型大学本科阶段培养创新创业能力,回归到学生成长本身,有利于实现人才成长的可持续性。

(二)同样强调能力培养

一流研究型大学关注本科人才的能力发展。从上述对一流研究型大学人才培养目标"创新性"与"行动性"内涵的阐释中,发现其以"能力优先"作为人才培养目标的设计逻辑,进而可以得知在世界一流研究型大学的本科教育中,重视学生能力养成胜于重视学生的学习成绩。世界一流研究型大学本科人才培养能力性目标的意蕴和价值表现在:其一,不以"型"定位,为学生发展创造空间。事实上,大学类型的划分并不意味着某类高校只能培养单一类型的学生。但不可否认的是,目前不少高校将其人才培养定位为"研究型人才""应用型人才"等单一的人才类型,这种僵硬地将学校类型与人才培养方向直接挂钩

---

① 林曾,蔡蔚萍.影响本科生毕业去向的因素:基于W大学2014届本科毕业生的实证分析[J].江汉论坛,2016(10):128-134.

② 王平祥.世界一流大学本科人才培养目标及其价值取向审思[J].高等教育研究,2018,39(3):58-63.

的做法,实际上极易导致学校教育教学僵化刻板,从而遏制学生的自由发展,进一步造成人才培养结果的单一化。目前,世界一流大学本科人才培养目标较少进行人才培养类型的定位,而是对学生的能力养成提出要求。如此一来,学生一旦掌握了适应未来社会发展的能力要求,无论学生将来从事何种职业,均可以具备较强的适应性,并拥有实现个体持续发展的能力和动力。其二,提高人才质量的可测性,为大学发展提供方向。能力要求是可观察、可测量的,如果在人才培养目标中提出能力要求,便可在学生发展过程中进行跟踪指导,从而实现个性化教育。

创新创业能力内涵契合一流研究型大学对能力培养的强调。创新创业能力所体现的是一种能力培养要求,关注的是学生受教育成效的直接体现,这与研究型大学能力培养目标具有一致性。从更深层次而言,创新创业能力所体现的自我认知、自我发展、自我超越、自我实现的内涵,正是我国研究型大学人才培养目标中所缺乏的。根据相关调查,目前我国研究型大学本科人才培养目标较多呈现以"培养服务国家、服务社会的人才"等为主的社会本位色彩。[1] 不可否认,这是研究型大学所应承担的重要使命,但在重视社会服务能力的同时也应该关注学生个体的发展。可以说,只有促进了学生自身的良好发展,才有可能实现人才所承担的社会使命。但是,"个体本位"的相关描述在我国研究型大学本科人才培养目标中极为缺乏。因此,创新创业能力的提出将有效弥补我国研究型大学对学生个体性发展关注和培养的缺失。

二、体现"全球视野与社会关怀"的本科人才培养需求

(一)同样强调全球化视野

研究型大学的出现源于工业革命引发的社会对科技创新的需求,揭示了大学与时代发展密不可分的关系。在第二次工业革命之前,大学与社会更多呈现疏离状态。一方面体现在资源交流上的单向性,例如中世纪时期的大学常常居无定所,依靠城市提供物质资料,而大学接受了城市的物质哺育后却鲜少将其精神文明资料反哺城市,反而常常为了自身的生存和发展与城市发生冲突。另一方面体现在心理空间上的疏远。例如大学师生来自各个地区,造

---

[1] 王东芳,田密."双一流"建设高校人才培养目标的特征与定位[J].黑龙江高教研究,2020,38(4):6-10.

成了语言、文化、风俗习惯的多样性,而这些都与当时居于特权阶级地位的城市市民存在一定的差异,因此大学师生与城市市民常常出现矛盾和冲突。随着经济社会的发展,社会各界逐渐对大学提出了新的需求,期冀通过大学的教育活动提高科技创新力,改变传统的小作坊、学徒制的低技术经济活动。在这样的时代需求下,将教学与科研逐渐融为一体的研究型大学出现了。研究型大学作为国家的科研中心,为国家推动经济社会发展承担了重要作用。①

科教融合是历史赋予研究型大学的使命担当,一流研究型大学则在办学过程中始终坚持不断深化科教融合,从而实现引领时代发展之重任。根据调查,部分一流研究型大学认为本科生应该不断拓展知识,深化知识。但所谓的"知识"并非仅仅在课堂中接受的理论知识,而是更加强调学生在解决现实问题中主动构建自己的知识体系。如此,学生才能真正地面对真实的现实问题,提出具有针对性的解决对策,实现为时代发展服务。同时,这样的办学使命也会间接要求教师必须与社会建立紧密的联系。教师只有走出教室,才能了解实际问题,开展真正的科研课题,为科教融合注入生命力,真正发挥研究型大学服务社会的功能。

创新创业能力的培养需求突显一流研究型大学的使命担当。创新创业能力培养需要与环境进行有效的互动,进言之,培养学生的创新创业能力将改变封闭式办学模式。从整体办学层面而言,培养学生创新创业能力将要求研究型大学主动关注时代和社会的需求,如此才能发现亟须解决的时代问题,进而推动师生开展有针对性的应用性科研,避免"闭门造车"或"先有成果后寻市场"的封闭式科研模式。② 这种"脱离实际问题"的科研往往并不适应时代需求,且将造成诸多学术资源的浪费。因此,强调应用科研是研究型大学提高社会声誉,充分发挥社会服务功能的必由之路,同时也是回归高等教育发展本质——应答社会发展需求,更是回归研究型大学"学术"研究的本质——追求知识的应用的必然选择。③ 从具体教学层面而言,培养大学生的创新创业能力将推动研究型大学教学改革,深化理论联系实际。无法否认,目前我国部分研究型大学仍受传统教学理念束缚,侧重于传统理论知识的传授,使得学生毕

---

① 邓磊,崔延强.大学功能的演进逻辑:基于社会契约的视角[J].高等教育研究,2014,35(12):7-12.

② 王洪才,汤建.创新创业教育:高等教育内涵式发展的关键[J].武汉科技大学学报(社会科学版),2021,23(1):110-116.

③ 王建华.以创业思维重新理解学科建设[J].清华大学教育研究,2018,39(4):40-48.

业后常常处于知道理论知识却不懂如何运用的境况。而培养创新创业能力要求从实际出发，增强学生对现实的体验感和参与感，因此就必然带动教学围绕真实问题设计情境，推动研究型大学教学改革，提升人才对社会的适应力。

(二)同样强调社会责任感

一流研究型大学注重培养学生的社会责任感。对世界一流研究型大学人才培养目标及其相关资料进行搜集整理，发现大部分世界一流研究型大学将本科人才定位为具有社会责任感的领袖人才，培养学生具备全球视野，引导学生担当时代重任。此外，在具体的能力素质要求上，一流研究型大学关注学生的社会实践能力，提倡学生将创新想法运用到现实生活中，有效地解决时代发展过程中出现的难题，从而真正提高学生对社会活动的实质参与和解决实际问题的能力。由此可知，研究型大学并非不可触及的"象牙塔"。一方面，一流研究型大学本科人才培养定位揭示了研究型大学培养"引领时代发展"人才的育人观，这说明研究型大学在自身发展过程中必然关注时代发展需求，解决社会发展困境；另一方面，重视培养学生实质性参与社会的能力，推动学生在参与实践的过程中主动关注和解决社会问题，从而实现研究型大学培养具有全球视野与关怀社会的人才的本科教育目标。

一流研究型大学"以引领时代为导向"的人才培养目标设定为我国研究型大学突破发展困境提供了有益参考。我国部分研究型大学在人才培养目标的定位上往往过于保守。例如中国地质大学(北京)本科人才培养目标是"培养既能仰望星空、又能脚踏实地，既富有科学思维、又有人才素质，既具健全人格、又承担社会责任的合格人才"①。"合格人才"的培养目标定位对于研究型大学而言是基本，并不能突显研究型大学的重要地位和作用，在这样的培养目标的指导下，研究型大学自身的发展将会受到限制，人才培养的质量也必然会受到社会的质疑。

创新创业能力的培养需求契合一流研究型大学的育人价值。创新创业能力的培养是基于实践的。因为只有在与社会的接触中，才能唤醒学生的求知欲望，也才能发现时代发展对人才的需求，增强学生的社会适应性，激发学生引领时代发展的渴求，发挥研究型大学与时代发展共荣共生的长效机制。培养研究型大学本科生创新创业能力对提高我国研究型大学本科生的社会责任

---

① 王严淞.论我国一流大学本科人才培养目标[J].中国高教研究,2016(8):13-19,41.

感、勇于挑战的意识具有重要意义。"学而优则仕",走向具有高稳定性且高薪酬的就业单位成为不少研究型大学本科生的奋斗目标。可以说,我国研究型大学本科教育成为部分学生拥有安稳生活的跳板,这些学生普遍忽视求学经历所应带来的价值增值,缺乏引领时代发展的目标,更勿提及具备引领时代发展的行为能力。所以,创新创业能力的培养需求契合一流研究型大学育人观,我国研究型大学亟须重视本科生创新创业能力培养,以提高人才培养质量。

总而言之,本章重点就研究型大学本科生人才培养目标与创新创业能力之间的关系进行了重点分析。创新创业教育首先要解决的是人才培养目标的问题[1],为此就需要解答以下问题:一流研究型大学本科人才培养目标是什么?它具有什么样的特征?创新创业能力与一流研究型大学本科人才培养目标具有什么样的关系?具体来说:

一是进行了研究前提性分析:一流研究型大学本科人才培养目标及其特征。本章首先以典型性和全面性为基本筛选标准挑选出 27 所世界一流研究型大学研究案例,通过官网等途径搜集整理案例学校的本科人才培养目标,基于 NVivo 12 Plus 软件实现一流研究型大学本科人才培养目标的关键词提取,并结合相关人才培养资料,认为世界一流研究型大学以培养"引领世界发展的领袖人才"为标准,关注培养学生的主动探索精神,并体现出"创新性"和"行动性"两个基本特质。

根据以上分析,世界一流研究型大学本科人才培养目标为我国研究型大学的发展提供了有益的启示,例如我国研究型大学今后在人才培养目标设定和培养内容设计上更需要关注时代引领性;提高人才培养质量的要点在于培养学生主动开拓核心素质;推动以"能力优先"作为人才培养目标的设计逻辑。

二是进行了关联性分析:创新创业能力与一流研究型大学本科人才培养的契合性。通过对我国研究型大学人才培养目标的搜集整理,并结合对我国研究型大学办学定位、功能发展等方面的分析,认为我国研究型大学在本科人才培养目标及培养内容的设计上亟须关注创新创业能力的培养。

其一,体现"全球视野与社会关怀"的一流研究型大学本科人才培养需求。一流研究型大学担当"引领时代发展"的办学使命,而培养创新创业能力将促使研究型大学主动关注时代和社会的需求,有利于应用性科研和教学改革的

---

[1] 王洪才,汤建.创新创业教育:高等教育内涵式发展的关键[J].武汉科技大学学报(社会科学版),2021,23(1):110-116.

深入开展。此外，一流研究型大学注重培养学生的时代使命感，而创新创业能力强调与社会的互动，关注学生的社会责任感、勇于挑战的意识，与世界一流研究型大学的育人观具有一致性。

其二，体现"自我发展与能力导向"的一流研究型大学本科人才培养理念。一流研究型大学本科人才培养目标体现主体性意蕴，强调回归学生个体的成长。创新创业能力是一种推动自我认识、自我发展、自我超越和自我实现的能力，关注和强调学生作为"人"个体的自主发展，而这正是主体性人才培养目标的核心要义。此外，世界一流研究型大学强调将能力养成作为人才培养评价的标准。创新创业能力所体现的正是一种能力培养要求，关注的是学生受教育成效的直接体现，这与世界一流研究型大学对能力培养目标的关注具有一致性。

第四章

研究型大学本科生创新创业能力模型的初步构建

本章旨在讨论创新创业能力结构模型构建的理论依据及研究设计。目前关于创新创业能力的研究方兴未艾,却始终尚未形成系统的理论体系。如此一来,创新创业能力研究难以深入。由于缺乏系统理论的支撑,创新创业教育在实践中容易产生路径偏离。本书希望从扎根理论着手探讨研究型大学本科生创新创业能力,扎根理论同样需要理论指导,"扎根理论不是忽略方法论或文献的借口"[1]。在扎根理论研究中建构一个理论指导框架,既可以使得研究者在资料处理上更具有敏感度和洞察力,也可以使得研究者能够从特定的视角来审视研究资料[2],从而在建构研究型大学本科生创新创业能力结构模型上更加具有方向性。总之,理论体系的建构十分关键。

本章试图基于相关理论整合创新创业能力结构模型建构的理论依据,为质性研究以及量化研究奠定基本的研究方向,即回答"创新创业能力研究的逻辑起点是什么",解答"以什么视角开展资料分析"的问题。在此基础上,以欧盟创业能力框架(EntreComp: the entrepreneurship competence framework)为参考,借鉴其思路,科学设计"研究型大学本科生创新创业能力结构模型"的研究思路,以指导后续研究。

---

[1] 瞿海源,毕恒达,刘长萱,等编.社会及行为科学研究法(二):质性研究法[M].北京:社会科学文献出版社,2013:61.
[2] 朱丽叶·M.科宾,安塞尔姆·L.施特劳斯.质性研究的基础:形成扎根理论的程序与方法[M].朱光明,译.重庆:重庆大学出版社,2019:45.

第一节 理论依据及其整合框架

一、自我概念理论

自我概念理论(self-concept theory)强调一个人对自我的思想、情感和行为等方面的认知。[①] 换言之,个体基于如何看待自己、重视自己、思考自己,如何自我感觉等方面而形成的对自我的总体认知。

自我概念理论在社会学和心理学领域中受到广泛研究,两种研究视角存在差异,但也正是这种差异的存在使得学界对自我概念理论的认识更具全面性。具体而言,社会学视角主要侧重于分析个人在社会环境背景下对个体自我概念形成与发展的影响。该视角下的自我概念理论研究,对创新创业能力研究的开展具有以下两方面的启示。其一,自我概念的发展受环境影响。查尔斯·霍顿·库利(Charles Horton Cooley)提出的"镜中自我"是该视角的典型代表。库利认为自我是具有社会性的,是在与他人的互动中所产生的自我认知。这种观点反映出个体与群体都是在自觉或不自觉地参与某种合作性活动。因此,自我概念的产生就是在社会整体环境下,通过个体与社会之间的互动而产生的对自我的认识。在行为研究领域,有学者更是直接提出"互依性自我"概念,用于揭示个体与社会情境的关联性特征。[②] 其二,自我概念的发展具有阶段性。正是由于自我概念的发展受环境的影响,个体在不同发展阶段对社会环境的认知是不同的,与社会的互动能力和表现也是不同的。青春期是自我概念发展爆发的时期,青少年对成功的渴望、对获得重要他人认可的渴望是十分强烈的[③],因此必须重视青少年自我概念的形成研究。心理学视角主要侧重于探讨自我概念对个体发展的影响。卡尔·兰桑·罗杰斯(Carl Ransom Rogers)是持有该视角观点的代表人物,他认为"一个人看待自己的

[①] BAILEY J. Self-image, self-concept, and self-identity revisited[J]. Journal of the national medical association, 2003, 95(5):383-386.

[②] MARKUS H R, KITAYAMA S. Culture and the self: implications for cognition, emotion, and motivation[J]. Psychological review, 1991, 98(2): 224-253.

[③] SEBASTIAN C, BURNETT S, BLAKEMORE S J. Development of the self-concept during adolescence [J]. Trends in cognitive sciences, 2008, 12(11): 441-446.

方式是预测将要发生行为的最重要因素"①,尤其是基于个体能力判断的自我效能感,构成了自我概念的核心。该视角认为积极的自我概念有助于个体最大程度发挥潜力,促进自我实现。当个体认识自己是谁,形成对自身的优势判断,那么就将按照所形成的自我概念行事。

综合以上内容可知,自我概念理论揭示出自我认知在个体发展过程中的重要性。可以说,个体只有首先认识到自己的价值所在,并能够在个体发展与现实境况的一致性与不协调性之间反复思考②,从而不断认识自己、反省自己、评价自己的价值,才能树立理想自我的奋斗目标,并能够进一步产生自我发现、自我确立、自我设计、自我发展等循环往复的能动性行为,最终才有可能达到自我实现与自我超越。

自我概念理论为创新创业能力结构模型的构建提供了逻辑起点。自我概念是个体对自我的全方面判断,是影响个体行为产生与表现的深层次原因。所以,自我概念是产生创新创业行为的前提条件和基本条件,换言之,创新创业行为的产生也是基于个体对自我概念的判断。因此,研究创新创业能力就必须基于个体如何认识自我、如何开展自我定位、如何进行自我设计、如何推动自我发展等一系列行为上。此外,自我概念理论再次论证了关注个体性层面的"创新创业"才是推动创新创业教育发展的可行之路。

二、社会认知理论

社会认知理论(social cognition theory)强调个体心理、个体行为以及社会环境是互相连接、相互作用的三元因素,三元因素共同对个体心理功能的发挥产生影响。③ 换言之,个体既是环境的产物,也是环境的塑造者。社会认知理论有以下两种观点值得我们关注。其一是环境因素在个体行为上发挥着日益重要的作用。社会认知理论认为个体、环境与行为是不可分割的,不存在单

---

① ROGERS C R. Theory of therapy, personality and interpersonal relationships, as developed in the client-centered framework[J]. Psychology: a study of a science, 1959, 3(1): 184-256.

② ROGERS C R. Theory of therapy, personality and interpersonal relationships, as developed in the client-centered framework[J]. Psychology: a study of a science, 1959, 3(1): 184-256.

③ 胡望斌,焦康乐,张亚会.创业认知能力:概念、整合模型及研究展望[J].外国经济与管理,2019,41(10):125-140.

一控制行为的元素。因此,人与环境是相互交互的,人既不是完全由环境所控制的被动反馈者,同时也不是一个能够脱离环境的行为主体。进而言之,环境在人的成长过程中起到提供信息的作用,个体通过该信息进行自我判断与自我反馈,建立自我调节的功能。① 随着信息网络的逐渐多元化,社会认知理论汲取社会网络理论中的相关研究,扩大了"环境"的定义范围。发展至今的社会认知理论认为电子信息技术的革命性进展改变了人类行为的性质、速度和地位,环境在人们处理沟通交流以及日常事务等行为产生上将发挥更大的作用。② 其二是自我效能感在个体成长中起着重要作用。自我效能感是社会认知理论的重要组成部分。社会认知理论认为自我效能感的建立源于以下途径③:第一是经验。个体通过不懈努力克服障碍和困难,进而能够掌握管理失败的方式方法,获得能力。第二是社会榜样。社会认知理论认为个体在看到别人通过不懈努力能够获得成功,就会提高对自己能力的渴望和信念。第三是情绪唤醒。社会认知理论鼓励个体通过自我完善衡量自身的成长成才,而非通过战胜他人来衡量成功。第四是言语劝说。有直接经验或间接经验基础的人的劝说会提高自我效能感。总之,社会认知理论认为自我效能感通过各类途径以认知、动机和决策等方式影响个体的心理特征:一方面指出了社会环境在自我效能感建立中的作用,另一方面也指出了自我效能感将有助于个体的自我发展和自我改变。

综合以上内容可知,社会认知理论揭示出环境在个体成长过程中的重要作用,强调信息资源对个体成长的影响。此外,该理论同样指明了在信息技术社会中,个体能力以及个体在信息吸收、处理和使用上的认知和决策行为将影响个体的成长。

社会认知理论论证了创新创业能力离不开环境要素。一方面,社会认知理论说明了个体在创新创业过程中必然受到信息环境资源的影响。创新创业能力虽然关注的是个体在促进自我发展中的能力,但是正如社会认知理论所言,个体自我发展是在与环境的交互作用中产生的。因此,创新创业能力的形成与发展需要考虑环境因素的影响。另一方面,结合社会认知理论的核心观

---

① 盖笑松.当代心理科学理论精华[M].长春:东北师范大学出版社,2017:337.
② BANDURA A. Growing primacy of human agency in adaptation and change in the electronic era[J].European psychologist,2002,7(1):2-16.
③ BANDURA A. On the functional properties of perceived self-efficacy revisited[J]. Journal of management,2012,38(1):9-44.

点,本书在进行创新创业能力要素建构时,应该关注到个体汲取社会信息的能力,以此解释"为什么有人能够识别并利用环境中有助于促进自我发展的机会"。

三、计划行为理论

计划行为理论(theory of planned behavior)认为个体的行为受行为意向、行为能力以及机会资源等条件的制约,并且提出行为意向以及行为能力对行为具有一定的预测性[①],同时承认个体的相关能力是产生行为的决定因素[②]。

计划行为理论主要探讨了影响个体行为意向的三种态度因素。其一是感知合意性。感知合意性是指个体对行为的评价态度,也即个体以信息资源为基础,对某一行为所产生的预测结果进行主观判断。这说明个体成长中需要不断地进行自我反思。其二是感知规范性。感知规范性认为个体的行为以遵守社会规范为基础,不能做出违背社会规范的事情,否则就将受到惩罚。这再次指明个体行为将受到社会环境的影响。其三是感知行为控制。该因素说明个体的行为受到客观因素的影响,这些客观因素可能来自可利用的资源、机会或者相关的技能等"实际行为控制"条件。[③] 当个体感知到该行为在自己的能力范围之内,那么个体将付出更多的努力促使该行为的产生与实践。如此而言,一个人的自我评价将会影响个体的自我发展信念,这再次论证了创新创业能力培养的起点在于个体的自我认知。

计划行为理论认为个体的能力可以预测行为表现,反之,行为表现在一定程度上可以反映出个体能力。具体而言,计划行为理论认为个体从事某一活动,产生某一行为是有意识和有计划的,因此也就可以从个体的行为表现中去揭示行为背后的心理特征因素。除此之外,计划行为理论认为个体的行为意向是可以进行干预的,这为进行创新创业能力研究提供了坚实的理论基础。因为它说明了实施创新创业教育,通过提高个体的创新创业意向、培养创新创业能力,能够有效地帮助个体在成长过程中产生高质量的行为,进而提升个体的生存质量。总之,计划行为理论为探索创新创业能力模型提供了研究方法

---

① AJZEN I. The theory of planned behavior[J]. Organizational behavior and human decision processes,1991,50(2):179-211.

② KRUEGER N F, REILLY M D, CARSRUD A L. Competing models of entrepreneurial intentions[J]. Journal of business,2000,15(5):411-432.

③ 闫岩.计划行为理论的产生、发展和评述[J].国际新闻界,2014,36(7):113-129.

选择的理论支撑。

四、理论的整合框架及适用性分析

自我概念理论、社会认知理论以及计划行为理论共同为创新创业能力研究提供了理论依据。不可否认，这三个理论之间虽各自有其倾向的领域，但是也存在理论内涵之间的重合，并彰显出紧密的关系。首先，自我概念是创新创业能力发展的起点，因为个体对自身发展的思考以及对自我的认知是其能力发展的主要来源。其次，社会认知理论同样为自我概念的形成提供了基础。因为自我概念的形成，特别是个体对信息资源的获取和利用，离不开对社会环境的判断。此外，社会认知理论揭示了环境的重要性，将创新创业能力研究与时代背景相结合，为创新创业能力要素的提取注入了资源要素。该观点可用来解释个体获得成长竞争优势的来源。最后，个体自我认知越清晰，对社会环境资源的掌握和利用就越熟练，这将有效提高个体的自我效能感，个体也就更有可能做出创新创业行为。所以，自我概念理论、社会认知理论与计划行为理论基本上构成了创新创业能力研究的起点逻辑、过程因素以及结果体现。

不可否认，创新创业行为具有复杂性，因而在创新创业行为产生和发展的过程中，这三者将共同作用、相互影响，共同形成了创新创业能力研究的理论依据。本研究理论依据的整合模型如图 4-1 所示。

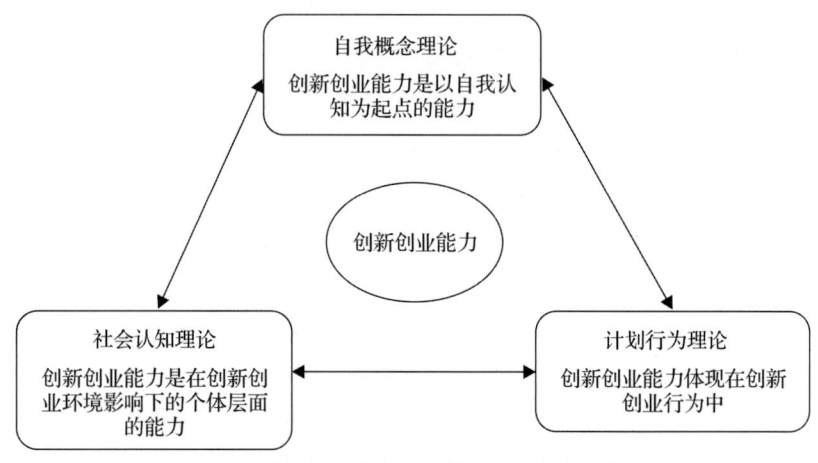

图 4-1 创新创业能力研究的理论依据整合框架

第二节 欧盟创业能力框架的要点解读与思路借鉴

一、欧盟创业能力框架的研制背景

创业型经济在全球范围内引起广泛影响，亟须具有创新创业能力的高素质人才。由此，以培养创新创业能力的创新创业教育成为新的教育模式，联合国称之为教育的"第三本护照"，赋予其与学术教育、职业教育同等重要的地位。[①] 世界各国积极探索创新创业教育，美国将创新创业教育纳入国民教育体系，我国提出"大众创业、万众创新"，日本将创新创业教育作为社会发展的"急务"，"英格兰高等教育创业调查"显示英国为学生提供创新创业教育的高校占比95%[②]。欧盟通过颁布多项战略规划性政策，为全球创新创业教育模式探索奠定了重要的基础，如：2003年的《欧洲创业绿皮书》(*European Green Paper on Entrepreneurship*)提出创业教育旨在培养创业者的创新精神、创业意识和创业能力；2006年颁布的《欧洲创业教育：通过教育和学习加强创业精神培养》论证创业教育生态系统的重要性，为全校性创新创业教育的开展提供了参考。[③] 尽管各国在努力探索创业教育模式，呼吁提高创业能力，但始终对创业能力的概念内涵、关键要素、学习成效讳莫如深。

厘清创业能力是创业教育的基础和前提。为此，欧盟提出并构建了欧盟创业能力框架，为创业能力培养和评价提供了研究依据。其重要价值在于：一是科学地界定了创业能力的概念内涵，为面向全体的创业教育提供了理论基础；二是明确了创业能力的要素及关键领域，为科学开展创业教育提供实践基础的同时也为创业能力评价提供工具。如今，哈德斯菲尔德大学(University of Huddersfield)、斯旺西大学(Swansea University)、图尔库大学(University of Turku)等高校均基于欧盟创业能力框架进行校本创业教育模式探索，有效

[①] 马永霞,窦亚飞.欧盟EntreComp创业能力模型:理念、实践与启示[J].高校教育管理,2020,14(2):44-53.

[②] 梅伟惠.欧盟高校创业教育政策分析[J].教育发展研究,2010,30(9):77-81.

[③] 郭哲,田慧君,王孙禺.多元主体协同视角下发达国家创业教育生态系统的比较研究：来自美国和欧盟的范例[J].清华大学教育研究,2021,42(5):140-148.

促进创业教育的理论知识和实践经验的交互融合。① 可见,在欧盟创业能力框架下,创业教育具有"可见性""可测性""可发展性"。

二、欧盟创业能力框架的研制过程

欧盟采用案例研究等多种研究方法研制创业能力框架,在不同阶段咨询了大量专家、利益相关者,以获得他们的反馈,并逐渐就一个有效的提案达成共识。该框架可以被视为解释创业能力的起点,随着时间的推移,可以进一步阐述和完善创业能力框架,以满足特定目标群体的特殊需求。

该框架的研制包括以下几个步骤②:

第一,对创业能力的现有概念、政策等进行文献综述;

第二,梳理42个将创业能力视为可以被定义、教授、学习或评估的倡议;

第三,选择10个实践案例进行深入分析,详细提炼创业能力的结构要素与关键特征;

第四,召开专家座谈会,确定创业能力的范围;

第五,研制基于上述步骤产生的创业能力概念模型的建议草案;

第六,将建议草案作为现有框架的基准;

第七,评估概念模型的适用性;

第八,多轮征集利益相关者的意见,并进行修订;

第九,根据利益相关者的反馈,提出一个包括3个能力领域和16个能力的概念模型;

第十,建立创业能力的框架草案,包括8个关于能力熟练程度水平和大约500个学习成果的陈述;

第十一,12个利益相关者小组进行讨论,以审查创业能力框架;

第十二,整合后的创业能力框架包含3个能力领域、15个能力和422条创业能力学习结果。

---

① MCCALLUM E, WEICHT R, MCMULLAN L, et al. EntreComp into Action: get inspired, make it happen[R]. Luxembourg: Publications Office of the European Union, 2018.

② BACIGALUPO M, KAMPYLIS P, PUNIE Y, et al. EntreComp: the entrepreneurship competence framework[R]. Luxembourg: Publications Office of the European Union, 2016.

三、欧盟创业能力框架的内容概要

(一)欧盟创业能力的内涵

在欧盟创业能力框架中,创业能力被定义为"根据机会和想法采取行动,并将其转化为经济、文化或社会等方面的价值"[①]。该能力定义强调价值创造,涵盖了在私人企业、公共部门和第三部门等各个领域场合中进行的价值创造,因此也包括内部创业(intrapreneurship)、社会创业(social entrepreneurship)、绿色创业(green entrepreneurship)和数字创业(digital entrepreneurship)等不同类型的创业形式。

(二)欧盟创业能力框架的内容

欧盟发布的创业能力框架报告以及相关的研究材料,详细地描述了欧盟对广义创业能力的理解,并为各类机构提供了创业能力评价的基础框架,对分析研究型大学本科生创新创业能力结构框架具有参考价值。因此,本部分将主要介绍欧盟创业能力框架的内容。

1. 欧盟创业能力框架的概念模型

欧盟将创业能力视为通用能力,认为公民发展自己的同时也能够积极促进社会发展。其背后代表的是广义创新创业教育,创新创业教育不应再是狭义化的创办企业,而是一种培养学生提出想法并敢于行动的能力。如表4-1所示,欧盟创业能力框架主要包含两部分内容:一是能力领域;二是具体能力。具体而言,第一维度由"想法与机会""资源""行动"三个领域构成,体现了"将想法转化为行动"的创业内涵,强调了通过激活和开发资源将想法转化为行动的能力。这些资源可以是个人的(如自我意识、自我效能感、动机和毅力)、物质的(如生产手段和经济资源),也可以是非物质的(如具体的知识、技能和态度)。这三个能力领域是紧密交织在一起的,创业能力是其上位概念。第二维度是15个具体的能力。这15个具体能力也是相互关联的,共同作为创业能力框架的有机组成部分。欧盟指出,创业能力是由这15个基石组成,但并不

---

① BACIGALUPO M, KAMPYLIS P, PUNIE Y, et al. EntreComp: the entrepreneurship competence framework [R]. Luxembourg: Publications Office of the European Union, 2016.

意味着学习者应该在所有能力中获得最高水平。进言之,欧盟认为所有能力一样重要,并未设定核心能力,同时也提倡不同个体的能力基础水平和发展目标不一样,不应趋同化发展。

表 4-1 欧盟创业能力框架的概念模型

领域	能力	内涵	主要观测点
想法与机会	1.1 发现机会	利用想象和能力识别能创造的机会	识别并抓住机会创造价值,探索社会、文化和经济背景;确定需要满足的需求和挑战,建立新的联系并进行整合
	1.2 创造力	产生创新的和有目的性的想法	开发想法和机会创造价值,以更好解决现有的挑战;探索实验和创新方法的集合;结合既有知识和资源实现有价值的影响
	1.3 具有愿景	朝着你的愿景努力	想象未来;可视化未来愿景以帮助指导行动
	1.4 评估想法	充分利用想法和机会	判断社会、文化和生态的价值;认识到想法的创造潜力,重视并确定合适的方法来充分利用
	1.5 伦理和可持续地思考	评估想法、机会和行动的不利后果与影响	评估能带来价值的想法,以及创业行动对社区、市场和社会产生的影响;反思如何实现可持续的社会发展;负责任地行动
资源	2.1 自我意识和效能感	相信自己,不断发展	反思需求、愿景及愿景的短期、中期和长期的情况;识别和评估个体和群体的优缺点;尽管充满着不确定性以及存在着短暂的失败和挫败,但要相信自己有能力掌控事情的进展
	2.2 激励和毅力	保持专注,不要放弃	把想法转化为行动的毅力;保持耐心;在压力、逆境下坚持
	2.3 调动资源	收集和管理所需的资源	获取和管理数字或非数字材料;充分利用有限的资源;获取和管理在任何地方都需要的技术、法律知识和数字能力
	2.4 金融和经济素养	寻求融资和经济的诀窍	估计将一个想法转化为一个价值的成本活动;计划、实施和评估财务决策;管理融资
	2.5 动员他人	激励、吸引别人加入行动	激励利益相关者,获得所需的支持以实现价值输出;展示有效的沟通

续表

领域	能力	内涵	主要观测点
行动	3.1 主动性	主动去做	启动流程;承担挑战;独立行动和工作,坚持不懈地执行计划中的任务
	3.2 规划与管理	确定优先级、组织计划和后续流程	设定长期、中期和短期目标,定义优先事项和行动计划,以适应不可预见的变化
	3.3 处理不确定性、模糊和风险	在不确定性的情境下作出决策	应对不确定性;测算风险;管理风险
	3.4 和他人一起工作	团队合作	与他人合作,发展想法并将其转化为行动;搭建人际网络;解决冲突
	3.5 通过经验学习	做中学	将任何创造价值的行动作为一种学习;与同伴和导师等一起学习

资料来源:①BACIGALUPO M, KAMPYLIS P, PUNIE Y, et al. EntreComp: the entrepreneurship competence framework[R]. Luxembourg: Publications Office of the European Union, 2016.

②崔军.欧盟创业能力框架:创业教育行动新指南[J].比较教育研究,2017,39(1):45-51.

2. 欧盟创业能力框架的进阶模型

结合不同层级机构和学生的需求,欧盟开发了创业能力的进阶模型。欧盟认为,创业行动及其价值创造可以发生在生活的任何领域,创业能力框架可以依据不同发展需求而定制,采用创业能力作为参考框架的机构可以依据自己的需求而个性化定制。换言之,创业能力框架应被视为创业能力评价的基础,必须根据使用环境精准实施。

从表4-2中可以看到欧盟就创业能力设置了基础、中级、高级以及专家4个等级,每个等级依次被划分为2个子级别。在基础层面上,创业价值是在外部支持下创造出来的;在中级层面上,创业价值是随着自主权的增加而被创造出来的;在高级层面上,发展了将思想转为行动的责任;在专家层面则能够实现突破性创新,进而创造更高的价值。但实际上,欧盟并不认为一个人的能力就必须依照表中的线性步骤进行。欧盟认为,创业能力的不同程度是有界限的,并且可以朝着更高水平的方向前进,学生投入越高,学生的创业能力发展水平也就越高。①

① 崔军.欧盟创业能力框架:创业教育行动新指南[J].比较教育研究,2017,39(1):45-51.

表 4-2　欧盟创业能力框架的进阶模型

等级	基础		中级		高级		专家	
要求	依靠他人支持		建立独立性		承担责任		推动转型、创新和增长	
内涵	在教师、同伴、导师、顾问的直接指导下	外界指导减少,一些自主地和同伴合作	自主地和同伴合作	承担和分享部分责任	接受一些指导和他人合作	对决策和合作承担责任	对特定领域的综合发展作出贡献并承担责任	对特定领域的发展作出实质性的贡献
层级	发现	探索	试验	挑战	改进	加强	扩展	转变
内涵	1级:发现自我特质、潜力、兴趣和愿望,可以创新解决不同类型的问题,以及发展个人技能和态度	2级:探索解决问题的不同方法,聚焦多样性,发展社会技能和态度	3级:具有批判性思维并对创新价值开展试验,如通过创业实践体验	4级:在真实的生活情境中将想法转化为行动并承担责任	5级:为将想法转化为实践而提升技能,为创造价值而承担更大责任	6级:与他人合作,利用自己掌握的知识产生价值,处理越来越复杂的挑战	7级:运用所需能力应对复杂挑战,处理在具有高不确定性、持续变化的环境中的问题	8级:通过发展新知识应对新出现的挑战,通过研究、提高与创新能力追求卓越和转变做事的方式

资料来源:①BACIGALUPO M,KAMPYLIS P,PUNIE Y,et al.EntreComp: the entrepreneurship competence framework [R]. Luxembourg: Publications Office of the European Union,2016.
②崔军.欧盟创业能力框架:创业教育行动新指南[J].比较教育研究,2017,39(1):45-51.

3. 欧盟创业能力框架的学习结果

学习结果是对学习者完成学习所知道、理解以及能够做的事情的表述。该表述可以用于教育规划和课程开发,因此欧盟开发了创业能力框架的学习结果指标体系(见表 4-3)。欧盟创业能力框架的学习结果可用于正规教育和培训部门的课程设计。需要指出的是,欧盟创业能力框架的学习结果不应被直接转为实际学习活动的规范陈述,以及不应该被用来衡量学生的表现,其是制定适合具体环境的具体学习成果的基础,也是制定绩效指标的基础。另外,虽然绝大多数学习成果都是用第一人称表述,但这并不意味着创业能力只是个人能力。相反,创业学习和创业行为也可以适用于团体,如项目团队、私人企业、公共机构等。

表 4-3 欧盟创业能力框架的学习结果指标（节选）

领域	能力	观测点	基础		中级		高级		专家	
			1级	2级	3级	4级	5级	6级	7级	8级
想法与机会	识别机会	识别、创造和抓住机会	我能发现机会去帮助别人	我能识别机会并在我的社会网络中创造价值	我能解释机会为什么能创造价值	我能提前寻求机会创造价值	我能描述不同的分析方法以识别创业机会	我能运用我理解的知识和背景将机会转化为价值	我能为创造价值评估机会，决定是否在不同层面采取行动	我能识别并快速地利用机会
		关注挑战	我能发现需要解决并致力于了解的挑战	我能识别我所处环境中尚未满足的需求	我能以不同的方式识别机会并解决问题	我能重新定义挑战以使机会出现	我能拆分已有实践，挑战主流思想以创造机会并用不同视角看挑战	我能判断在合适的时间利用机会创造价值	我能聚集不同机会或在不同机会中寻求协同并加以利用	我能在我保持的具有竞争性的优势的领域界定机会
		确定需求	我能发现解决问题的特定人群	我能识别公共部门、私人部门、第三部门的需求	我能解释不同群体可能具有的不同需求	我能建立用户和需求群体，我希望通过价值创新解决问题	我能识别对利益相关者的需求进行分析	我能识别那些形成对比的需求及不同利益相关者的兴趣	我能确定实现需求的行动路径，以帮助我创造价值	我能设计满足未来需求的项目
		分析背景	我能区分创造价值的家庭、社会、经济与社会等领域	我能识别我在本地区和全国范围的作用	我能区分创造价值的不同背景	我能识别自身、社会和专业的机会，能在已有组织或建立新公司中创造机制	我能识别与我个人或团队价值创造活动相关的系统边界	我能通过整体的方法分析创造价值的活动并寻求机会并对其进一步发展	我能监控到相关的趋势、预见如何创造新领域的新机会以产生价值	我能促进我的组织开放地捕捉微弱的变化信号并领导组织创造价值抓住创造的机会

资料来源：①BACIGALUPO M，KAMPYLIS P，PUNIE Y，et al. EntreComp：the entrepreneurship competence framework[R]. Luxembourg：Publications Office of the European Union，2016.
②崔军. 欧盟创业能力框架：创业教育行动新指南[J]. 比较教育研究，2017，39(1)：45-51.

四、欧盟创业能力框架的特点及启示

(一)从广义层面界定创业能力,为高校创业教育面向全体提供理论基础

从上述资料中可以发现,欧盟对创业能力的界定已经超越传统意义上"创业"等同于"创办企业"的认知,将创业置身于个体或组织的成长过程中,认为创业是将想法付诸实践的能力。由此,创业形式得到了拓展,社会创业、绿色创业、岗位创业等多种形式皆可覆盖,从而也能够将创业对象涵盖到各个群体。

欧盟的创业能力定义强调创业蕴含着的主动性、积极性,认为创业是一种可迁移能力,这对于本书界定和研制创新创业能力结构模型具有重要参考价值。现如今的创新创业教育已然不是早期的创业技能和创业实践教育,高校创新创业教育的初衷是提升学生的创新创业意识和创新创业能力,从而应该从广义层面界定创新创业能力,如此才能实现高校创新创业教育的政策愿景。

(二)多种研究方法结合制定创业能力框架,使其具有更强的科学性

欧盟创业能力框架是通过多种研究方法开发的,包括对学术研究和政策文件的全面回顾、对案例研究的深入分析、多利益相关者的调查访谈等,进而将创业能力划分为想法与机会、资源和行动三个领域,并提出了每个领域下的具体能力,从而搭建起科学的、合理的创业能力的具体内容。

欧盟在创业能力框架研制上的方法科学性值得我们学习。受其启发,创新创业能力涵盖的主体多元,应该深入访谈利益相关者对创新创业能力的理解,探索创新创业能力的实践表征,使得创新创业能力结构模型能够具有科学性。

第三节　研究型大学本科生创新创业能力的框架构建

本节旨在基于扎根理论,通过对研究型大学本科生创新创业行为的考察和探究,初步构建研究型大学本科生创新创业能力结构模型。第一章阐述了建构研究型大学本科生创新创业能力所采用的"先质性后量化"探索式混合研究思路,并且简要解释说明了以扎根理论作为质性研究方法的依据,总体上搭建起整个研究的分析框架及研究流程。本节将一方面聚焦于扎根理论,详细阐释扎根理论的核心内涵及其在本书中的体现,以更好地论证本研究在扎根理论运用上的科学性;另一方面,依据扎根理论的研究程序及所取得的研究结果,回答"研究型大学本科生的创新创业能力结构要素是什么?""研究型大学

本科生的创新创业能力组成要素之间的关系是什么?"这两个研究问题。

一、扎根理论研究方法的设计

(一)扎根理论的核心内涵及程序

1. 扎根理论的核心内涵及其在本书中的体现

扎根理论是针对某一现象,通过运用搜集到的资料不断进行对比、推理以及检验,从而进行理论建构的质性研究方法。运用扎根理论研究的目的在于对某一现象形成系统的抽象的分析框架。[①] 扎根理论自美国学者巴尼·格拉泽(Barney Glaser)和安塞尔姆·施特劳斯(Anselm Strauss)所著《发现扎根理论:质性研究的策略》(*The Discovery of Grounded Theory: Strategies for Qualitative Research*)出版以来,便引起学界一股讨论热潮。经过学界多年的研究讨论,学者们也在不断修正和丰富扎根理论,至今,扎根理论已形成三大流派,具体内容如表4-4所示。三大流派各有其优缺点,本书无意对其进行分析批判抑或辨别优劣,仅希望能够从其核心内涵中汲取知识,以促使研究合乎扎根理论研究方法并能够顺利进行。

表4-4 扎根理论三大流派的异同点比较

流派	相同点	不同点			
		认识论(哲学基础)	理论视角	资料/数据收集	资料/数据分析
格拉泽&施特劳斯的经典流派	1. 强调扎根理论来源于数据; 2. 强调研究者的"理论敏感性"; 3. 强调理论建构的循环往复; 4. 强调混合目的抽样; 5. 强调灵活运用文献	客观主义	实证主义(强调发现理论)	研究者在资料收集中保持中立态度	实质性编码和理论性编码
施特劳斯&科宾(Juliet Corbin)的程序化流派		客观主义	后实证主义(趋向于建构主义,认为分析数据是研究者的一种解释)		开放式编码、主轴式编码和选择式编码
卡麦兹(Kathy Charmaz)的建构主义流派		社会建构主义	解释主义(理论是解释性分析,是建构的)	研究者与被研究者发生互动关系	强调灵活使用编码原则

资料来源:①吴毅,吴刚,马颂歌.扎根理论的起源、流派与应用方法述评:基于工作场所学习的案例分析[J].远程教育杂志,2016,35(3):32-41.
②吴肃然,李名荟.扎根理论的历史与逻辑[J].社会学研究,2020,35(2):75-98,243.

[①] 伯克·约翰逊,拉里·克里斯滕森.教育研究:定量、定性和混合方法:第4版[M].马健生,等译.重庆:重庆大学出版社,2015:50.

(1)强调扎根理论来源于数据

格拉泽有言"一切皆为数据(all is data)"[①],扎根理论强调全分析流程及其结果均来源于数据。关于"数据",目前学界普遍认可扎根理论的原始数据类型具有多样化特征,包括访谈、文献、笔记甚至观察等质性资料[②],但主要仍以访谈文本为主。[③] 扎根理论来源于数据的内涵揭示出了理论的建构要基于数据,也即研究者需要在对数据进行深入分析的基础上开展归纳工作,发现并对比不同概念之间的核心类属,进而逐步形成理论。总而言之,数据是形成理论的基础及根源,强调了扎根理论中"理论"的可追溯性特征。

该核心内涵具有重要启示:一是在搜集资料时并非局限于访谈,也可通过开放性问卷,甚至从反思笔记等文字资料中获取信息;二是在开展理论建构时要始终围绕所收集的数据资料进行分析工作,研究者要始终坚持研究基于数据的基本原则。

(2)强调研究者的"理论敏感性"

理论敏感性要求研究者必须对数据具有高度的洞察力和敏锐力,能够从描述性的文字资料中发现其内在的意蕴,从而进行资料的概念化。

为提高"理论敏感性",本书基于创新创业能力的概念界定,构建了由自我概念理论、社会认知理论以及计划行为理论的整合理论框架。需要说明的是,这一理论框架的建构并非为了让研究者直接"套理论",而是为了创建一个理论指导。这样的理论指导有助于研究者在资料分析中产生一定的焦点,注意寻找众多资料中表达集中的概念,同时也能够促使研究者在资料分析中时刻保持敏感,不断地与已有概念进行对比,捕捉新的概念。

(3)强调理论建构的循环往复

早期的扎根理论被称为"持续比较的方法"[④]。这一方面说明了在数据分析上需要不断地对已提炼的概念或类属进行比较分析,使其进一步抽象化;另一方面也指出了扎根理论并非"收集资料—分析资料"的线性研究程序,而是循环

---

① GLASER B G. The grounded theory perspective: conceptualization contrasted with description[M]. Mill Valley: Sociology Press, 2001.

② 吴毅,吴刚,马颂歌.扎根理论的起源、流派与应用方法述评:基于工作场所学习的案例分析[J].远程教育杂志,2016,35(3):32-41.

③ 吴肃然,李名荟.扎根理论的历史与逻辑[J].社会学研究,2020,35(2):75-98,243.

④ GLASER B G, STRAUSS A L. The discovery of grounded theory: strategies for qualitative research[M]. Mill Valley, CA: Sociology Press, 1967.

往复的。具体而言，在搜集资料后应立刻进行资料分析，将已有概念与新产生的概念进行比较，根据理论饱和度情况再决定是否开展再一次的资料收集。

若仅有学生群体的质性材料可能导致研究所建构的研究型大学本科生创新创业能力呈现实然情况，由此削弱该能力结构模型对教育实践的指导意义。因此，除了对学生群体开展访谈等质性资料收集外，也要适时融入教师群体的质性材料，通过两类群体材料的不断对比和分析，进而建构起本土化的能够真正指导实践的研究型大学本科生创新创业能力结构模型。此外，在分析资料时应遵循"持续比较的方法"，不断开展资料的分析，直至理论饱和。

(4)强调混合目的抽样

混合目的抽样是指超过一种策略的抽样方法。[①] 质性研究方法的抽样被称为"基于标准的选择"[②]，换言之，质性研究的研究样本应该具备足以解决研究目的的最大信息量。作为以资料为基础的理论建构方法，扎根理论为了获得更多的可供分析的资料，强调混合目的抽样。其一，理论抽样贯穿理论建构的始终。理论抽样是指初步形成的概念、范畴或是理论可以作为下一步抽样的标准。[③] 该抽样原则体现了扎根理论在理论建构过程中的循环往复。理论抽样一般在开放式编码之后，研究者从开放式编码中获得基本的信息，不断丰富、修正和完善已有理论，直到理论饱和。其二，扎根理论强调研究样本具有丰富的信息密度，可根据实际情况综合运用目的性抽样、滚雪球抽样、最大变异抽样等非概率抽样方法。

创新创业能力集中体现在创新创业行为上，采用目的性抽样、滚雪球抽样、最大变异抽样等方法选择具有创新创业经历的研究型大学本科生以及相关的教师群体。理论抽样则在研究过程中根据概念及理论的建构进行循环往复。

(5)强调灵活运用文献

关于在扎根理论中是否应该运用文献、何时运用文献曾引起一番争论。综合来看，关于文献争论的聚焦点在于文献可能容易使研究者"先入为主"，从而约束理论建构的开放性。但拒绝文献相当于拒绝研究者在质性研究中的介

---

① PATTON M Q. How to use qualitative methods in evaluation[M]. Newbury Park, Ca: Sage Publications, 1987.

② 伯克·约翰逊, 拉里·克里斯滕森.教育研究：定量、定性和混合方法：第4版[M]. 马健生,等译.重庆：重庆大学出版社,2015:50.

③ 朱丽叶·M.科宾,安塞尔姆·L.施特劳斯.质性研究的基础：形成扎根理论的程序与方法[M].朱光明,译.重庆：重庆大学出版社,2019:71.

入,因为研究者并非"一张白纸",其有自己的生活经历和思想,所以将文献拒之门外是不合理的。目前,普遍认为扎根理论中可以灵活使用文献,因为文献可以解释和补充建构的理论体系,使扎根研究具有继承性和发展性。但在使用文献时应有所注意,避免陷入文献中,要始终保持批判和开放的态度。

文献的梳理有助于明晰现有关于创新创业能力的研究现状,找准研究的突破口。同时,本书计划参考和借鉴现有文献中的观点用以解释扎根建构而成的理论,使得研究型大学本科生创新创业能力建构既具有创新性,又能够与现有学术观点进行对话,实现学术研究的延续性。

(二)研究对象

遵循扎根研究理论抽样原则,在研究对象的选择上具体采用了目的性抽样、最大变异抽样以及滚雪球抽样相结合的混合目的抽样方法。

1. 目的性抽样

该抽样方法是指根据研究目的需要选择拥有最大信息量的研究对象。此抽样方法一般用于研究的初期阶段,以帮助研究更好地确定和明晰研究问题。在本书中,"创业"为广义上的"创业",创新与创业是一体的概念,创业必然包含着创新。因此,根据概念界定以及研究目的,在与课题组成员进行多次讨论后,将研究型大学本科生群体中的研究对象选择标准定为:(1)本科期间学业成绩达到年级前30%;(2)获得校级及以上级别的荣誉称号至少两次;(3)担任创新创业团队主要负责人,且所在团队获得校级及以上荣誉;(4)具有创办企业的经历,或者目前正在经营,且稳定经营一年及以上;(5)担任校级学生社团、学生组织负责人一年及以上。所选取的研究型大学本科生研究对象需至少达到以上五条标准中的三条。

制定如上筛选标准的主要原因有:一是根据概念界定。对于大学生而言,例如创立企业、创办或经营社团、组织团队参加竞赛活动、在学业上寻求更高发展等均是大学生追求理想价值实现的创新创业行为,因为此类行为在大学学习生活中具有一定挑战性,从而需要学生付出更多的努力。二是为了寻找典型的研究对象,丰富质性材料。本书希望能够充分挖掘创新创业行为中的关键能力要素,若仅满足以上标准中的一两条,则研究群体可能非常广泛,从而不利于收集最关键的研究信息。为此,认为符合三条及以上的研究型大学本科生能够最大程度为研究提供丰富的质性材料。

将研究型大学教师选择标准界定为:(1)具备研究型大学本科教学经历三

年及以上;(2)具备研究型大学本科生某一类创新创业竞赛的辅导经历;(3)具备研究型大学本科生辅导员经历三年及以上;(4)具备与研究型大学本科生教育相关主题的学术研究经历。所选取的研究型大学教师研究对象达到以上四条标准中的一条即可。

需要指出的是,对教师群体的访谈仅是为了补充和验证本书对研究型大学本科生创新创业能力要素的判断,因此教师群体的选择范围较为广泛,期冀借此能够使得研究者倾听到不同教师群体对研究型大学人才培养的认识。

2. 最大变异抽样

该抽样方法是指基于案例选择标准,有目的地选择能够最大范围地涵盖筛选标准的群体,以有助于将所有类型的研究案例都囊括其中。采取扎根理论一方面需要考虑研究案例选择的信息最大化,另一方面也需要考虑样本范围的最大化,以有助于能够最大程度识别和提炼出贯穿创新创业经历的能力要素。此外,受时间限制,研究者本人难以在短时间内对我国各地区各类型的研究型大学本科生开展访谈。因此,与课题组成员多次讨论,且经过查阅我国研究型大学保研夏令营的入营标准后,研究者认为可以从参与研究型大学保研夏令营的本科生中进行最大变异抽样。

具体而言,从夏令营入营标准来看,该类群体基本符合"学业成绩年级前30%"这一标准,且大多数主持或参与了创新创业项目,综合能力较强,基本可以认为此类群体是研究型大学本科生中的优秀代表。此外,在开放性问卷中,研究者还制定了关于夏令营成员个人特征的选择题用以后期筛选,以使得本研究所研究的学生群体均符合同一标准。据此,本书综合考虑研究型大学中各院保研夏令营的生源筛选标准以及每年保研夏令营的举办情况,以我国东部 A 研究型大学作为保研夏令营研究案例的来源高校。

3. 滚雪球抽样

该抽样方法是指在访谈过程中,请研究对象推荐符合研究标准的其他人员。

基于以上抽样原则,在实际操作过程中不断调整,丰富研究对象,以达到扎根理论的饱和度要求。现将研究对象的信息简要列表(表 4-5)。

表 4-5 研究对象信息列表

研究对象		身份代码	性别	研究型大学所属地域	学科/所在学院	资料收集方式
学生群体	A 研究型大学保研夏令营参与者	SA1-SA281	—	—	—	开放性问卷
	大三学生	SB1	男	华东	医科	实地访谈（65分钟）
	大四学生	SB2	男	华东	理工	实地访谈（43分钟）
	大四学生	SB3	女	华东	社科	实地访谈（52分钟）
	大三学生	SB4	女	华东	人文	实地访谈（51分钟）
	大三学生	SB5	男	华中	人文	线上访谈（37分钟）
	大三学生	SB6	女	华中	理工	线上访谈（42分钟）
	大二学生	SB7	女	西北	人文	线上访谈（45分钟）
	大三学生	SB8	男	西北	理工	线上访谈（45分钟）
	大四学生	SB9	男	西南	社科	线上访谈（34分钟）
	大三学生	SB10	女	华北	理工	线上访谈（47分钟）
教师群体	二级学院院长	TA1	男	华东	理工	焦点小组实地访谈（189分钟）
	二级学院副院长	TA2	男	华东	理工	
	专任教师	TA3	男	华东	理工	
	专任教师	TA4	男	华东	理工	
	专任教师	TA5	男	华东	理工	
	专任教师	TA6	男	华东	理工	

续表

研究对象		身份代码	性别	研究型大学所属地域	学科/所在学院	资料收集方式
教师群体	二级学院副院长	TA7	男	华东	理工	焦点小组实地访谈（135分钟）
	专任教师	TA8	男	华东	理工	
	专任教师	TA9	男	华东	理工	
	专任教师	TA10	男	华东	理工	
	专任教师	TA11	女	华东	理工	
	专任教师	TB1	女	华中	医科	线上访谈（115分钟）
	专任教师	TB2	女	西北	人文	线上访谈（40分钟）
	专任教师	TB3	男	华东	人文	实地访谈（87分钟）
	专任教师	TB4	男	华北	理工	实地访谈（71分钟）
	辅导员	TB5	男	西北	医科	线上访谈（46分钟）
	辅导员	TB6	女	华北	社科	线上访谈（46分钟）
	行政管理人员	TB7	女	华南	社科	线上访谈（39分钟）

根据表格可知：其一，以学生群体为研究对象。一方面收集整理了281份A研究型大学保研夏令营的开放性问卷；另一方面通过线上线下渠道共访谈了10位学生（医科1位，理工科4位，社科2位，人文3位）。其二，以教师群体为研究对象。一方面开展了两次焦点小组访谈（共有11位教师参与）；另一方面通过线上线下形式共访谈了7位教师（专任教师4位，辅导员2位，行政管理人员1位）。

（三）访谈问题

根据研究对象的不同，以行为事件访谈法为参照，设置了如表4-6所示的两份访谈提纲。

表 4-6 访谈提纲

访谈群体	序号	问题	备注
学生群体	1	您所在学校及就读专业	设置于开放性问卷中,用以再次筛选研究对象
	2	您是否有以下经历: (1)本科期间学业成绩达到年级前 30%; (2)获得校级及以上级别的荣誉称号至少两次; (3)担任创新创业团队主要负责人,且所在团队获得校级及以上荣誉; (4)具有创办企业的经历,或者目前正在经营,且稳定经营一年及以上; (5)担任校级学生社团、学生组织负责人一年及以上	
	1	请您详细描述您认为具有成就感的事件或具体经历(3~5 件)	设置于开放性问卷及学生群体访谈提纲
	2	请您详细描述您在求学或者工作期间遇到过的困难事件及其解决过程(3~5 件)	
	3	请举事例说明您认为是什么能力或素质决定了您与同伴的不同(3~5 件)	
	4	若您想取得更突出的成就,您认为自己缺乏什么样的能力素质?或者哪些能力素质需要进一步提高?如有详细事件请具体描述	
	5	您如何看待创新创业大学生?您认为创新创业大学生需要具备什么能力?	
教师群体	1	请您谈谈对创新创业人才的认识	设置于焦点小组访谈以及一对一访谈提纲
	2	请您谈谈对研究型大学本科阶段人才培养的认识	
	3	请您详细描述您印象中培养过的最优秀的本科生的能力特征。如有具体事例请说明	
	4	您认为学生在大学成长过程中可以分为几个阶段?每个阶段学生最突出的表现是什么?	
	5	您如何识别学生未来的发展潜力?如有具体事例请说明	
	6	若学生想取得更突出的成就,您认为还缺乏什么能力素质?或者哪些能力素质需要进一步提高?	

（四）资料收集方法的选择及应用

此部分将详细介绍资料收集方法的选择及在本书中的具体应用。

1. 开放性问卷

设置开放性题目，通过问卷星发放。研究对象根据自身情况进行回答，可以帮助研究者拓宽研究对象范围，搜集到更广泛的资料。因 A 研究型大学各学院保研夏令营开展的时间相对集中，受研究者本人的时间精力限制，以开放性问卷为主要方法对参与 A 研究型大学保研夏令营的同学进行发放。主要步骤如下：首先，通过课题组成员联系各学院保研夏令营相关负责人；其次，于2020 年 7—8 月发放开放性问卷，其间根据问卷收集情况不断调整发放的目标学院，以扩大案例的研究范围；最后，分析开放性问卷，结合研究所需，确定下一步的研究内容。

2. 半结构访谈

该方法是指在正式访谈之前先根据研究目的及研究对象设置访谈提纲，在正式访谈过程中根据访谈进度适时调整和补充访谈问题。半结构访谈有利于指导访谈的进程，促进研究者与研究对象的互动交流，获取深度资料。同时，半结构访谈也符合扎根理论不断对比、不断建构的研究过程，研究者可以结合研究进程不断修正访谈提纲。本书在学生群体和教师群体的访谈过程中均采用了半结构访谈方法。其基本流程如下：首先，根据样本筛选的标准通过熟人介绍抑或发放邮件等形式联系研究对象，与其确定访谈时间、访谈地点，力求给研究对象创造一个便利、自由的空间；其次，提前了解研究对象的兴趣、爱好及其所处的教育环境，有利于访谈在一个轻松愉快的氛围中开展；再次，将访谈提纲发放给研究对象，使其提前对相关主题做好充分准备，如此将有利于研究资料的获得；复次，正式访谈过程中，在经得研究对象同意的前提下全程录音，且注意研究对象的情绪及肢体语言，适时记录以理解其语言深意；最后，根据录音实施转录工作。

3. 焦点小组访谈

该方法是指在团体访谈过程中由一个主持人引导研究对象就某一问题展开讨论。研究者跟随所在课题组成员开展了两次焦点小组访谈。研究者主要担任助理一职，负责观察小组讨论的过程，并做好记录，同时也适时地提问。

(五)研究的信度、效度和伦理

(1)研究的信度

在质性研究中,信度是指研究的可靠性,即不同的研究者在相同或相似的研究情境下,使用相同或相似的研究方法,可以取得类似的研究结论。[1] 研究者采用以下方式确保研究信度:

其一,重新编码,前后对照。当研究进行到一半时,研究者重新审视质性研究文本,并进行编码。将两次编码情况进行对照,针对不同之处,研究者回归文本,认真研读前后文后再进行判断。

其二,借助"外力",校正编码。当研究者独立完成研究资料的编码工作后,邀请所在课题组的成员加入。该成员具备良好的质性研究基础,且对于创新创业教育有一定的研究,因此,符合质性研究者的能力素质要求。在该成员完成编码工作后,研究者与其就不同的分类命名开展讨论,必要时重新播放录音。

(2)研究的效度

质性研究的效度也可称为可信度,是指研究结果是否真实地反映研究材料。在质性研究中,由于研究者本人也是研究工具,因此容易产生"研究者偏见(researcher bias)"[2],即选择性观察现象以及选择性使用材料。为避免"研究者偏见",本书通过以下方式提高效度:

其一,不断提升研究者质性研究素养。研究者在质性研究方法上的掌握程度及熟练程度将对研究的信度产生极大的影响。为此,研究者提前学习了质性研究方法及其程序,并在正式访谈过程后坚持开展批判性反思工作,不断提升访谈技巧,提高资料收集质量。在访谈资料整理分析过程中,摆正"局外人"身份,分辨研究资料的真实性,以研究者的角色挖掘资料的深度。

其二,提高研究资料的准确性,确保描述性效度。描述性效度指研究资料的真实性、准确性。在征求被研究者同意的前提下,使用录音笔进行全程录音,并将录音文件逐字转录。在转录结束后,尽可能地将转录文本发放给研究对象查看,通过与研究对象的交谈验证转录文本的准确性。

---

[1] MERTENS D M. Research methods in education and psychology thousand oaks[M].Thousand Oak, Ca: Sage publications,1998.

[2] 伯克·约翰逊,拉里·克里斯滕森.教育研究:定量、定性和混合方法:第 4 版[M].马健生,等译.重庆:重庆大学出版社,2015:50.

其三，提高文本的解释力，确保解释性效度。解释性效度是指研究者了解、理解和表达被研究者对事物所赋予的意义的"确切"程度。使用"参与者反馈"作为验证解释性效度的重要途径。将分析结果同时发放给研究者所在课题组成员，向他们分享研究者对所得资料的解释，以检验资料分析效度。

（六）研究的伦理

研究伦理是一套研究的原则，能够指导和帮助研究者在研究过程中避免产生价值冲突。采用以下方式遵循伦理规则：

其一，给予研究对象充分的自由。在质性研究之前，将研究主题、研究目的及动机诚实地告诉研究对象，给予其参与研究的自由选择权。在质性研究开展过程中，征求研究对象的意见选择是否录音，此外，研究对象可以随时选择退出研究。

其二，研究资料严格保密。对研究对象的学校、个人信息等采取严格的保密措施。

二、研究型大学本科生创新创业能力的构建

依照扎根理论程序进行，在每次访谈后及时转录录音文件，借助NVivo 12 Plus软件，围绕开放式编码、主轴式编码以及选择式编码三个主要环节展开，在各个环节进行过程中研究者不断比较各个概念和范畴，以达到理论的饱和度。

（一）开放式编码

扎根理论通常认为"收集到第一份资料就开始分析"，开放式编码（Open Coding）就贯穿于扎根研究中的初始阶段。这是指研究者始终保持开放的态度，在完全基于数据资料的基础上，开展逐词、逐句、逐行甚至逐段的判断和分解工作，为数据资料中的真实现象贴上标签，并通过持续比较，使之形成概念、范畴。

科宾与施特劳斯所著的《质性研究的基础：形成扎根理论的程序与方法》（*Basics of Qualitative Research：Techniques and Procedures for Developing Grounded Theory*）一书，认为"微分析（microanalysis）"是一种非常有价值的且更加开放的拆分资料方法。其所遵循的"定义现象—界定概念—命名范畴"的分析程序，能够帮助研究者在扎根理论的初始阶段以不同的思考方式更加

深入地去理解和分析数据材料的意义。① 因此,在开放式编码阶段采用"微分析"的编码方式,且在"微分析"过程中始终坚持"持续比较"的扎根理论原则,形成初始范畴。现将开放式编码阶段分析过程呈现如下。

1. 对某个案进行微分析

该个案是华东地区某一研究型大学医科大三学生(身份代码 SB1)。该研究对象在本科阶段的学习成绩排名年级前 10%、曾作为团队负责人带领团队参加某一全球大赛并获得金奖、现阶段已获得多项校级荣誉,且担任校学生会部门负责人。该个案符合研究案例选择中的多项标准,具备丰富的信息资源,因此以该个案为例进行"微分析"。本书对该个案进行了 65 分钟的访谈,共获得 12189 字的转录文稿。

(1)定义现象

该阶段主要针对转录文稿进行分析,并贴出标签,在标签上用"aa-SB1-001"("aa"表示"定义现象阶段","SB1"表示个案的身份代码,"001"表示标签的序号)的格式进行标注(见表 4-7)。同时根据该标签所代表的现象进行定义,例如"aa-SB1-001 现象名称"。经过分析判断,该部分共得到 257 个现象。

表 4-7 "微分析"阶段"定义现象"个案示例

序号	原句	现象
1	2018 年的时候,我和团队成员代表学校去美国参加国际大赛,当时是拿了全球金奖。这个项目是我作为主要负责人进行的,是一个跨学科项目。项目前前后后花了快一年的时间,是和大家一起做的一个项目,最后看到成果落地,又能得到国际级的肯定,所以特别具有成就感。其实当时参加这个竞赛对我来说是一个很偶然的事情,但又可以说是一个必然的事情。为什么我一个医科的学生,最后会去参加这样一个机器人设计大赛呢?这与我的专业不是很符合呀!其实,当时我得知有这样一个高水平的比赛,我是没有特别地纠结自己的学科背景,我觉得别人可以开展跨学科学习,进行跨学科合作,那么我也一定可以。另外,我本人也特别想要有这样一段经历,我觉得这对于我之后的学术发展是有所帮助的。	aa-SB1-001 参加跨学科活动 aa-SB1-002 对未来有清晰的认识 aa-SB1-003 对自我角色的认识 aa-SB1-004 偶然的事情 aa-SB1-005 得到能力的肯定 aa-SB1-006 认为别人可以,自己也可以 aa-SB1-007 想跨学科学习 aa-SB1-008 参赛经历对自身发展有利 aa-SB1-009 寻找志同道合的朋友 aa-SB1-010 开展头脑风暴

---

① 朱丽叶·M.科宾,安塞尔姆·L.施特劳斯.质性研究的基础:形成扎根理论的程序与方法[M].朱光明,译.重庆:重庆大学出版社,2019:63-65.

续表

序号	原句	现象
	有了这个想法之后,我就开始去组队,我本身其实也是喜欢跨学科交流的。所以就先找了一些志同道合的朋友。项目的研究方向是我们团队一起头脑风暴的,进行了大概两个月,大家讨论交流,一起决定研究的方向和内容……	aa-SB1-011 团队讨论交流 aa-SB1-012 喜欢跨学科交流,所以就去参加跨学科活动 aa-SB1-013 有想法就去做
2	我们团队全是本科生,所以在项目实施中的每个阶段其实都存在很多困难。比如说,刚开始的头脑风暴阶段,我们是经过很长时间讨论的,每个人都在查资料、想办法,沟通交流、协调,一个主题一个主题地进行对比。包括后面即使方案确定下来了,我们在具体实施上也出现了很多问题。因为我们的项目是要最终落地的,所以就必须做充分的市场调查。 我们是本科生,太年轻了,容易给人造成不信任感,所以做市场调查时会遇到很多阻力。我当时就带着我们团队,一家一家地跑厂家,一天不行就两天,两天不行就三天,三天不行就一个礼拜,就一直磨,磨到厂家愿意跟我们聊。后来就真的算是感动了厂家吧。在与厂家聊天的过程中,我虽然有点紧张,但是不会表现出来,要在表面上镇住他们嘛,不要露怯了。所以,在整个聊天交流的过程中,我至少是很大大方方很从容地回答他们的疑问,给厂家的感觉是比较专业的,以至于后面我们与厂家的联系沟通都算是比较顺畅的。 在整个项目运作的过程中,我们遇到了很多问题,也走了很多的弯路,团队经常在反思。其实,不是说我们只要解决这个问题就好,之所以不断在反思,是因为我们总在不断寻找解决问题的最有效方法。这是一种对现状的挑战吧,总是希望自己能够最好地完成任务……	aa-SB1-014 每个阶段都在经历困难 aa-SB1-015 不断查资料 aa-SB1-016 不断沟通协调 aa-SB1-017 确定调研目标 aa-SB1-018 带着团队跑市场 aa-SB1-019 磨厂家 aa-SB1-020 从容回应 aa-SB1-021 与厂家沟通顺畅 aa-SB1-022 经常反思 aa-SB1-023 寻找最有效解决问题的办法 aa-SB1-024 挑战现状 aa-SB1-025 抗挫折 aa-SB1-026 希望自己能够最好地完成任务
3	我觉得时间是挤出来的。我一般有午休的习惯,但我在很忙的时候中午就没有午休了。可能中午我就需要开学生工作会议,或者说中午我就需要去一趟实验室,或者说我中午就需要把今天的作业提前完成掉。我觉得就是一个时间规划的问题。可能很多工作会挤在一起,但要学会取舍……	aa-SB1-027 根据情况及时调整安排 aa-SB1-028 学会取舍

续表

序号	原句	现象
4	我后面又选修了经济学双学位。其实现在的专业发展趋势是一个多学科发展趋势。你学一门学科，不是说你在学一门毫不相干的学科，你可以用另一门学科的思维来帮助你现在的专业学习。当时我对经济学非常感兴趣，所以开始双学位学习。这一点在我参加创新创业大赛的时候感受特别明显。通过创新创业大赛参与过程中大家的协作，能够比较好地解决困难。所以说，单一学科现在已经解决不了现实社会的很多问题，我们或多或少都需要借助其他学科或其他专业同学的帮助……	aa-SB1-029 认识到多学科发展的趋势 aa-SB1-030 对经济学非常感兴趣 aa-SB1-031 选择经济学双学位学习 aa-SB1-032 用不同思维思考问题 aa-SB1-033 在参赛过程中大家互相帮助
5	曾经因为要准备一个课程汇报，我希望能够尽量准备充分，给自己定下目标要在1周内读完5本相关的专业图书，然后对该领域有一个相对全面的了解之后再进行汇报，最后我真的在上课之余完成了这个计划，汇报也非常成功。 平时也会在每一周给自己预定一些课外的学习任务并且去努力完成这些任务，生活会很有计划很有动力，成功完成后自我效能感会增强，进而增强我的生活幸福感……	aa-SB1-034 准备充分地完成汇报 aa-SB1-035 定下目标 aa-SB1-036 全力完成计划 aa-SB1-037 努力提升自己：每周给自己设置课外任务 aa-SB1-038 生活有计划有动力 aa-SB1-039 完成任务会增强自我效能感 aa-SB1-040 完成任务会增强生活幸福感
6	在小组作业中，我基本上都主动担任组长。其实带领一个团队完成一件作品很不容易，因为每个人想法不同，每个人对优秀的定义也不同，很有可能最后的作品不体现任何一个人的意志，所以小组内部协调整合的过程十分重要。小组作业往往比个人作业要难很多。在这个过程中，按照每个人的优势分配任务，按照计划及时推进任务执行，同时还要主动承担很多重要的任务，这是一个小组组长应该做到的，这对我来说是能力的培养……	aa-SB1-041 主动担任小组组长 aa-SB1-042 协调整合小组成员的想法 aa-SB1-043 按照小组成员优势分配任务 aa-SB1-044 按照计划及时推进任务 aa-SB1-045 主动承担很多重要任务

续表

序号	原句	现象
7	可能现在大家都会觉得我的表达能力挺好的,但其实我小时候是个特别胆小的人,我不敢跟别人说话,甚至在陌生人面前会紧张到发抖。我意识到这是我的短板,我必须去克服。所以在高中的时候我就进入了学生会外联部,大学时成为办公室副部长。但是我的公共演讲能力依旧是存在缺陷的,为了能够更好地改善我胆小的毛病,并且提高我的口语演讲能力,我参与了校艺术团话剧团、英语社、相声社等社团,并且选修了演讲与口才的选修课。我曾经每天 5 点起床,来到学校的大教室站在空无一人的讲台上对着底下的空气训练,学习古希腊哲学家每天在自己的嘴里含一颗麦丽素来纠正我的英语发音。通过不断的努力,我的选修课成绩达到了 96 分,并且话剧、相声、演讲都取得了喜人的成绩。……	aa-SB1-046 意识到短板 aa-SB1-047 意识到要去克服短板 aa-SB1-048 克服短板:每天 5 点起床 aa-SB1-049 克服短板:参加各类活动 aa-SB1-050 对着空气训练 aa-SB1-051 拥有积极的心态 ……

(2)界定概念

在该阶段,对上阶段所得出的 257 个"现象"进行概念化,即对"现象"与"现象"之间不断进行对比,使得代表同一类型、反映同一种行为或者呈现相关关系等具有共同类属的"现象"能够合并在一起,形成"概念"。在概念确定过程中,研究者不断比较概念之间的关系,以求能够得到一个更加合理的概念,为下一步的范畴化奠定基础。具体而言,对概念之间的关系进行分析判断,主要遵循了以下三个原则:其一,两个"概念"在发生的背景、过程以及结果上具有相似的程度,可以合并为同一个概念;其二,一个"概念"可以包含另一个"概念",可以选择内涵较广的"概念";其三,"概念"与"概念"之间是否具有矛盾,如有矛盾则返回上一分析阶段查看原文,再作出判断。

在该阶段,以"a-SB1-001"("a"表示"界定概念阶段","SB1"表示案例的身份代码,"001"表示概念的序号)的格式对内容进行标注,并根据该概念所代表的含义进行定义,例如"a-SB1-001 概念",如表 4-8 所示。

表 4-8 "微分析"阶段"界定概念"个案示例

原句	现象	概念
2018年的时候,我和团队成员代表学校去美国参加国际大赛,当时是拿了全球金奖。这个项目是我作为主要负责人进行的,是一个跨学科项目。项目前前后后花了快一年的时间,是和大家一起做的一个项目,最后看到成果落地,又能得到国际级的肯定,所以特别具有成就感。其实当时参加这个竞赛对我来说是一个很偶然的事情,但又可以说是一个必然的事情。为什么我一个专业不是特别纠结自己的学科背景,我觉得特别人可设计大赛呢?这与我的比赛水平是很符合呀!其实,当时我得知有这样一个高水平的比赛,我是没有特别纠结自己的学科背景,我觉得特别人可以开展跨学科学习,进行跨学科合作,那么我也一定可以。另外,我本人也特别想要有这样一段经历,我觉得这对于我之后的学术发展是有所帮助的。	aa-SB1-001 参加跨学科活动 aa-SB1-002 对未来有清晰的认识 aa-SB1-003 对自我角色的认识 aa-SB1-004 偶然的事情 aa-SB1-005 得到能力的肯定 aa-SB1-006 认为别人可以,自己也可以	a-SB1-001 开拓未知领域 a-SB1-002 自我规划 a-SB1-003 自我肯定 a-SB1-004 他者肯定 a-SB1-005 判断外界变化 a-SB1-006 明晰自我发展目标
有了这个想法之后,我就开始去组队,所以就先找了一些同道合的朋友。项目的研究方向也是喜欢跨学科交流的,一起头脑风暴的大概两个月,进行了大概两个月,一起头脑风暴,进行了讨论交流,大家讨论决定研究的方向和内容。……	aa-SB1-007 想跨学科学习 aa-SB1-008 参赛经历对自身发展有利 aa-SB1-009 寻找志同道合的朋友 aa-SB1-010 开展头脑风暴 aa-SB1-011 团队讨论交流 aa-SB1-012 喜欢跨学科交流,所以就去参加跨学科活动	a-SB1-007 果断决定 a-SB1-008 组建团队 a-SB1-009 交流探讨 a-SB1-010 寻求最佳方案 a-SB1-011 了解社会需求 a-SB1-012 应对挑战
我们团队全是本科生,所以在项目实施中的每个阶段其实都存在很多困难的。比如说,刚开始的头脑风暴阶段,我们是经过很长时间讨论的,每个人都在查资料,想办法、沟通交流、协调,一个主题一个主题地进行对比。包括后面即使方案确定下来了,我们在具体实施上也出现了很多问题。因为我们的项目是要带着团队跑市场,所以就必须充分地市场调查。	aa-SB1-013 有想法就去做 aa-SB1-014 每个阶段都在经历困难 aa-SB1-015 不断查资料 aa-SB1-016 不断沟通协调 aa-SB1-017 确定调研目标 aa-SB1-018 带着团队跑市场 aa-SB1-019 磨厂家 aa-SB1-020 从容回应	a-SB1-013 创着条件 a-SB1-014 跨界学习 a-SB1-015 主动承担任务 a-SB1-016 付诸实践 a-SB1-017 分解任务 a-SB1-018 团队合作

续表

原句	现象	概念
我们是本科生，太年轻了，容易给人造成不信任感，所以做市场调查时会遇到很多阻力。我当时就带着我们团队，一家一家地跑厂家，一天不行就两天，两天不行就三天，三天不行就一个礼拜，就一直磨，磨到厂家愿意跟我们聊。后来就真的算是感动了厂家吧。在与厂家聊天的过程中，我虽然有点紧张，但是不会表现出来，要在表面上镇住他们嘛，不要露怯了。所以，在整个交流的过程中，我至少是很大大方方很从容地回答他们的疑问，给厂家的感觉是比较专业的，以至于后面我与厂家的联系沟通都算是比较顺畅的。	aa-SB1-021 与厂家沟通顺畅	a-SB1-019 了解优势
在整个项目运作的过程中，我们遇到了很多问题，也走了很多的弯路，团队经常在反思。其实，不是说我们只要寻找解决问题的最有效方法。之所以不断反思，是因为我们总是在不断寻找解决问题的最有效方法。这是一种对现状的挑战吧，总是希望自己能够最好地完成任务。	aa-SB1-022 经常反思	a-SB1-020 了解劣势
我觉得时间是挤出来的。我一般有午休的习惯，但我在很忙的时候中午就没有午休了。可能中午我就要开学生工作会议，或者说中午我就需要去一趟实验室，或者说中午我就需要把今天的作业提前完成掉。我觉得就是一个时间规划的问题。可能很多工作会挤在一起，但需要学会取舍。	aa-SB1-023 寻找最有效解决问题的办法	a-SB1-021 识别资源
我后面又选修了经济学双学位。其实现在的专业发展趋势是一个多学科发展趋势。你学一门学科，不是说你在学一门干的学科，你可以开一个学科的思维来帮助你现在的专业学习。当我对经济学非常感兴趣，所以开始学双学位的时候，这一点在我参加创新创业大赛的时候感受特别明显。通过创新创业大赛与大家的协作，能够比	aa-SB1-024 挑战现状	a-SB1-022 促进团结
	aa-SB1-025 抗挫折	a-SB1-023 积极回应
	aa-SB1-026 希望自己能够最好地完成任务	a-SB1-024 学会取舍
	aa-SB1-027 根据情况及时调整安排	a-SB1-025 充满信心
	aa-SB1-028 学会取舍	a-SB1-026 及时调整方案
	aa-SB1-029 认识到多学科发展的趋势	a-SB1-027 了解兴趣
	aa-SB1-030 对经济学非常感兴趣	a-SB1-028 新颖的想法
	aa-SB1-031 选择学双学位学习	a-SB1-029 积极的心态
	aa-SB1-032 用不同思维思考问题	……
	aa-SB1-033 在参赛过程中大家互相帮助	
	aa-SB1-034 准备充分地完成汇报	
	aa-SB1-035 定下目标	
	aa-SB1-036 全力完成计划	
	aa-SB1-037 努力提升自己：每周给自己设置课外任务	
	aa-SB1-038 生活有计划有动力	
	aa-SB1-039 完成任务会增强自我效能感	
	aa-SB1-040 完成任务会增强生活幸福感	
	aa-SB1-041 主动担任小组组长	

续表

原句	现象	概念
较好地解决困难。所以说，单一学科现在已经解决不了现实社会的很多问题，我们或多或少需要借助其他学科或其他专业同学的帮助。……	aa-SB1-042 协调整合小组成员的想法 aa-SB1-043 按照小组成员优势分配任务	
曾经因为要准备一个课程汇报，我希望能够尽量准备充分。目标要在1周内读完5本相关的专业书籍，然后对该领域有一个相对全面的了解。汇报之后再进行汇报，最后我真的在上课之余完成了这个计划，汇报也非常成功。	aa-SB1-044 按照计划及时推进执行任务 aa-SB1-045 主动承担很多重要任务	
平时也会在每一周给自己预定一些课外的学习任务并且去努力完成这些任务。生活会很有计划很有动力，成功完成后自我效能感会增强，进而增强我的生活幸福感。	aa-SB1-046 意识到短板 aa-SB1-047 意识到要克服短板 aa-SB1-048 克服短板：每天5点起床 aa-SB1-049 克服短板：参加各类活动	
在小组作业中，我基本上都主动担任组长。其实带领一个团队完成一件作品很不容易，因为每个人想法不同，每个人对优秀的定义也不同，很有可能最后的作品不体现任何一个人的意志。所以小组内部协调整合的过程十分重要。小组作业往往比个人作业要难很多。在这个过程中，按照每个人的优势分配任务，按照计划及时推进任务执行，同时还要主动承担很多重要的任务。这是一个小组组长应该做到的，这对我来说是能力的培养。	aa-SB1-050 对着空气训练 aa-SB1-051 拥有积极的心态 ……	
可能现在大家都会觉得我的表达能力挺好的，但其实我小时候是个特别胆小的人，我不敢跟别人说话，甚至在陌生人面前会紧张到发抖。我意识到这是我的短板，我必须去克服。所以在高中的时候我就进入了学生会外联部，大学时成为办公室副部长。但是我的公共演讲能力依		

续表

原句	现象	概念
旧是存在缺陷的,为了能够更好地改善我胆小的毛病,并且提高我的口语演讲能力,我参与了校艺术团话剧团、英语社、相声社等社团,并且选修丁演讲与口才的选修课。我曾经每天5点起床,来到学校的大教室站在空无一人的讲台上对着底下的空气训练,学习古希腊哲学家每天在自己的嘴里含一颗麦丽素来纠正我的英语发音。通过不断的努力,我的选修课成绩达到了96分,并且话剧、相声、演讲都取得了令喜人的成绩。……		

经过以上分析,对该案例提取了40个概念,如表4-9所示。

表4-9 "微分析"阶段"界定概念"所得概念列表

序号	概念	序号	概念	序号	概念
1	a-SB1-001 开拓未知领域	11	a-SB1-011 了解社会需求	21	a-SB1-021 识别资源
2	a-SB1-002 自我规划	12	a-SB1-012 应对挑战	22	a-SB1-022 促进团结
3	a-SB1-003 自我肯定	13	a-SB1-013 创造条件	23	a-SB1-023 积极回应
4	a-SB1-004 他者肯定	14	a-SB1-014 跨界学习	24	a-SB1-024 学会取舍
5	a-SB1-005 判断外界变化	15	a-SB1-015 主动承担任务	25	a-SB1-025 充满信心
6	a-SB1-006 明晰自我发展目标	16	a-SB1-016 付诸实践	26	a-SB1-026 及时调整方案
7	a-SB1-007 果断决定	17	a-SB1-017 分解任务	27	a-SB1-027 了解兴趣
8	a-SB1-008 组建团队	18	a-SB1-018 团队合作	28	a-SB1-028 新颖的想法
9	a-SB1-009 交流探讨	19	a-SB1-019 了解优势	29	a-SB1-029 心态的积极
10	a-SB1-010 寻求最佳方案	20	a-SB1-020 了解劣势	30	a-SB1-030 自主选择
				31	a-SB1-031 主动学习
				32	a-SB1-032 幸福感
				33	a-SB1-033 迎难而上
				34	a-SB1-034 失败中学习
				35	a-SB1-035 适应变化
				36	a-SB1-036 调解矛盾
				37	a-SB1-037 时常反思
				38	a-SB1-038 抓住机会
				39	a-SB1-039 喜欢竞争
				40	a-SB1-040 彰显价值

(3)命名初始范畴

在该阶段,将上阶段所得到的"概念"不断作比较,进行进一步的提炼和归类,形成范畴,并命名该初始范畴。随后,为了提升研究的效度,邀请所在课题组一名研究者加入,一起探讨,最终确定初始范畴的命名。此外,根据初始范畴所含概念大于等于 2 的原则,暂时先删去 6 个概念,因此目前共得到 10 个初始范畴,如表 4-10 所示。以"A-01"("A"表示"命名范畴阶段","01"表示范畴的序号),并给予该概念相应的范畴名称,例如"A-01 初始范畴名称"。

表 4-10 "微分析"阶段"界定概念"个案研究所得的初始范畴列表

序号	概念	初始范畴
1	a-SB1-001 开拓未知领域;a-SB1-012 应对挑战;a-SB1-038 喜欢竞争	A-01 冒险精神
2	a-SB1-002 自我规划;a-SB1-011 了解社会需求;a-SB1-017 分解任务	A-02 规划能力
3	a-SB1-003 自我肯定;a-SB1-004 他者肯定;a-SB1-040 彰显价值	A-03 自我认同
4	a-SB1-019 了解优势;a-SB1-020 了解劣势;a-SB1-027 了解兴趣	A-04 自我认识
5	a-SB1-007 果断决定;a-SB1-024 学会取舍	A-05 决策能力
6	a-SB1-008 组建团队;a-SB1-009 交流探讨;a-SB1-018 团队合作;a-SB1-022 促进团结;a-SB1-036 调解矛盾	A-06 合作能力
7	a-SB1-005 判断外界变化;a-SB1-010 寻求最佳方案;a-SB1-021 识别资源;a-SB1-038 抓住机会	A-07 机会能力
8	a-SB1-013 创造条件;a-SB1-014 跨界学习;a-SB1-015 主动承担任务;a-SB1-016 付诸实践;a-SB1-030 自主选择;a-SB1-031 主动学习	A-08 主动行为
9	a-SB1-025 充满信心;a-SB1-029 积极的心态;a-SB1-032 幸福感	A-09 乐观
10	a-SB1-034 失败中学习;a-SB1-037 时常反思	A-10 反思能力

2. 多案例的持续比较

在开放式编码阶段,依据扎根理论"收集到第一份资料就开始分析",以某一个案为例进行了"微分析"。在本阶段,将不断开展理论抽样,将各个案例进行编码、概念化以及范畴化,并"持续比较"各个案例,修正和丰富初始范畴,直至饱和。在经过 231 个保研夏令营收集的开放性问卷、2 次焦点小组访谈、8 个一对一访谈的学生案例以及 5 个一对一访谈的教师案例的"持续比较"后,本书共得到了以下概念及 15 个初始范畴。需要指出的是,本书借助 NVivo

12 Plus 质性分析软件开展编码工作,因此若与前案例具有相同的概念,则将其归入已建立的概念中,不再重新命名。表 4-11 概念列表中的括号内数字表示在此概念中包含的案例数量。

表 4-11 开放式编码阶段所得初始范畴列表

序号	概念	初始范畴
1	a-SB1-001 开拓未知领域(15);a-SB1-012 应对挑战(9);a-SB1-038 喜欢竞争(5);a-SB1-039 自讨苦吃(8);a-SB3-007 接受挑战(10);a-SB6-080 大胆假设(4);a-SB8-035 愿意承担风险(8);a-SA34-006 喜欢刺激(11);a-SA189-045 愿意尝试(23);a-TA5-008 渴望冒险(11);a-TA10-034 大胆行动(21);a-SA7-004 挑战自己(34);a-SA13-019 尝试的勇气(29);a-SA74-009 突破自我(8)	A-01 冒险精神
2	a-SB1-002 自我规划(46);a-SB1-011 了解社会需求(45);a-SB1-017 分解任务(12);a-SA7-039 时间概念(89);a-SA19-015 提前规划(21);a-SA43-023 统筹规划能力(12);a-SA46-023 平衡(4)	A-02 规划能力
3	a-SB1-003 自我肯定(15);a-SB1-004 他者肯定(14);a-SB1-040 彰显价值(8);a-SA20-013 自我价值(23);a-TA5-041 身份认同(7);a-TB1-031 优质生源(10)	A-03 自我认同
4	a-SB1-019 了解优势(35);a-SB1-020 了解劣势(19);a-SB1-027 了解兴趣(66);a-SA20-35 专业素养(21);a-SB7-043 理性的自我认识(46)	A-04 自我认识
5	a-SB1-006 明晰自我发展目标(42);a-TA2-023 成就需求(21);a-TB2-043 设置人生目标(17);a-SA11-03 明确短期职业规划(16)	A-05 目标确定
6	a-SB1-007 果断决定(8);a-SB1-024 学会取舍(5);a-SA4-005 高效迅速(4);a-SA16-012 运用策略(6);a-TA7-065 理性判断(48)	A-06 决策能力
7	a-SB1-008 组建团队(105);a-SB1-009 交流探讨(195);a-SB1-018 团队合作(123);a-SB1-022 促进团结(143);a-SB1-036 调解矛盾(122);a-SA14-83 组织协调(79);a-SA16-041 化敌为友(18);a-SA17-012 社会交往能力(211);a-TB4-008 合作意识(48);a-TB2-013 参与感(58);a-TA11-012 管理能力(76);a-TB4-034 同学互动(47)	A-07 合作能力
8	a-SB1-005 判断外界变化(20);a-SB1-010 寻求最佳方案(34);a-SB1-021 识别资源(12);a-SB1-038 抓住机会(56);a-SA6-021 抓取信息(18);s-SA26-042 展示自我(106);a-TA3-007 丰富的学习资源(132);a-TA8-034 有效信息(47);a-SA56-023 最大化利用(28)	A-08 机会能力

续表

序号	概念	初始范畴
9	a-SB1-013 创造条件(34);a-SB1-014 跨界学习(26);a-SB1-015 主动承担任务(56);a-SB1-016 付诸实践(156);a-SB1-030 自主选择(201);a-SB1-031 主动学习(198);a-SA6-005 与时俱进(29);a-TA8-023 自觉的学习者(23);a-SB6-071 执行力(154)	A-09 主动行为
10	a-SB1-025 充满信心(45);a-SB1-029 积极的心态(34);a-SB1-032 幸福感(14);a-SA2-04 抗打击(78);a-SA16-024 沉着应战(21);a-TA3-023 调节情绪(43)	A-10 乐观
11	a-SB1-034 失败中学习(161);a-SB1-037 时常反思(111);a-SA3-023 写下思考和想法(35);a-SA9-016 质疑能力(41);a-TB6-023 复盘(11)	A-11 反思能力
12	a-SB1-028 新颖的想法(41);a-SA9-023 更新观念(11);a-SA14-036 开放多元的视角(57);a-SA24-035 不断更新(21);a-SA39-003 反视野(18);a-SA7-052 独自钻研(58);a-SA43-019 提高效率(72);a-TB10-045 支持创新(128);a-TB3-067 开展创新行为(162);a-SB1-035 适应变化(65);a-SA103-067 尊重变化(18)	A-12 创新行为
13	a-SB1-033 迎难而上(23);a-SA5-029 日夜奋战(23);a-SA6-051 勇于担当(76);a-TA7-009 持之以恒(101);a-SA16-063 强大的心态(27);a-SA26-009 吃苦耐劳(31);a-SA42-034 下定决心(200)	A-13 韧性
14	a-SB1-023 积极回应(6);a-SA3-034 长期交流(23);a-SA3-035 及时交流(78);a-SA28-018 主动沟通(101);a-SA44-023 有条理表达(32);a-TB3-023 耐心倾听(41);a-TA6-027 待人接物(16)	A-14 沟通能力
15	a-SB1-026 及时调整方案(45);a-SB6-081 小心求证(10);a-SA1-067 预案(9);a-TB3-011 认真(67)	A-15 风险控制

(二)主轴式编码

主轴式编码(axial coding)是指将初始范畴不断进行比较,再归类,从而形成更进一步提炼而成的范畴。为了更好地分析各个初始范畴之间的关系,在开放式编码结束后,相隔一个月后重新阅读数据资料,厘清概念的内涵,以及初始范畴形成的过程,进而重新整合初始概念,形成主范畴。

本阶段共归纳出 7 个主范畴,如表 4-12 所示。其中,主范畴"目标确定能力"包括"自我认识""自我认同""目标设置"3 个初始范畴;主范畴"行动筹划能力"包括"规划能力"和"主动行为"2 个初始范畴;主范畴"果断抉择能力"包括"冒险精神"和"决策能力"2个初始范畴;主范畴"人际交往能力"包括"沟通能力"和"合作能力"2个初始范畴;主范畴"把握机遇能力"包括"机会能力"和"创新行为"2个初始范畴;主范畴"防范风险能力"包括"反思能力"和"风险控制"2个初始范畴;主范畴"抗挫折能力"包括"乐观"和"韧性"2个初始范畴。

表 4-12　主轴式编码阶段所得主范畴列表

序号	初始范畴	主范畴
1	自我认识	目标确定能力
	自我认同	
	目标设置	
2	规划能力	行动筹划能力
	主动行为	
3	冒险精神	果断抉择能力
	决策能力	
4	沟通能力	人际交往能力
	合作能力	
5	机会能力	把握机遇能力
	创新行为	
6	反思能力	防范风险能力
	风险控制	
7	乐观	抗挫折能力
	韧性	

(三)选择式编码

选择式编码(selective coding)阶段试图建构一个核心类属,该核心类属均能够与初始范畴以及主范畴建立起关系。在该阶段,本书采用"写作故事提纲"[1]的方法,对已提炼而成的范畴进行不断比较,必要时回到文本资料中再次查看以激发思考,从而整理出一条"故事线"。该故事线可以反映将文本所

---

[1] 朱丽叶·M.科宾,安塞尔姆·L.施特劳斯.质性研究的基础:形成扎根理论的程序与方法[M].朱光明,译.重庆:重庆大学出版社,2019:117,275-287.

反映的概念、范畴以及其产生的条件,使得主范畴呈现"典型关系结构"[①],具备内在的逻辑关系。

据此,故事线及其所反映的典型关系结构如表 4-13 所示。

表 4-13 "故事线"及其典型关系结构

典型关系结构	内涵	代表例句
目标确定能力→创新创业能力	自我认识、自我认同以及目标设置为研究型大学本科生开展创新创业行为提供了自我发展的内生动力	"找对自己的路,那就可以成功,找不对自己的路,就比较难成功。"(TB1) "目标性非常明确。"(TA3) "学生选择继续深造的,是有自己的目标,认为做学术可以成就他自身的价值。"(TA11) "由于很感兴趣,所以非常用心做事。"(TB7) "对自己有一个清晰的认识,明确自己的发展方向,不人云亦云,不随波逐流。"(SA23)
行动筹划能力→创新创业能力	主动行为和规划能力为研究型大学本科生开展创新创业行为提供了实践自我的条件	"在参加竞赛的两年中基本上所有的东西都需要自学。"(SB3) "知道什么时间该做什么事,才能一步一步去完成。"(SA9) "我会合理安排好分工表。"(SA13) "自己不主动探索适合自己成长的道路就会阻碍自己的发展。"(TB8) "为了达成这个长期目标,我需要在课程之外不断充电,也需要兼顾学习与课外的发展。"(SA20) "我深知仅学习课堂上的知识是不够的,因此,课余时间特别注重自我学习,北京国家图书馆成了我最喜欢待的地方。"(SA29) "我在本科期间见到一些原本非常优秀的同学逐渐跟不上学习、逐渐变得阴郁,据我观察,这样的同学多是破坏了自己原有的良好习惯,逐渐被惰性所消磨,没有完成好每天的学习,也就没能抓住每日进步的机会,一天一天积累起来,会逐渐堕落下去。"(SA58)

---

① GIBBS J P. Techniques and problems of theory construction in sociology[J]. American journal of sociology, 1976, 79(6):1529.

续表

典型关系结构	内涵	代表例句
果断抉择能力→创新创业能力	冒险精神和决策能力为研究型大学本科生开展创新创业行为提供了突破自我的勇气	"大胆尝试,大胆实践。以前是一个不喜欢比赛的人,她后来逼着自己参加了一些比赛、一些科研项目,在看到一些成果后变得热爱和向往。"(TA202) "面对一个又一个的难题,不断地挑战自己。正是在这样的挑战中,学生觉得自己获得了极大的成长。"(TA7) "要敢于走出'舒适区',才有可能有更大的进步。"(SA19) "不断调整期待值,适当放弃是比较好的选择。"(SB6)
人际交往能力→创新创业能力	沟通能力和合作能力为研究型大学本科生开展创新创业行为创造了社会自我建构的条件	"一个是人际交往的素质,需要交流沟通能力,开展有效的交流,有效的沟通。另外是团队合作,我发现一个人埋头苦干的,没有团队设计得好,所以团队合作的能力是很重要的。"(TB4) "从最开始的一点没到后来的最终成功经历了很多,团队算上自己只有三个人,分别负责三个部分,好在大家进度上是完全齐头并进的,最终在比赛前夕完成全部功能。"(SA188) "很多难题单靠一个人是无法完成的,我们不能做独行侠,我们要注重团队合作,达到事半功倍的效果。"(SB6)
把握机遇能力→创新创业能力	机会能力和创新行为为研究型大学本科生开展创新创业行为创造了有利的时机,提高了本科生建构理想自我的能力	"我想把每一分钟都花在自己认为有用的事情上。大千世界,只要是人生中没有尝试过的,我都想去尝试。"(TB1) "努力争取学院、学校的大型活动的主持,抓住机会提升自己的主持素养。"(SB3) "抓住每一次上台讲演的机会。我之前是个不太敢在太多人面前表达自己看法的人,但进入大学,每当有这样的机会摆在我面前,我都会把自己往前推,努力去争取,也成了别人眼中的充满自信的一个人。"(SA31) "有时候需要发现一些不同的差异,这样就可以发现更多理解专业知识的思考角度及最新的研究方式。"(SA51)

续表

典型关系结构	内涵	代表例句
防范风险能力→创新创业能力	反思能力和风险控制反映了研究型大学本科生创新创业行为过程中的自我保护需求	"迭代式思维,把工作做到极致,不断实践、反思,不断打磨。"(TA4) "只有一次次反思自己的不足,才能不断成长,无论起点如何,今天的自己比昨天更优秀就是一个人潜力的最佳证明。"(TA174) "不断地总结反思在自己组织团队过程中出现的问题,有哪些效率低下的程序可以避免。"(SB4) "参赛的时候,机器突然坏了,没法展示了,有一瞬间我是很慌张的,但很快冷静下来,正好之前有训练这种意外事件,所以我就立马改为直接口头描述,效果也是不错的。"(SA229)
抗挫折能力→创新创业能力	乐观和韧性为研究型大学本科生开展创新创业行为提供了自我调节的空间	"有时大学里遇到的事情往往让人措手不及,如何在短时间之内接受并产生抗压,这也是在大学期间迅速习得的。"(TA2) "大学的课业比较紧张,特别在期中与期末的时候,往往会面临着许多任务,短时间内要进行多场考试,要拥有一个非常强大的心态去承受这些压力。"(SA16) "他认为我是转专业的学生,只学习了一年的法律,与其他同学有差距,不能胜任这项任务。但是我不甘心,我不断请求老师让我参赛,就算只是作为陪练,为正式队员模拟比赛中对手可能会发出的各种难题以及各种突发的状况,也是我莫大的荣幸。"(SA96)

基于以上分析,"目标确定能力""行动筹划能力""果断抉择能力""人际交往能力""把握机遇能力""防范风险能力""抗挫折能力"这7个主范畴能够有效促进研究型大学本科生发现自我、发展自我、完善自我以及成就自我的创新创业行为。因此,"研究型大学本科生创新创业能力"核心类属涵盖了以上7个主范畴及其初始范畴,如图4-2所示。

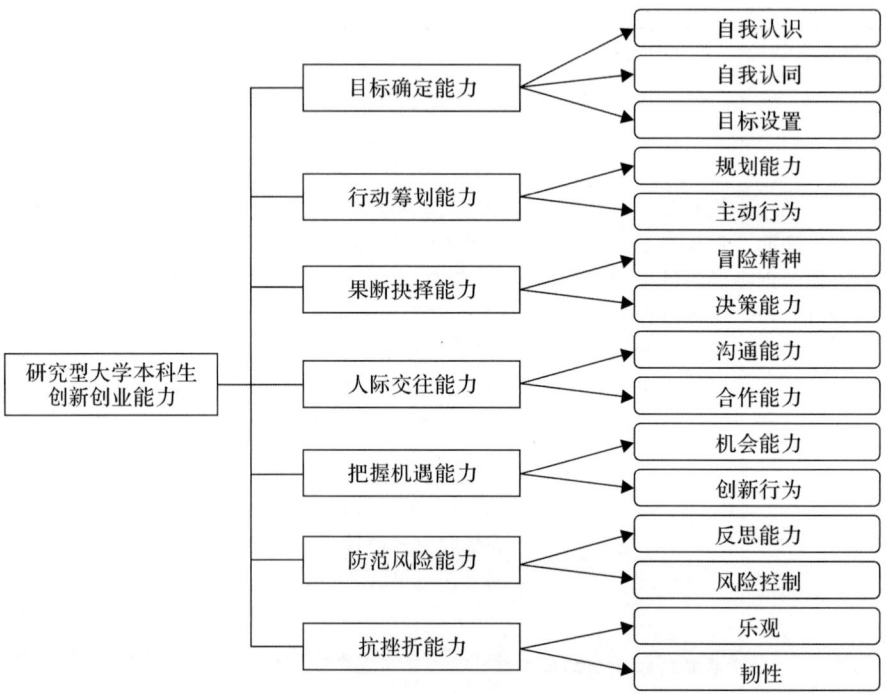

```
研究型大学本科生创新创业能力
├── 目标确定能力 ──→ 自我认识
│                 ──→ 自我认同
│                 ──→ 目标设置
├── 行动筹划能力 ──→ 规划能力
│                 ──→ 主动行为
├── 果断抉择能力 ──→ 冒险精神
│                 ──→ 决策能力
├── 人际交往能力 ──→ 沟通能力
│                 ──→ 合作能力
├── 把握机遇能力 ──→ 机会能力
│                 ──→ 创新行为
├── 防范风险能力 ──→ 反思能力
│                 ──→ 风险控制
└── 抗挫折能力   ──→ 乐观
                 ──→ 韧性
```

图 4-2　研究型大学本科生创新创业能力结构图

三、理论饱和度检验

理论饱和度是指新增的材料已经无法再增加新的概念和类属。本书采用以下方式进行理论饱和度的检验。其一，再次收集数据资料。一方面是整理预留的 50 份开放性问卷；另一方面研究者对 2 位学生以及 2 位教师进行了访谈。将开放性问卷以及新增的访谈重新编码，均未发现新的概念范畴。其二，研究者随机查看已有的数据资料，并进行编码分析，同样未发现新的概念范畴。因此而言，"研究型大学本科生创新创业能力结构模型"已达到理论饱和度。

第四节　研究型大学本科生创新创业能力模型的内涵分析

根据上节研究所得，目前研究型大学本科生创新创业能力体现为 7 个能力，这 7 个能力为我们搭建起创新创业能力的基本框架。这 7 个能力的内涵以及其在研究型大学本科生中的特征表现是什么呢?这个问题值得我们进一步探究。为此,根据扎根理论"强调灵活运用文献"之意,本节一方面将呈现访谈材料及开放性问卷中关于研究型大学本科生创新创业能力的特征,以充实丰富研究型大学本科生创新创业能力的内涵;另一方面挖掘相关的文献内容,与现有研究进行对话,进一步检验研究型大学本科生创新创业能力结构模型的内在一致性。①

一、研究型大学本科生创新创业能力要素释义

(一)目标确定能力

目标管理理论常用于企业内部管理,认为对于企业员工而言,必须先明确目标才能工作,企业应促进每位员工制定切实可行的目标。② 从个体角度来看,一个人的一生就如经营一家企业一般管理着属于自己的生活。因此,目标管理理论同样适用个体自身发展,个体在促进自身发展过程中必须先明确目标。我国古人常谈的"立大志"与此有异曲同工之妙,"凡事预则立,不预则废"即认为个体开展学习或进行工作均需要确立目标。一位研究型大学教师谈道:"我的学生目标性非常明确。只有知道毕业后想干什么,才能朝着这个目标去做。"(TA3)

个体为自身发展设立目标,一方面意味着学生已经明晰自我需求,具备了自我意识;另一方面也说明个体具备了独立性,具备促进自我发展的动力。但是,如果所确定的发展目标难以契合自身,甚至不符合社会所需,则该发展目标可能起到的是阻碍作用,而非引领促进作用。③ 所以,如何确定目标、确定何种目标,就是一种创新创业能力的体现。

具体而言,目标确定能力就是个体认识自身优点、缺点,同时又清晰社会需求,在与社会环境的互动中突出个体优势,尽量避免个体短板,进而制定合理有效的发展计划。根据扎根所得,研究型大学本科生目标确定能力体现为三个方面:其一是自我认识,其二是自我认同,其三是目标设置。

---

① 朱丽叶·M.科宾,安塞尔姆·L.施特劳斯.质性研究的基础:形成扎根理论的程序与方法[M].朱光明,译.重庆:重庆大学出版社,2019:120-126.
② 彼得·德鲁克.管理的实践[M].齐若兰,译.北京:机械工业出版社,2009:10-11.
③ 李东鹏.目标管理理论视角下大学生就业能力研究[J].黑龙江高教研究,2016(12):49-52.

1. 自我认识

自我认识主要指个体对自身的比较优势有清楚的了解。在访谈过程中，研究型大学本科生的自我认识主要包含对自己的兴趣、爱好、优劣势等个体因素的认识以及对就业创业等社会环境的感知。

(1)"参与"：通过实践激发兴趣

在谈论兴趣、爱好时，具有创新创业行为的研究型大学本科生通常将"兴趣"直接指向"专业兴趣"。总体而言，研究型大学本科生专业兴趣是在其接触了某一些榜样人物，或者经历过某一项目并且该项目取得一定成就后，才逐步形成的。例如，案例SA232是一位被调剂到社会学专业的本科生。她认为自己虽然已经在传统课堂上了解且熟知了社会学的基本框架，却始终无法产生专业兴趣，刚入学没多久就已经计划本科毕业报考公务员，但一次社会实践经历改变了她对专业的认识，对社会学逐渐产生浓厚的兴趣，因此也促使她改变了原先的考公计划转而选择攻读社会学研究生学位。

> 我觉得深入社会可以了解到在课堂上没有学到的东西，从而加深自己的理解，并且在此过程中寻找到自己的研究兴趣点所在。我在大一暑假参加了一个社会实践队。社会实践的主题是关于一个地区的祭拜活动。我在访谈的过程中看到了村民对自然的崇敬，对历史的感恩，还感受到乡村那种非常淳朴的氛围。说实在的，我其实很久没有这种感受了，太让人温暖了。我们在那个村子待了有一个礼拜，跟村民吃住一起，很深入地开展活动……后来，我们的实践报告获奖了。这个报告里面有关于对祭拜活动开展的建议，所以我们也发给那个村的村长了，他非常感谢，说要认真拜读，好好学习。就是在这个实践过程中，我突然感受到了社会学的魅力，所以就下定决心继续深造。(SA232)

> 我跟随本科老师进行医疗社会口述史调研，采访了三位赤脚医生。从如何寻找被采访者、获取对方信任、撰写调查提纲到真正完成采访、整理和录入资料，全程参与。因为是凭着兴趣爱好去做，没有抵触情绪，收获很大，也对田野调查产生了更深的兴趣。(SA88)

> 从最开始的迷茫没有方向，到一步步地探索、学习，第一次熬夜写选题报告、第一次和项目团队一起调研、第一次摸索着到各大数据库上搜集和整理数据，慢慢形成了自己的学术数据库，直到最后撰写出一篇实证论文。这次科研经历对我来说是十分宝贵的，它使我初次接触到了科研的

魅力,有痛苦,有难熬,但是当获得成果时,就会获得巨大的动力和满足感,以及激发继续进行学术科研的热情。(SA31)

参加大学生挑战杯学术科研竞赛、"互联网+"创新创业大赛,参与了社会调研和学术训练,训练了文献资料的阅读整理能力,取得的研究成果对下一步学习工作产生了积极影响。(SA231)

在谈论"优劣势"时,研究型大学本科生偏向分析个体发展"劣势"而非"优势"。研究型大学本科生谈到,在高中阶段以及在大学初始阶段,对阻碍个体发展的劣势已形成一定的认知。"劣势"集中体现在面对人际交往的"无力感"以及面对学业发展的"游离感"。具体体现为:大学期间包容自由的环境是学生面临的首要挑战。与高中"封闭式"教育不同,大学生在校期间与人交往增多,他们常需要克服面对陌生人群的交际互动"不知所措"等挫败。也有部分同学提到,上大学后逐渐放松身心,开启"一天一学期"的"短平快"学习方式,丧失拼劲,久而久之成为班级的"后进生"。

在大学以前,我是一个非常腼腆的女孩,不善于表达和表现自己,在公众场合就会感到拘束和紧张。(SA281)

其实我小时候是个特别胆小的人,我不敢跟别人说话,甚至在陌生人面前会紧张到发抖。(SB1)

高中时就知道读书,社交活动基本是没有的。另外,当时因为离家近,基本就是两点一线的生活,接触的人少。久而久之,也就不爱说话,不喜欢表达。(SA3)

自己以前是一个比较内敛的人。(SA230)

进入大学后有一段时期沉湎于安逸的生活和缺少未来的目标,当时学业难度较低(期末考试只需要背诵,一到两天就可以把背诵科目搞定,即所谓的"一天一学期"),在这样的环境中我逐渐降低了对自己的要求。后来发现,这种心态使得我一步一步地落后于其他人。(SA19)

(2)就业创业:社会环境认知的聚焦点

约翰·魏德曼(John C. Weidman)的本科生社会化理论提出,学生的发展受到校内外环境的共同影响。① 自我概念理论以及社会认知理论均认为个体的发展离不开与社会环境的互动,在与社会互动的过程中,自我认知日益完善,才能拥有进一步明确发展目标的可能性。因此,研究型大学本科生在确立个体发展目标之时包含着对社会环境的认知。

研究发现,相比较对自身优劣势所具有的清醒认知而言,研究型大学本科生对社会发展环境的关注度较低,且关注点集中于就业环境与创业环境。就业环境是研究型大学本科生讨论较多的话题,普遍认为目前社会整体就业环境具有不稳定性、不确定性、复杂性与模糊性特征,处于非理想状态,个体亟须不断提升核心竞争力,才能在未来获得一席之地。也有不少同学关注到国家政策所营造的学生创业红利期,并计划抓住创业红利期开展创业活动。

> 现在就业的基数很大,不一定每个人都能找到工作。(SB2)

> 我曾经有一个学生,当时刚好适逢国家提出创新创业教育,不管是政府还是学校,在鼓励和支持创业上注入了很多资源。我那个学生就和几个朋友一起,毕业后开办了一家教育培训机构。现在做得还挺好的。(TB6)

> 我觉得作为一个大学生应该学会关注社会时事,因为我们总是要步入社会的。不能像高中那样子封闭地学习。(SB6)

2. 自我认同

自我认同是指个体对自身存在价值的肯定。研究型大学本科生存在两个方面的"自我认同":其一,由身份认同带来的自我价值肯定;其二,由能力认同带来的自我价值肯定。

(1)由身份认同带来的自我价值肯定

布迪厄的场域理论认为"特定的场域给予其位置占据者一定的身份、利益、机会和奖惩"。② 从我国高等教育发展历史来看,由于受到国家政策倾斜性照顾以及资源的优势累积效应,研究型大学学生在社会价值系统中具有稳固的优势地位。"研究型大学学生"成为学生摆脱"高考生"后第一个社会认可

---

① 谷贤林.大学生发展理论[J].比较教育研究,2015,37(8):26-31.
② 布迪厄,华康德.实践与反思:反思社会学导引[M].李猛,李康,译.北京:中央编译出版社,1998:133-134.

和赋予的身份角色。它不仅意味着学生顺利完成"千军万马过独木桥"的自我价值建构,同时也是学生进入"研究型大学"这个"价值场域"的通行证。

> 我们如果和普通的那种高校毕业生对比的话,从学历方面来讲,我们还是有一定优势的。(SB2)

> 一方面我觉得挺幸运的,至少觉得在高考这件事上,我能够很好地完成;另一方面,不管是从环境氛围、人际关系,还是各种资源,我相信我的学校都能够给予我最好的条件。所以,我觉得不能辜负自己高考时的努力,更不能浪费了学校的这些资源,更不能以后有损学校的名气。我一定得争口气。(SA276)

> 说实话,我很庆幸自己在这样一所大学就读。我们学校给予了我很多支持,比如老师们总是能够与我们交流最新的研究结果。这样的话,我就可以了解很多前沿知识。这对我成长是十分有利的。(SB3)

(2)由能力认同带来的自我价值肯定

对自身能力的认知与认同是影响学生确定未来发展目标的重要因素。研究型大学本科生对自身能力的认同主要体现在以专业知识为主的认知能力上。目前我国多数研究型大学设置了本科生导师制、本科生科研计划等创新项目,参与这些创新项目的同学是所谓的"尖子生",具备良好的专业知识基础。这些学生通过参加各类项目又进一步提升了创新思维,提升了自身能力。

> 基于国家政策的号召,确定了与乡村振兴相关的主题,在导师的指导和组长的带领下,我们进行了相关的文献资料收集以及实地调研等工作。我主要负责的是数据处理和文书撰写,这在一定程度上提升了我的资料分析能力和科研水平。由于当时报名的人较多,团队也都很优秀,竞争很激烈。所以,当我们成功评选上了的时候就十分激动,感觉我们的能力得到了肯定。(SA242)

> 我们学院正在进行的"双院制"学习,让我能够很快地学习和适应大量的学习任务,接受新的知识。多次的海外交流学习经历,也让我能够较快适应新的环境。所以,我很相信不管我到哪个环境,我都能够很好地适应。(SA294)

> 研究型大学学生的优势可能就在于他们的创新性思维是比较强的。

特别是在专业知识领域,他们能经常提出一些异想天开的想法,能够摆脱传统思维的束缚。(TA11)

3. 目标设置

目标设置是指一个人明白自己在合适的时间内该追求什么。例如,他们通常具有明确的发展目标,而且知道该如何实现发展目标,"知道如何合理地制定目标"(SA173)。访谈发现,具有创新创业能力的研究型大学本科生在进校后就已确立"查缺补漏"的目标,他们会寻找机会锻炼自己,力求弥补劣势,发挥优势。

我参与了大学生创新创业训练项目。在项目过程中,我有了一个明确的目标,可以促使自己去学习更多在平常课程中可能不会涉及的知识,关注和了解学术前沿。(SA232)

我希望自己能够在大学期间好好提升演讲能力,所以试着去参加了英语演讲比赛,并且看了很多与沟通相关的书籍。(SA3)

作为一个法学专业的学生,我知道我需要有比较强的谈判能力,我得在大学期间提升谈判能力,不然步入社会后,律所是不会等你成长的,所以我就去参加模拟法庭。我曾经参加过一次洗衣纠纷的模拟谈判,非常地贴近生活。老师通过让同学们模拟警方、顾客、洗衣店三方,去深入地思考在生活中遇到这种矛盾时,每方应该采取什么样的策略,如何开局、如何报价、如何磋商。这让我学会在日常生活中如何运用谈判知识,领悟到谈判的实用性和艺术魅力所在。(SA16)

以前一直自信心不足,害怕在公共场合做展示,后来在各种课程小组作业中成为组长,去做各种各样的展示,渐渐地积累了做 presentation 的经验,也收获了信心。(SA73)

一直以来,我是一个比较内向的人,不喜欢和别人打交道。但上了大学以后,我便有意识地锻炼自己与他人沟通的能力。所以,我开始尝试着担任"学习委员""团委干事""院队队长",参加各类的比赛,代表队伍发言。在一次次的锻炼过程中,我的自信心和"人际交往"能力都有了较大提升。(SA90)

（二）行动筹划能力

行动筹划能力是指个体能够客观审视理想自我与现实自我之间的差距，并将缩小理想与现实之间差距的行动具体化。具体而言，个体在提出目标之后便产生强烈的内生动力"将想法付诸行动"，而"行动"面临着筹划和选择，包括筹划"如何做""何时做"。传统文化中所强调的"多谋"就是指行动筹划的意思，其中包括知己知彼，包括对事物本身的认识，知道为实现目标需要做什么，重点做什么，以及哪些工作是难点，哪些工作是容易进行的。① 根据本书的扎根建构，研究型大学本科生行动筹划能力主要体现为规划能力以及主动行为。

1. 规划能力

"自我规划的能力是对自己的人生所处阶段以及目标的规划，有了规划方能更好地实现目标。"（SA235）从逻辑上看，一旦确定了发展的目标，紧接着就应该进行规划。根据研究型大学本科生创新创业行为质性分析资料，规划能力基本体现在两个方面：一个是时间管理，一个是对个体发展内容的规划。两者虽有所交叉，但各有倾向。

（1）时间管理：在多种角色中寻求"平衡"

"大学的课余时间较多，如何充分利用时间很大程度决定了大学生活的充实程度。"（TB4）从所获得的研究案例来看，研究型大学本科生普遍存在身兼多职的情况，一般既兼顾学生学习的本职工作，又兼有社团、学生会等学生干部职务，甚至同一时间还参与了各类大赛。如此，学生需要在各类角色中寻求"平衡"，避免顾此失彼。

> 因为我担任学校和学院的学生干部，所以日常有一些事务性工作需要处理，占据了一定的学习时间，因此需要在学习与实践活动中寻找平衡点。我采取的方法主要有两个：第一是提高效率，合理安排碎片化时间和整块的时间；第二是做事之前先过脑，在大脑中规划好，争取时间的最大化利用。（SA56）

> 每次有比赛，有任务时，我会制定计划，对计划的完成度进行记录，清楚地知道自己的进度与状态。（SA204）

---

① 王洪才.论创新创业人才的人格特质、核心素质与关键能力[J].江苏高教，2020(12)：44-51.

本科期间,我参加了很多次科技竞赛,连续两年开展学生工作,这无疑减少了我的学习时间,我从最初的不适应到后来的渐渐适应,学习效率提高了不少。(SB10)

(2)内容规划:在合理场域中塑造"自我"

"大学三年的学习让我明确了自己未来的发展方向和职业选择,并对自己的未来有较为明晰的目标和规划。"(SB9)研究型大学本科生通常具备一定水平的职业规划能力,能够根据自己的能力水平、职业兴趣,制定科学合理的职业规划。例如,案例 SB8 在大学初期就已确定了保研目标。为了完成该目标,该生制订学习计划。计划内容包括:取得优异的学习成绩;主持科研项目,培养科研素养;担任学生干部,提升综合素质。在大三结束后,该生顺利获得保研资格,成功拿到我国顶尖研究型大学的预录取 offer。

我从一入校就确定了想继续攻读硕士生的目标,而且我下定决心,一定要争取保研。所以我就去查阅相关的保研资料信息,然后去询问学长学姐。在得知了保研的基本条件后,我开始有目的地规划大学四年的学习。我觉得这是必要的,可以说,没有计划,那我可能实现不了保研。保研对课程成绩要求很高,所以当时我对待每一门课都十分认真,其实也算是在为研究生学习铺路了。积极发言,课下找相关的资料补充,拓展思维。大一下以及大二阶段,我们都可以申请学校的科研项目,我"初生牛犊不怕虎",大胆带队去争取立项。当时竞争还是十分激烈的,有很多学长学姐也一起参加。不过比较幸运,两次都成功立项了,很开心。我很认真地去完成每一个项目。在大学三年中,我担任了比较多的学生干部职务,也去参加了多次的社会实践,提高了一定的综合素质。(SB8)

2. 主动行为

主动行为是指个体能够积极、主动地把想法转化为行动。根据案例材料,研究型大学本科生的主动行为一般表现在两个方面:一个方面是主动提升认知水平;另一个方面是主动提升解决问题的实践能力。

(1)认知上:转知成智,融会贯通

大多数学生认为学习只不过是课堂上"老师讲—学生听"的单向性活动,从而成为课堂的"游离者",而非自我知识体系的"建构者",因此所获得的知识难以内化成生活的"智慧"。而对于具有创新创业能力的研究型大学本科生而言,他们能够建立知识与知识之间的关联,自觉开展知识与自我、知识与生活的交往对话,从而促进自我在知识学习中从一个"游离的边缘者"转而成为"主动的建构者",将所掌握的知识渗透进个体的价值系统和行为系统中,为超越自我、完善自我和实现自我奠定基础。本科生科研是促进学生思想转变的重要实践载体。学生参与其中需要投入一定的时间与精力,充分利用已有知识基础以应对高挑战性任务。根据大学生发展理论,投入的时间和投入的质量将获得成长。① 研究指出,学生创新意识薄弱,改革传统的单方面知识灌输式教育,鼓励学生积极参与科研活动是必然趋势。② "参与比获奖更重要"这一实证研究结论支持了大学生竞赛的育人作用,且"双一流"建设高校学生参与大学生竞赛的受益度高于普通本科。③

> 刚入校时,我求知若渴地广泛阅读社会、心理、经济各学科名家著作。专业课开始后,我开始重视阅读本学科专业书籍,从广度和数量转而追求深度和质量。空闲时间我还积极参加学院举办的读书分享会,更是在精读中深化认识,在思想碰撞中产生灵感,于是又能接着深入阅读思考,循环反复。(SA229)

> 一开始真的觉得哲学与我的日常生活分为两个世界,但是渐渐地体悟到解决生活中的问题真的可以算是一种哲学思考。(SA43)

> 记得在一两年前的西方文学理论课上,老师问我什么是"现代性",虽然平时阅读过程中接触过这个概念,但毕竟没有专门钻研过,便说不出个所以然。他便劝我应当早点把它搞懂。于是课后我寻找到数本阐释现代性概念的专著,通过阅读、思考以及尝试对他人解说的过程,总算是多少掌握了这个概念,并由此发现了20世纪思想史的一条主脉,对文学理论、文学思潮、哲学史的学习都大有帮助。(SA47)

---

① 郭卉,韩婷.大学生科研学习投入对学习收获影响的实证研究[J].教育研究,2018,39(6):60-69.

② 王守刚.应用型高校的科技实践与创新能力培养模式探索:评《科技人力资本视角下工程拔尖创新人才培养的实践与探索》[J].科技管理研究,2020,40(8):275.

③ 郭菲,张蓝文.参与和获奖孰轻孰重?大学生竞赛的育人作用研究[J].中国高教研究,2023(4):62-68.

(2)行动上:转知成行,实践真理

"行动性"是世界一流研究型本科生培养的重要指向。我国研究型大学本科生的创新创业经历同样具有"行动性"特征。这些学生普遍具有强烈的实践渴求,希望通过实践搭建起理论与现实的沟通桥梁。参与社会实践类活动对创新创业能力的影响主要体现在两方面:一是扩展信息渠道。在高校中,社会实践类活动拓展了学生的社会网络,提高了学生与社会的互动。产业行业的最新进展反馈作用于高校人才培养活动,进而提高人才培养活动与社会需求的契合度。因此,产业行业信息通过社会活动得以在学生群体中传递与扩散,使得学生能够最快接触到前沿的社会信息,通过信息网络刺激学生创新思维,并在竞争中取得先发优势。有研究指出,深度参与学生工作、社团活动、实习活动等有助于学生进行自我定位,明晰发展方向,提升求职优势。[①] 这表明参与社会实践类活动能够消除学生与社会信息不对称带来的资源浪费。创新创业能力的提升与信息资源的累积分不开,学生通过开放性的社会实践类活动增强信息流动,促进知识共享,并进行甄别、筛选、整合与重构信息资源,进而催生出基于信息资源的创新行为。

二是增强人力资本。人力资本是影响创新创业能力的重要因素。掌握特定知识是学生产生创新行为的必要但非充分条件,团队协作能力等软技能在人工智能时代获得更多关注。有研究表明,学生参与实习有利于专业能力和软技能的提高。[②] 学生拥有更强的综合素质,创新效能感也会提升,感知到自己的创新想法能够有效付诸实践,从而更愿意在学习中产生变革行为。

> 这种"动手动脚寻学问"的学习经历太让人难忘了。(SB7)
>
> 写作思路来源于实践,没有亲身经历很难写出生动的文字,虽然发放问卷等方式较为简单,构建数据和模型等也能说明问题,但还是不够深入,在实地调查和研究中通过亲身参与更能做好理论与实践相结合的工作。(SA19)
>
> 一定要去做。比如说,我的论文撰写能力就是在多次论文撰写锻炼

---

① 蒋承,金文旺,张翼.高校学生社会性参与对就业起薪的影响:基于问卷调查的实证研究[J].教育与经济,2018(3):82-88.

② ALBU N, CALU D A, RALUCA G G . The role of accounting internships in preparing students' transition from school to active life[J]. Journal of accounting and management information systems,2016,15(1):131-153.

中增长的,人际交往能力也是在交往实践中锻炼出来的。(SB5)

(三)果断抉择能力

个体在发展的过程中时常遇到很多选择,是选择"故步自封",平淡度过,还是鼓足勇气,冲破自我的牢笼？两种抉择将产生不同的发展结局。为了超越自我,个体就需要有果断抉择的能力。果断抉择能力是指一个人善于在冲突的选择中做出最能促进个体发展的决定,这需要个体善于割舍,不能优柔寡断。果断抉择意味着个体能够克服自我内心的懦弱,走出封闭的自我,走向开放的自我。因此,果断抉择是从内在自我走向外在自我的过程,是自我发展的关键时期。在研究型本科生创新创业能力因素的扎根研究过程中,本书认为冒险精神以及决策能力最能突显研究型大学本科生的果断抉择能力。

1. 冒险精神

国外高校创新创业教育践行"It's to fail"的理念,培养学生"不畏惧失败,敢于冒险就是光荣"的创新创业精神。[①] 在大学生群体中,冒险精神是指敢于开拓未知领域,主动寻求挑战,能够临危不惧地接受挑战的心理倾向。

受传统儒家文化的影响,我国学生及家长普遍存在求稳心态,缺乏打破常规的勇气。特别是对于研究型大学本科生而言,他们是家长眼中的"乖小孩",因而乐于遵从家长意愿,"深造"或者"公职人"成为绝大多数研究型大学本科生的首要选择。在此背景下,"考研考公热"的就业现象逐渐加剧,体制内的工作岗位成为"旱涝保收"的代名词,甚至涌现出"名校硕博士下基层"的就业热潮。[②] "就拿身边历史学院的'考研热'来说,很多人选择升学并非因为真正热爱学术,而是为了逃避社会就业压力,或是听从家长、同学等人的意见选择,这是一种盲目求稳的逃避自主选择的'鸵鸟'行为。"(SA41)研究型大学本科生就业路径依赖体现出该类学生尚未具有承受失败的思想准备,如此也就难以实现挑战自我的行为。

当然,不乏部分学生突破青年就业传统困境的案例。在本书所得的案例中,一位打破传统思维,走向创办企业之路的本科生引起研究者的关注。该生

[①] 杨同军.美国硅谷地区高校创新创业教育的启示[J].中国成人教育,2015(4):105-106.

[②] 方洁,翁馨."上岸"偏好：一流高校毕业生走向体制内的就业选择：基于理性选择理论的分析[J].中国青年研究,2023(5):34-41.

(案例SB3)谈道:"创办企业需要各种支持,大学生创办企业是非常艰难的。普遍来说,大学生的能力、对事业的理解是有局限的。"尽管十分清楚创办企业具有巨大的挑战,该生还是毅然决然开启创业之路,"愿意承担各种风险"。因为"我觉得我还年轻,我想做我自己真正想做的事情。而且,我个人其实不太喜欢求稳的生活,这种没有挑战性的生活,我会觉得太枯燥"。

此外,在访谈过程中发现,研究型大学本科生能够理性判断大学与高中定位的差异,重新确立起大学期间的自我成长方向,并且普遍呈现出对生活自主权的强烈渴望。

> 大学与高中最大的不同就在于,对生活的决策权更自由地交到了我们自己手里,但这同时也意味着更多的风险和歧路。(SA46)

> 在刚步入大学时获得了省级英语演讲比赛的奖项,并在大一学年取得了年级第一的成绩,这让我对自己更有信心也更愿意去接受更多的挑战,并在挑战中成长。(SA173)

2. 决策能力

决策能力指的是个体在决策过程中能够通盘考虑、慎思明辨,以达到理性判断的结果。如一研究对象所言:"小到应对一场考试的复习计划,大到未来的职业和人生规划,其实都是十分复杂且具有挑战性的决策与执行过程。"(SA46)进入大学之后,个体变得更加独立,需要对自己的每一步做出理性的决策,这一理性判断包含两个表现特征:一是快速做出决策;二是做出符合自己意愿的决策。

(1)当机立断

具备创新创业能力的研究型大学本科生遇到机会和挑战,能够迅速反应,快速作出决定。

> 我们当时做了一个关于农村数字化建设的暑期社会实践。大家的反馈很好,我们觉得可以将这样的模式商业化,所以就立马决定组建团队。(SB6)

> 你不做这件事,那别人就做了。这就需要你对自己、对社会需求有一个很好的判断。(SA189)

> 其实在这样的学校,是有很多机会帮助我们成长的,但是很多同学不

懂把握,白白浪费了这么好的资源。(SB2)

有一次,一个学长想要组队参赛,问了我们班很多同学,但是他们好像都不是很感兴趣。我当时觉得这种参与一定能够帮助我成长,因为是跟学长学姐在一起的呀,他们肯定会有很多经验。所以询问到我的时候,我立马答应了。(SB3)

(2)遵从内心

"舍"与"得"是两难的。"学会取舍"是研究型大学本科生常常提到的一个概念,这在某种程度上说明学生在面临抉择之时已经具备了一定的判断力。"舍弃"不适合自身发展的方向,"舍弃"不适切的成长环境,选择最适合自己的发展需求、最符合自己意愿的决策,这是一种主体性的体现。

大学期间,不光有学习,也需要处理好人际、生活、工作等多种关系,在面临多种选择时学会取舍和协调。(SA23)

机会有很多,一方面要懂得利用,一方面也要学会取舍。因为一个人不可能同时高质量地完成所有的事情,你得有所侧重。(SB6)

(四)人际交往能力

存在主义心理学认为,人是在关系中追求"意义"的存在,个体需要与他人连接产生意义。[①] 追求"意义"的本质是寻求共同自我,因为个体希望能够获得他人的认可和承认,而在这过程中就需要不断进行沟通以校准自我。此外,个体在群体生活中需要满足别人的需求,如此才能充分调动对方的合作积极性。总之,人际交往能力对于个体发展十分重要,是大学生参与社会活动的基本要求,同时也是认识自我的重要渠道。[②] 经过对具有创新创业行为的研究型大学本科生案例的分析,研究者认为该群体在人际交往能力上表现为沟通能力和合作能力。

---

① 张荣伟,柯少菁,连榕,等.人际交往能力与生命意义的关系:孤独感和年级的作用[J].心理发展与教育,2020,36(5):576-583.
② 卢志勇,韩布新.家庭教养方式及父母情绪智力与幼儿情商相关性调查研究[J].中国全科医学,2016,19(15):1812-1817.

1. 沟通能力

沟通能力主要是指在创新创业行为中能够有效地表达自己的意见并获取他人意见的能力。受访者认为:"只有拥有高效沟通能力和自我表达能力,才能让自己的价值发挥出来。比如在就业面试中,自身专业素质过硬但是没有得到很好表达,没有将自己全部的光彩展现出来,面试官就会认为你平平无奇,拒绝录用你。"(SA233)在"目标确定能力"中,本书分析了部分研究型大学本科生在入学初期存在的语言表达困境。经过不断地挑战自己,这些学生认为自己在与他人沟通上已经取得极大进步。

> 参加社团尤其是当了部长,你就得有意识地主动跟其他人交流,了解他们的意见和建议。(SA59)
>
> 各种大大小小的会议的主持、各类大大小小的演出活动的统筹策划都锻炼了我的沟通表达能力。(SA100)
>
> 我在大一担任了校协会的会员,大二、大三连续担任了校教风督察部干事、部长。在一次次的面试、上台表演和开会安排、部门协作中,不断提高个人的表达能力。(SA242)

沟通技巧在多次锻炼中熟练。学生的表达日益清晰、流畅,沟通能力逐渐提升,从而增强了个体的自信心。

> 我已经能够清晰地表达自己的观点与想法,恰当地传递信息。(SA199)
>
> 流畅、自信的表达沟通能力不仅可以使你在众多竞争者中脱颖而出,赢得考官的青睐,更有助于促进你与领导同事、老师同学的交流相处。(SB4)
>
> 无论就业还是升学都免不了面试,而面试中要想出彩就要有严密的逻辑,自信且从容地表达自己的观点。(SA254)

2. 合作能力

合作能力是指一个人善于与他人共同解决问题和克服困难的能力。团队合作对于个体成长成才是至关重要的,"通过合作,能够取其所长,补己之短"①。进入大学后,不管是在课程作业上还是参赛活动中,组建学习共同体,开展团队合作已然成为常态。这为培养学生的团队合作意识和能力创造了有利条件。具有创新创业能力的研究型大学本科生普遍具备较强的集体意识,在合作过程中呈现出责任担当、尊重差异等包容性特征。

(1)以解决问题为途径培养集体意识

个体在高中阶段的学习基本呈现"单打独斗"的状态,同学之间存在强竞争关系,学生的合作意识、集体意识较为薄弱。大学通过教学方式的变革、课外活动的开展等教育教学方式变革,为学生创设了合作性问题的解决环境,促进学生提升合作意识。

> 一半以上的课程和实践都需要小组合作,共同完成一项目标。印象最深的是一门外教课,我们小组五人需要进行长达半个小时的英文展示。我们分别阅读数篇英文文献,多次讨论后形成我们的展示计划,最终我们制作了40+页PPT,还进行了表演,实现了情景再现。理论方面不仅深入理解并用英文向同学们阐释三个模式的理论,还做到了理论的本土化,即经调整后用以解释具有中国特色的现象,得到了外教高度赞赏。(SA293)

> 我所在的小组有10个成员,创立了一个公众号。团队头脑风暴好几天定下了各个版块内容和公众号定位等相关信息。在后来的居家线上上课期间,我们团队每个人几乎每天都围绕着公众号运营:提选题、筛选出4个选题、操作选题、决定每周推送的两篇文章、编辑制图排版、推送,然后进入下一个周期。这个学期因这门课每周都过得很累,但我们最后收获了一个真正属于自己的公众号,在一个学期内产出了60篇稿件、30篇推送。从隐性收获来看,我们感受到了团队的力量,也学会了如何更好地开展团队工作。(SA256)

(2)合作过程突显责任担当、尊重差异的包容性特征

每个人都是一个独立的个体,但合作又以共同愿景为指向。因此,合作过程中需要尊重每个人的意见建议,进行协商,以建立一个共同的奋斗目标,这

---

① 张喜梅,吕雅文.大学生创业导论[M].北京:高等教育出版社,2005:80.

就成为团队成员自我管理的基础。在这个基础之上,团队成员理应具备承担责任的意识,如此才得以促进发展目标的达成。在本书的访谈中,团队负责人更能突显尊重差异的特征,他们既能根据每个成员的优势特长又能够结合个体的意愿分配任务。

我在数据处理上不是最强的,那我就不能承担这个任务,尽管在整个项目中,数据处理是最关键的,但不能因为我是组长,就要做关键任务。(SB8)

作为负责人去进行答辩,我提前一天将机器人运到场地。由于运送过程中的颠簸导致机器人的一个零件接触不良,我带着团员熬夜排查到第二天8点多。(TA188)

团队负责人的主要职责是促进"共识"的建立。一名具有创新创业能力的团队负责人能够主动协调矛盾,让组织内部具有一股奋发向上的凝聚力,从而使得每个团队成员之间产生基于"共识"的良性互动。

虽然有过争执,但其实作为大学生,每名同学的素质和能力都值得被信任,没有人恶意中伤,只是观点不同才引发争执罢了。(SA293)

这是一种团队管理能力的表现。同学之间难免有冲突有争执,出现了这样的矛盾,那就去解决矛盾。不解决的话,矛盾永远都在,不利于项目的推进。(SB10)

有一次,我担任一个课程作业的小组负责人,当时我们小组对课程作业的选题一直在犹豫,徘徊不定,这位同学想要这个选题,那个同学认为那个选题好。这样子的争论让整个课题进展十分缓慢。当时我觉得再这样下去,课程作业就完不成了。我把每个组员的想法认真剖析了,然后把争论的点解开,让大家能够朝着同样一个方向前进。(SB7)

(五)把握机遇能力

"机会只留给有心人",把握机遇能力要求能够将机会最大化利用,从而呈现自己最优秀的一面,利用有利形势实现既定目标。可以说,把握机遇是个体主动性和主体性真正展现和发挥的过程。因为这需要个体具有敏锐的机会意识,并能够主动采取措施使得机会被高效利用,进而有利于构建理想的自我。把握机遇能力主要体现为机会能力以及创新行为。

1. 机会能力

机会具有超前性并且稍纵即逝。[①] 对于大学生而言,机会能力是指对个体未来发展所需资源的敏锐认知,并能够及时抓住资源发展自我。

(1)认识机会:遵循知识的"蝴蝶效应"

在研究型大学本科生的认知中,知识拥有量约等于机会。他们普遍认为,一旦具备了丰富的知识,就拥有了丰富的机会资源,因为学校的教育资源、社会资源等一致性倾向于"学业成绩优异的学生"。

> 专业第一的同学会比其他人获得更多且质量更高的奖学金,而有些出国交流项目的限制条件就是你必须获得校级奖学金之类。这个时候,专业第一的同学又拥有了机会,如此延续下来,基本上发展道路是畅通无阻的。(SA2)

(2)消弭危机:勤奋学习以创造可能

"机会是留给有准备的人。"(SB5)在研究型大学本科生群体中,基于对系统化的知识体系等于机会的传统理解,他们对专业知识的渴求比一般人更加强烈。

> 在几十年前电子办公还没有那么普及,然而现在电子办公已经非常普遍了,大大地节省了很多人力物力,以后或许还会有更进一步的发展,所以要永不停止学习。(SA5)

> 很多时候我会进行提前学习,或是补充性学习。例如我在学习教育经济学时,还自学了经济学原理等相关课程,作为本专业知识的补充。所以我这门课的学习成绩不错,而且,也正是因为这样,我能够参与到老师的一个课题中,正好又锻炼了我的学术研究能力。(SA9)

2. 创新行为

创新是引领社会发展的第一动力,创新人才的数量和质量成为衡量国家

---

① 王占仁."广谱式"创新创业教育导论[M].北京:人民出版社,2012:176.

竞争力的关键指标。创新行为反映出个体的创新意愿,是创新人才养成的基础性条件。① 创新行为为个体所获得的机会服务,其目的是将机会效能发挥到最大。目前是创新创业的时代,每时每刻都在发生着变化,变化孕育着机会,识别机会、创造机会、抓住机会比以往更加便捷。将机会最大化利用需要个体不断地完善思想观念,逐步优化实践行动,从而需要付出更多的时间精力。

(1)视野开阔,善于从新角度思考问题

研究型大学本科生对开拓视野表现出了极高的渴求欲,他们乐于尝试新鲜事物,对世界充满了好奇。

> 我认为一个人,如果一直局限于一个小框框里面的话,容易禁锢住想法。但如果能有一两次机会到不同的地域去学习一段时间,不仅能增长自己的认知,同时也能更新观念。(SB7)

> 有一段时间课业较少,我沉浸在学校图书馆,看了很长一段时间的书。尽管那些书与专业知识不相关,但是通过这一段学习经历,培养了我个人的思考能力,重塑了我的世界观和价值观,增加了我对一些社会现象的理解。(SA17)

(2)成就需要催生主动行为

研究型大学本科生普遍渴望成功,特别是在小组活动以及科研项目中"求胜"欲望更为凸显,"我参加了,所以就想要得到肯定"(SB4)。因此,这些学生会主动寻求办法优化项目,提高工作效率,期冀取得最好的效果。

> 刚开始的头脑风暴阶段,我们是经过很长时间讨论的,每个人都在查资料、想办法、沟通交流、协调,一个主题一个主题地进行对比。(SB1)

> 这个报告经历了至少三次的改动,其中一篇还成为我毕业论文选题的灵感来源。(SA39)

---

① 曹洲涛,李语嫣.员工创新行为缘何不同:成就目标导向对员工创新行为影响的双路径研究[J].科技进步与对策,2021,38(1):140-148.

（六）防范风险能力

机会与风险并存。因此，个体在发展的过程中时时刻刻存在风险，这种风险既来自个体内部，例如对自我认识不充分、自我发展目标不适切等，同时也来自个体外部，例如活动方案的设计存有漏洞等。因此，为了促进自我的健康成长，研究型大学本科生表现出了防范风险的能力，体现为反思能力以及风险控制。

1. 反思能力

"只有一次次反思自己的不足，才能不断成长，无论起点如何，今天的自己比昨天更优秀就是一个人潜力的最佳证明。"（TA174）研究型大学本科生的反思能力体现为对自身知识、能力与发展方向的自我观察与反复思考，以试图消除自我成长过程中出现的矛盾点，重新理解自我与社会环境。

> 参赛是一个很锻炼人的过程。我的项目是关于面部深度识别系统开发。因为我在深度学习一系列课程上的成绩都还蛮不错，一开始我觉得自己可以独立完成这个项目，毕竟自己的知识基础是不错的，但在项目定题的时候，我就遇到困难了。我发现我太封闭了，我的想法其实都是目前学界已经做出来的成果。那怎么办呢，这个项目必须完成啊，我就去找同学，邀请他们一起组建团队。（SA209）

> 很多学生自我感觉蛮好的，但是一到社会上去很多人的能力就不行了。所以，我觉得创新创业竞赛这类的活动就挺好的，学生在这个过程中遇到困难了，就回去反思，去不断克服困难。（TB5）

> 很多时候，实验失败，或者考试没能好好发挥，心情是很沮丧的，但是也让我逼着自己去做更好的准备。（SA272）

2. 风险控制

对于研究型大学本科生而言，控制风险更多体现在他们在参赛过程中能够制定预案，以最大程度降低突发事件带来的损失。

> 其实很庆幸，但是我们做了危机预案，提前预测了对方的策略，相应地制定了我们的应对策略。（SB5）

> 参赛的时候，机器突然坏了，没法展示了，有一瞬间我是很慌张的，但

很快冷静下来，正好之前有训练这种意外事件，所以我就立马改为直接口头描述，效果也是不错的。(SA229)

(七)抗挫折能力

失败乃成功之母。挫折对于任何人而言都是难免的，在遭遇挫折时能够保持冷静，挫折过后仍不断前行，是具备创新创业能力的重要体现。对于研究型大学本科生而言，乐观与韧性是他们在挫折面前的突出表现。

1. 乐观

乐观是指无论在什么情况下，特别是在面对挫折时能够不惧怕，能够永远保持积极的心理状态。乐观引导个体以积极的心态看待挫折挑战，"只有以一个乐观的态度去面对生活和困难，才能积极地去解决它，而不是消极地随波逐流"(SA281)。在整理这些具有创新创业经历的研究型大学本科生资料时，研究者发现他们的成长并非一帆风顺，而是经历了许多困难。但是他们在困难面前始终保持乐观的心态，将挫折视为成长路上的垫脚石。这种心态使之能够战胜困难，继续向着未来前进。

> 查阅了大量论文之后，我发现不同学者各执一端，似乎都很有道理，自己的水平还远远达不到解决这个问题的程度，于是就放弃了这个选题。接着我还想过讨论地租问题，即在当今资本有机构成不断提高的情况下，马克思的地租理论是不是过时了？我同样看了一些论文，发现也很困难。于是选择了一个和生活贴近的，并且我们时常面对的问题：技术异化问题。虽然我经历了反反复复的论证过程，但我始终觉得只有这样才能真正地提高我的能力。(SA254)

> 一点失败就能让我耿耿于怀，后来慢慢地也学会了开解自己。虽然遇到挫折时，难过还是在所难免的，但可以很快收拾好心情，去弥补遗憾，战胜自己。(SA268)

2. 韧性

"每到一个人生的转折点，竞争压力大，自我期望高，如何将理想与现实结合起来，取得一个满意的结果？在这一充满压力和挑战的过程中，一个人的抗压能力和心理承受能力非常重要。"(SA246)与乐观倾向点不同，韧性主要体现在个体能够有效地应对挫折和压力,强调挫折之后的成长。对于研究型大学本科生而言,他们的压力来源主要有两方面:一方面来自同辈,"身边优秀的同学非常多"(SA270);另一方面来自繁重的课业压力,"学习任务也很重"(SA270)。但他们不惧怕重压,学会通过各类途径释放压力,调节情绪,将压力转化为动力,使自己能够快速成长。

> 通过跟老师和同学们的交流,我常常收到鼓励和认可,这也让自己越来越懂得如何去平衡学业与生活,自我调节的能力也得到了提高。(SA270)
>
> 我们作业压力大。每次学期末,所有结课作业总和形成的超大体量,又加上各门课程对质量要求很高,这也是广告专业又称秃头专业的原因。但尽管如此,每每我都能自我敦促,摆脱拖延症,且保质保量地完成期末任务。(SA259)

二、研究型大学本科生创新创业能力结构模型的内在联系

(一)研究型大学本科生创新创业能力的联系

创新创业能力是指个体认识到自我的价值和成长的意义,在发展自我、挑战自我、超越自我等实现理想目标的创新创业行为上所应具有的稳定的心理特征。基于此概念,通过相关案例并根据扎根理论研究方法得出了研究型大学本科生创新创业能力由目标确定能力、行动筹划能力、果断抉择能力、人际交往能力、把握机遇能力、防范风险能力以及抗挫折能力这7种能力构成。但这7种能力与研究型大学本科生创新创业能力具体存在何种内在关联,理应做进一步的阐释。

1. 目标确定能力与发现自我

发现自我是指发现自我潜能的过程,潜能指的是个体的独特性,实质上是一种比较优势。在本书中,目标确定能力由自我认识、自我认同以及目标设置三个内涵构成,这三个维度实际上可以看作是一个递进的过程。一个人只有了解了自己,才能在自我优劣势比较以及在与他人的比较中进一步发现自己的潜能,也才有可能产生自我认同,进而确定未来的发展目标。因此,目标确定能力是个体在自我发现过程中的关键能力。

这与理论指导框架中的自我概念理论存在一致性，均认为认识自我在促进自我发展上具有不可忽视的作用。此外，目标确定能力强调了个体对发展目标的确定，这体现出个体在促进自我发展上具有主动性和积极性。因为目标具有导向作用，明确了目标，个体就有了发展自我的方向。

2. 行动筹划能力与实践自我

研究型大学本科生一旦发现了自我的潜能，就会有极强的欲望和主动性去开展行动，因此需要进行资源的筹划，而这就体现在行动筹划能力上。根据行动筹划能力的定义，行动筹划能力与目标确定能力是紧密联系在一起的。从研究案例来看，这些本科生不仅确定了自身的发展目标，而且能够在社会大环境下明晰实现目标所需的物质资源、时间资源及其分配原则。可以说，这是对发展目标可能性、合理性的一种检验，是个体在寻找以及缩短主观自我与客观自我之间的差距，进行客观审视自我的过程。总之，行动筹划能力所表达的正是个体实践自我的倾向性，而这是发展自我的基本条件。

3. 果断抉择能力与突破自我

一旦确定了目标以及实现目标的计划，接下来就需要开展行动。而这是一个抉择的过程。因为个体要选择付诸实践的时机，或者选取合适的合作对象。例如本科生组队参赛，队员的能力及其在团队中扮演的角色都是决定团队合作质量的重要因素。抉择能力的高低直接体现了一个人的智慧。因为，抉择需要克服自我内心的懦弱、犹豫不决以及对失败的担心，冲破思想上的牢笼，从思想上的自我设计走向实际行动的自我。

4. 人际交往能力与完善自我

正如社会认知理论所提及的，个体自我发展是在与环境的交互作用中产生的，个体在成长中需要时刻与环境互动，而这也就意味着个体需要进行人际交往。对于研究型大学本科生而言，他们从"两耳不闻窗外事，一心只读圣贤书"的高中阶段转而进入个体社会化建构时期，自我角色和社会角色的双重转变为本科生的成长带来了一定的挑战。社会化意味着个体进入了一个共同体，代表着个体需要从"封闭自我"进入"开放自我"，不断尝试构建大学学习中各个场域的共同体。

在共同体中，首先要完成的是自我与共同体的"对话"，个体需要具有寻求共同自我和消除、缩小分歧的能力，而这就是人际交往能力。不可否认，每个个体都渴望得到别人的尊重，都希望自己的意见建议获得认可，并且在渴求他人认可的过程中不断校准自我。所以，沟通合作是一个人走向成熟的必经之路,意味着个体进行了自我管理,进入了社会共同体。简言之,人际交往的成败很大程度上决定着自我完善的程度。

5. 把握机遇能力与成就自我

个体的成长处于环境之中,现今的社会环境充满着变数,随时都有可能出现成就自己的时机。准确把握时机,善于把握事物发展变化的关键点,利用有利形势,从而把自己最优秀的一面展示出来,实现既定目标,这就是成就自我过程中不可或缺的把握机遇能力。因此,个体在成长的过程中需要提高对环境的敏感性,善于作出判断,善于选择有利于发展的时机并不断创新,将机会的效率发挥到最大。唯有如此,个体达成成就自我目标的概率也就更大。

6. 防范风险能力与保护自我

"未谋胜先谋败",一切都需要脚踏实地,要估计各种可能出现的状况。因此而言,机会的存在也意味着风险的存在。特别是正处于青春成长期的本科生,他们对环境的认识以及对机会的判断仍然存在偏差,因而更需要具备一定的能力保护自我健康成长。从个体内部自身成长来看,自我反思既包括对自我概念的反复论证以及及时修正,同时也包括对开展自我发展行动风险的预先防范。这是将自我置身于社会环境之中,对自我角色胜任度进行理性知觉与修正的过程。如此,个体将在成长的过程中不断进行"目标—过程—结果—目标"的循环归因梳理,从而得出自我发展在主观条件与客观条件中的优劣势,进而有利于建构下一阶段更适合自我发展的目标与条件。

7. 抗挫折能力与调节自我

个体成长过程始终是机遇与挑战共存,希望与失望共存。从我国实际情况来看,学生在基础教育阶段并未实质性接受过挫折教育[①],他们普遍缺乏正确对待挫折的意识以及理性处理挫折的能力,而这在研究型大学本科生群体中表现更为凸显,因为他们较少经历挫折,始终是筛选机制下产生的"佼佼者",对挫折的忍受度相对较低。进入大学后,在面临自我选择以及置身社会的复杂环境下,困难是难以避免的。因此,研究型大学本科生需要适时调节自我心理,让自己能够始终保持积极的心态,勇敢地去战胜困难挫折,进而帮助自我达成目标。

综上所述,创新创业过程是个体自我实现的过程,具体而言,是一个发现自我、实践自我、突破自我、发展自我、成就自我的过程。发现自我是为个体提

---

① 张绣琴.中小学实施挫折教育的现实困境及其破解[J].教学与管理,2019(36):68-70.

供了一个发展自我的方向;实践自我为发展自我提供了条件因素,让发展自我成为可操作性的现实路径;突破自我是对自我的充实,进一步使实现自我从可能性转为现实性;发展自我是对自我的完善,使自己的发展具有全面性;成就自我又为发现自我提供了方向。这是一个不断循环往复的过程。而在这个过程中又必须保护自我以及进行自我调节,才能保障自我实现过程的有序开展。

不可否认的是,在自我成长的每个环节中必然需要复杂的能力因素才能保障个体自我实现的顺利推进,但各个环节中存在关键能力,这关键能力分别集中体现在目标确定能力、行动筹划能力、果断抉择能力、人际交往能力、把握机遇能力、防范风险能力以及抗挫折能力这 7 个能力上,由此形成了研究型大学本科生创新创业能力结构模型。

(二)研究型大学本科生创新创业能力各要素之间的关系

从上述内容可知,研究型大学本科生创新创业能力的 7 个组成结构各司其职,在学生自我实现的各个环节上提供能力基础。这 7 个能力相互之间是否存在一定的关系呢?研究发现,这 7 个能力之间存在相互影响、相互促进的关系。如表 4-14 所示。

表 4-14　各能力相互影响的频次表

原文表述(示例)	关系体现	相似个案数
"面对难题,独自钻研,发现不太能解决。随后与同学们交流合作,请教师姐与老师等,非常享受解决难题带来的快乐,在积累了一定经验后我自己也开展了相关调研活动。"(SA7)	抗挫折能力→人际交往能力 目标确定能力→果断抉择能力 目标确定能力→把握机遇能力	5
"参加莙政项目的申报。从确立课题到申报结束,整个过程都是我个人完成的,虽然最后没有通过,但这是我第一次申报科研项目,我学会了如何对待一个项目,如何选取有意义的课题,如何将自己的想法表达出来,也对自己的学术能力有了理性的认识,知道了自己的缺点,在今后的学习中更有方向。"(SA57)	抗挫折能力→目标确定能力 抗挫折能力→行动筹划能力	18

续表

原文表述（示例）	关系体现	相似个案数
"在项目进行过程中，需要不断针对自己没学过的知识，比如说数据库搭建和SPSS分析开展自学，还需要阅读大量的文献，对自己的报告进行反复修改，其中的内容相当复杂且具有挑战性。也正因此，在最后获得奖项的时候格外有成就感。"（SA98）	把握机遇能力→果断抉择能力 把握机遇能力→防范风险能力 防范风险能力→目标确定能力	9
"我们前期目标找错了，又仅用四天时间熬夜赶出申请报告，但没有放弃申请，最终成功立项。结项时又遇到疫情，无法实地调研，我们想方设法与调研人员取得联系，最终通过微博找到了几位当地导游，请求他们帮助后成功获得了近100份的有效问卷。大家齐心协力解决困难的这些经历都是宝贵的。并且，我也相信下学期我们会顺利结项。"（SA106）	抗挫折能力→目标确定能力 目标确定能力→人际交往能力 防范风险能力→抗挫折能力 人际交往能力→抗挫折能力	10
……	……	……

三、模型修正及说明

（一）研究型大学本科生创新创业能力结构模型修正

基于以上分析，本书进一步修正了研究型大学本科生创新创业能力结构模型。认为研究型大学本科生创新创业能力由目标确定能力、行动筹划能力、果断抉择能力、人际交往能力、把握机遇能力、防范风险能力以及抗挫折能力7个能力组成。这7个能力各司其职，共同为学生个体的自我实现提供能力基础。但是，这些能力并非孤立存在的，它们之间具有复杂的相互作用关系。（见图4-3）

图 4-3 研究型大学本科生创新创业能力结构图

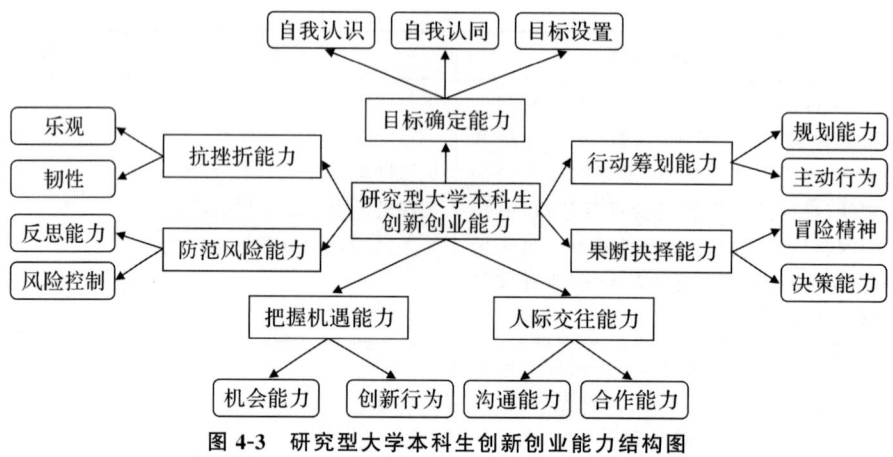

(二)研究型大学本科生创新创业能力结构模型的进一步说明

第一,以研究型大学本科生作为研究对象,基于行为事件访谈法进行扎根理论研究,因而该能力结构模型适用对象仅限于研究型大学本科生。

第二,研究型大学本科生创新创业能力结构虽大致呈现"发现自我—实践自我—突破自我—发展自我—成就自我—发现自我"的循环行动逻辑,但是这并非完全线性循环。各个能力之间存在着相互影响的关系,即个体有可能在实际行动的某一过程中又重新确立发展目标。

第三,关于研究型大学本科生创新创业能力结构的模型已初步构建完成。但这仅是基于质性研究材料得出的结构模型,仍需通过量化研究进一步验证。

第五章

研究型大学本科生
创新创业能力结构模型的验证

本章以量化研究方法为主,采用项目分析、探索性分析、验证性分析等方法验证研究型大学本科生创新创业能力结构模型的科学性。

第一节 量化研究的设计及实施

一、量化研究的思路及程序

本书第四章对具有创新创业经历的研究型大学本科生进行了质性数据的收集,通过扎根理论三级编码构建了由7个能力组成的研究型大学本科生创新创业能力结构模型。本章将基于质性分析初步得出的能力结构模型,以量化研究方法进行验证。具体思路如下:

第一,初步形成量表。首先,通过分析质性资料所提炼出来的能力特征,将其能力特征表现作为创新创业能力量表题项来源之一;其次,为了提高量表的信效度,在已有能力维度的基础上,参考国内外相关量表,将符合能力内涵的相关题项融入量表中,使量表题项更加丰富。

第二,提高量表内容效度。量化阶段的测试对象主要是研究型大学本科生,为了提高量表内容效度,需要确保量表题项符合本科生的理解程度。因此,本书拟通过小范围访谈等形式询问研究型大学本科生关于该量表的意见建议。此外,本书拟将初步形成的量表发放至相关的专家教师,请他们对量表的题项设计等各个方面提出意见建议,以使量表设计更为完善。

第三,发放量表。通过线上问卷的形式,以研究型大学本科生群体为对象进行量表的发放及回收。

第四,分析研究型大学本科生创新创业能力结构模型的科学性。根据量表数据,开展项目分析、探索性分析以及验证性分析等工作,修正并检验研究型大学本科生创新创业能力结构模型。

二、量表题项设计

(一)题项初步设计

题项初步设计时遵循以下原则[①][②]:

(1)题项内容符合所属能力维度的定义;

(2)题项内容为研究型大学本科生创新创业行为中较为突出的表现;

(3)题项不宜过长,力求精简;易于阅读;

(4)各个维度可借鉴已有相关量表,在原有量表基础上进行改编。

基于以上原则,初步拟定95道题项,如下表5-1所示:

表5-1 研究型大学本科生创新创业能力初始量表题项(示例)

量表名称	维度	题项(示例)	来源
目标确定能力	自我认识	我清晰地知道自己的优势	根据访谈资料所得
		我了解自己的兴趣	根据访谈资料所得
		……	……
	自我认同	我认为自己是一个有价值的人	改编自自尊量表(self-esteem scale, SES)
		……	……

---

① 邱皓政.量化研究与统计分析:SPSS(PASW)数据分析范例解析[M].重庆:重庆大学出版社,2013:297.

② 高艳.基于心理资本的大学生就业能力:结构、测量和干预[M].武汉:武汉大学出版社,2017:104.

续表

量表名称	维度	题项(示例)	来源
行动筹划能力	规划能力	我做事情前会做任务分解	根据访谈资料所得
		任务分解时我都会区分重点与难点	根据访谈资料所得
		……	……
	主动行为	我善于把想法付诸实践	根据访谈资料所得
		……	……
……	……	……	……

(二)题项筛选

初始量表形成之后,在某研究型大学对本科生进行了小规模的访谈,访谈的内容围绕量表题项的设计。邀请访谈对象逐题阅读量表,反馈他们对题项的理解。同时,随机对某一题项进行提问,请访谈对象再次陈述他们对该题项的理解,以最大程度避免题项歧义。此外,询问访谈对象对量表整体的感受以及意见建议。本次共有来自大一至大四不同年级的5位研究型大学本科生参与小规模访谈。

除此之外,根据质性研究所得的7个能力定义,编制《研究型大学本科生创新创业能力量表内容效度评价表》,将该评价表发放至相关领域的专家以及研究人员,请他们对每一题项及其对应的能力维度的关联性做出判断[①],即题项水平的内容效度(item-level content validity index,I-CVI),并邀请其对量表的发放及可行性提出意见和建议。本次共有涵盖理工科、人文社科的10位研究型大学教师及高等教育领域研究人员参与内容效度评价。

综上所述,根据学生群体的访谈、内容效度I-CVI以及专家学者等的反馈意见,研究者对量表题项再次进行了筛选。据此,共得到85道量表题项以反映研究型大学本科生创新创业能力,每道题目以李克特五点量表(likert scale)形式设计。在此基础上,附以背景变量,形成正式问卷用以发放,问卷内容详见附录二。

---

① 史静琤,莫显昆,孙振球.量表编制中内容效度指数的应用[J].中南大学学报(医学版),2012,37(2):49-52.

三、抽样与样本特征

(一)抽样实施

整群抽样(cluster sampling)。整群随机抽样抽取的是"群"(cluster),即一个集合单位。[①] 由于研究对象是研究型大学本科生,符合"群"的特征,因此选用此方法。根据"研究型大学"定义,首先通过线上问卷的方式向我国研究型大学进行问卷的发放,共回收4230份问卷,但样本高校主要分布在华东地区。为了更准确地建构研究型大学本科生创新创业能力结构模型,需要考虑研究型大学分布地区,因为创新创业能力的形成与所处环境具有一定的关联性。因此,综合考虑以上因素,在遵循整群抽样原则的基础上,从已有样本中选择厦门大学和兰州大学作为量化部分的研究样本。

问卷发放时间为2020年12月,历时1个月左右。选择该时间段具有一定的合理性,一方面考虑到此时大一本科生已具有大学生活经历,具备自我能力反馈的心理素质;另一方面考虑到如果过晚发放可能会导致毕业生样本的流失。据此,共得到1422份有效问卷,其中:厦门大学701份,回收率达96.3%;兰州大学721份,回收率达91.2%。

(二)样本特征

通过SPSS 21.0软件对样本学校的数据进行描述性统计,研究者发现研究样本在年级、性别、学科以及家庭所在地上均呈现较为科学合理的分布比例,这为研究型大学本科生创新创业能力结构模型的验证方面进行了有效的变量控制。现将描述性统计报告如下:

其一,就男女比例而言,样本中男生占比37.6%,女生占比62.4%,男女比例大致合理。男女比例可能与所在学校的发展历史以及学科结构布局有很大关系。厦门大学是一所文科见长的研究型大学,而兰州大学是一所理科见长的研究型大学。一般而言,文科见长的学校女生占比较大,理科见长的学校男女比例相对均衡。通过查阅厦门大学与兰州大学往年毕业生性别比例调查资料,发现基本符合本研究的判断。因此,男女研究样本的比例符合现实情况。

---

① 伯克·约翰逊,拉里·克里斯滕森.教育研究:定量、定性和混合方法:第4版[M].马健生,等译.重庆:重庆大学出版社,2015:213.

其二,就年级分布来看,大一学生为380人,占比26.7%;大二学生为人数379人,占比26.7%;大三学生为355人,占比25.0%;大四学生(包含医科部分专业的大五学生)为308人,占比21.6%。总体来看,大一至大四学生分布较为均衡。其三,就学科分布来看,样本中文科学生为456人,占比32.1%;理科学生为401人,占比28.2%;工科学生为311人,占比21.9%;医科学生为254人,占比17.8%。样本中文理科学生比例较高受研究型大学学科分布结构影响,符合现实情况。其四,就家庭情况来说,来自农村的学生人数较多,占比34.0%;来自地级市和省会城市的学生合计占比38.1%。两者比例较为均衡,有效控制了研究型大学本科生创新创业能力结构模型的家庭影响因素。(见表5-2)

表5-2 研究型大学本科生男女比例分布表

类别	维度	人数(人)	比例(%)
性别	男	534	37.6
	女	888	62.4
年级	大一	380	26.7
	大二	379	26.7
	大三	355	25.0
	大四(包含大五)	308	21.6
学科	文科	456	32.1
	理科	401	28.2
	工科	311	21.9
	医科	254	17.8
家庭所在地	农村	483	34.0
	乡镇	124	8.7
	县城	273	19.2
	地级市	313	22.0
	省会城市	229	16.1

四、项目分析及信度检验

(一)项目分析

项目分析(item analysis)目的在于检验量表中个别题目的可靠程度,是判断量表可靠性的有效指标,可采用题目总分相关法、极端组检验法等具体方法进行项目分析。本书在正式量表形成过程中已经过小规模访谈、I-CVI 效度分析等,为项目分析奠定了基础。在项目分析部分,采用了题目总分相关法、极端组比较法用以进一步检验该量表对研究型大学本科生创新创业能力的反映程度。

需要说明的是,利用 Excel 中的随机数生成方式,将 1422 份样本平均分成两份。一份为 711 份问卷(数据库 1),用以进行区分度检验和探索性分析;一份为 711 份问卷(数据库 2),用以进行验证性分析。

在题目总分相关中,将不同题项与分量表总分进行相关分析,结果表明,不同题项与分量表总分的相关系数均达到显著水平($p<0.001$),各题项与分量表总分的相关系数在 0.50 到 0.83 之间。根据相关系数大于 0.4 的标准,所有题项无须删除。

在极端组检验法中,首先将各分量表的题项分别进行总分求和,提取前 27% 的学生样本作为高分组,将后 27% 的学生样本作为低分组,以此进行独立样本 t 检验,查看各题项的 t 检验是否达到显著水平。运用此步骤对各分量表进行极端值检验。根据检验结果,研究型大学本科生创新创业能力各分量表中的题项 p 值小于 0.001,具有显著性差异,说明量表各题项具有较为良好的区分度,所有题项无须删除。由于本量表题项较多,现仅以目标确定能力为例进行详细报告,详见表 5-3。

表 5-3 目标确定能力分量表独立样本 t 检验表

序号	题项	t
1	我知道自己是怎样的人	−15.439***
2	我清晰地知道自己的优势	−21.527***
3	我了解自己的性格	−14.623***
4	我了解自己的兴趣	−18.001***
5	我了解自己的发展需求	−19.760***

续表

序号	题项	t
6	我认为自己是一个有价值的人	-17.222^{***}
7	总体来说,我对自己是满意的	-18.354^{***}
8	我相信自己能够很好地解决各种问题	-21.942^{***}
9	我觉得自己有能力成就一番事业	-22.031^{***}
10	我能成功地应对许多挑战	-22.141^{***}
11	我能够很好地判断外界形势变化	-19.193^{***}
12	我对自己未来发展方向有清晰的认识	-21.526^{***}
13	我有明确的发展目标	-21.228^{***}
14	我的目标需要我全力以赴去实现	-14.987^{***}
15	我为自己制定了短期目标和中长期目标	-19.574^{***}
16	做事情前我都要先明确自己的目标	-18.406^{***}
17	我知道该如何实现自己的目标	-20.701^{***}

注:$*\ p<0.05,**\ p<0.01,***\ p<0.001$。下同。

(二)信度检验

项目分析目的在于检验量表中各个题项的可靠性,而信度检验目的是评估整份量表的可靠程度。一般而言,一份量表可以由多份分量表构成,用以测量某一概念的不同层面,因此需要测量总量表的信度以及分量表的信度。① 研究型大学本科生创新创业能力由7个能力量表构成,因而本书遵循信度检验原则,既测量总量表信度,同时又对各个分量表进行了信度检验。

在信度分析方法上,采用克伦巴赫 α 系数(Cronbach's Alpha Coefficient)进行信度检验,该系数一般认为量表克伦巴赫 α 系数应在0.80以上,且分量表最好在0.70以上。② 否则应该再次进行题项修订或删减。如表5-4所示,所研制的研究型大学本科生创新创业能力量表的总量表及分量表的克伦巴赫 α 系

---

① 邱皓政.量化研究与统计分析:SPSS(PASW)数据分析范例解析[M].重庆:重庆大学出版社,2013:297.

② 简小珠,戴步云,主编.SPSS 23.0统计分析:在心理学与教育学中的应用[M].北京:北京师范大学出版社,2017:218.

数均在0.90以上,说明该量表具有良好的信度,无须对题项进行删减。

表 5-4　研究型大学本科生创新创业能力量表信度汇总

量表名称	题项数量	克伦巴赫 α 系数
研究型大学本科生创新创业能力量表	85	0.986
分量表:目标确定能力量表	17	0.939
分量表:行动筹划能力量表	11	0.927
分量表:果断抉择能力量表	12	0.928
分量表:人际交往能力量表	12	0.931
分量表:把握机遇能力量表	10	0.950
分量表:防范风险能力量表	9	0.927
分量表:抗挫折能力量表	14	0.949

第二节　基于探索性因子分析的研究型大学本科生创新创业能力

探索性分析(exploratory factor analysis,EFA)是因子分析的一种方式,作用是借助数据分析研判外显变量与潜在因子之间的关系结构,进而得出一个具有计量合理性的理论架构,论证该关系结构能够代表所测量的概念。[①] 探索性因子分析的数据来源是数据库1,开展探索性分析的目标主要是检验分量表中因子是否能够反映所属的能力维度,为下一步的验证性分析奠定基础。

一、因子分析前提条件检验

因子分析具有前提条件,即需要测量各因子背后是否存在潜在的相关性。一般用 KMO 量数(Kaiser-Meyer-Olkin measure of sampling adequacy, KMO)和 Bartlett's 球形检验(Bartlett's test of sphericity)进行判断。判断标准如下:当 KMO 值大于 0.90 认为十分适合进行因子分析,即可以提取共同

---

① 邱皓政.量化研究与统计分析:SPSS(PASW)数据分析范例解析[M].重庆:重庆大学出版社,2013:353.

的概念；若小于 0.50 则不可进行因子分析。[①] 当 Bartlett's 球形检验的 p 值小于 0.05，该数据呈现球形分布，说明各个变量在一定程度上存在相互独立性，可以用于因子分析提取因子。[②] 利用 SPSS 21.0 软件进行以上检验，发现 7 个分量表的 KMO 值均在 0.90 以上，且 p 值小于 0.001，具有显著差异。因此，7 个分量表均可以开展探索性因子分析。分量表 KMO 和 Bartlett's 球形检验结果如表 5-5 所示。

表 5-5 分量表 KMO 和 Bartlett's 球形检验情况汇总表

量表名称	KMO 和 Bartlett's 球形检验		数值
分量表： 目标确定能力量表	KMO 量数		0.948
	Bartlett's 球形检验	近似卡方	7355.274
		自由度	136
		显著性	<0.001
分量表： 行动筹划能力量表	KMO 量数		0.933
	Bartlett's 球形检验	近似卡方	4975.253
		自由度	55
		显著性	<0.001
分量表： 果断抉择能力量表	KMO 量数		0.945
	Bartlett's 球形检验	近似卡方	5528.559
		自由度	66
		显著性	<0.001
分量表： 人际交往能力量表	KMO 量数		0.937
	Bartlett's 球形检验	近似卡方	59911.887
		自由度	66
		显著性	<0.001

[①] 邱皓政.量化研究与统计分析：SPSS(PASW)数据分析范例解析[M].重庆：重庆大学出版社，2013：337.

[②] 简小珠，戴步云，主编.SPSS 23.0 统计分析：在心理学与教育学中的应用[M].北京：北京师范大学出版社，2017：319.

续表

量表名称	KMO 和 Bartlett's 球形检验		数值
分量表：把握机遇能力量表	KMO 量数		0.949
	Bartlett's 球形检验	近似卡方	5967.507
		自由度	45
		显著性	<0.001
分量表：防范风险能力量表	KMO 量数		0.924
	Bartlett's 球形检验	近似卡方	4442.385
		自由度	36
		显著性	<0.001
分量表：抗挫折能力量表	KMO 量数		0.957
	Bartlett's 球形检验	近似卡方	7760.093
		自由度	91
		显著性	<0.001

二、分量表探索性因子分析结果

在探索性分析部分，主要采用主成分分析法（principal component analysis，PCA）进行因子提炼，选取直接斜交法进行因子旋转。在题项代码设置上，以大写字母代表所属能力维度，例如，"A"代表目标确定能力，"B"代表行动筹划能力；以小写字母代表质性分析中的"初始范畴"，例如，"a"代表"自我认识"，"b"代表"自我认同"，以数字代表题目序号，例如，"Aa1"代表目标确定能力中自我认识维度的第一道题项；"Ab2"代表目标确定能力中自我认同维度的第二道题项。

（一）目标确定能力量表探索性因子分析

如表 5-6 所示，目标确定能力量表各题项在因子旋转之后在对应因子上的载荷量均大于 0.5，说明各题项与所属维度具有良好的相关关系。且经因子旋转后共得到三个特征值大于 1 的因子，可解释 64.809% 的方差。数据分析后的三个因子题项所属的维度均与质性分析中的"初始范畴"一致。因此，仍将因子一命名为"目标设置"，将因子二命名为"自我认同"，将因子三命名为"自我认识"。

表 5-6 目标确定能力因子分析表

题目	因子一	因子二	因子三
Ac5	0.778		
Ac3	0.766		
Ac6	0.712		
Ac7	0.693		
Ac2	0.646		
Ac4	0.640		
Ac1	0.605		
Ab1		0.787	
Ab2		0.781	
Ab4		0.702	
Ab3		0.677	
Ab5		0.604	
Aa3			0.778
Aa4			0.770
Aa1			0.632
Aa2			0.591
Aa5			0.590

(二)行动筹划能力量表探索性因子分析

如表 5-7 所示,各题项在所对应因子上的载荷量均大于 0.5,且得到两个特征值大于 1 的因子,共解释 67.770% 的方差。分析发现,经探索性分析后所得到的两个因子题项所属的维度均与质性分析中的"初始范畴"一致。因此,仍将因子一命名为"规划能力",将因子二命名为"主动行为"。

表 5-7 行动筹划能力因子分析表

题目	因子一	因子二
Ba1	0.837	
Ba2	0.836	
Ba3	0.812	

续表

题目	因子一	因子二
Ba4	0.774	
Ba6	0.631	
Ba5	0.627	
Bb4		0.836
Bb5		0.822
Bb3		0.795
Bb1		0.610
Bb2		0.541

(三)果断抉择能力量表探索性因子分析

研究结果指出,果断抉择能力量表中各题项的载荷量介于"0.56~0.85",能够较好地反映所属能力因子的含义(见表5-8)。探索性分析共提取两个特征值为1的因子,共解释67.094%的方差。经过分析发现,这两个因子分别与量表设置时的三级维度一致。具体而言,根据质性分析中的"初始范畴"设置能够反映"冒险精神"和"决策能力"的相关题项,并进行数据发放、回收。在经过因子旋转后发现,两个因子所包含的题项仍分别属于"冒险精神"和"决策能力"。因此,仍将因子一命名为"冒险精神",将因子二命名为"决策能力"。

表5-8 果断抉择能力因子分析表

题目	因子一	因子二
Ca4	0.837	
Ca6	0.826	
Ca2	0.811	
Ca1	0.793	
Ca5	0.779	
Ca3	0.777	
Cb5		0.768
Cb6		0.744
Cb2		0.719

续表

题目	因子一	因子二
Cb3		0.707
Cb1		0.681
Cb4		0.568

(四)人际交往能力量表探索性因子分析

如表 5-9 所示,人际交往能力分量表中各个题项的因素载荷量均高于 0.5,能够较好地反映所属能力因子的内涵。本次因子旋转后提取了两个特征值大于 1 的因子,这两个因子共解释了 69.867% 的方差。数据分析后的两个能力因子包含的题项所属的维度均与质性分析中的"初始范畴"一致。因此,仍将因子一命名为"合作能力",将因子二命名为"沟通能力"。

表 5-9 人际交往能力因子分析表

题目	因子一	因子二
Db4	0.852	
Db5	0.797	
Db3	0.796	
Db7	0.753	
Db1	0.747	
Db6	0.700	
Db2	0.650	
Da2		0.863
Da1		0.824
Da3		0.806
Da5		0.768
Da4		0.703

(五)把握机遇能力量表探索性因子分析

根据表 5-10 所示,把握机遇能力量表各个题项经斜交分析后可得到两个特征值大于 1 的因子,且这两个因子共同解释了 76.663% 的总方差。经过分析发现,这两个因子包含的题项所属维度均与质性分析中的"初始范畴"一致。因此,仍将因子一命名为"创新行为",将因子二命名为"机会能力"。

表 5-10　把握机遇能力因子分析表

题目	因子一	因子二
Eb2	0.818	
Eb1	0.786	
Eb4	0.766	
Eb3	0.758	
Eb6	0.716	
Eb5	0.709	
Ea2		0.842
Ea1		0.807
Ea4		0.803
Ea3		0.777

(六)防范风险能力量表探索性因子分析

防范风险能力量表各题项在经过探索性分析后可得两个特征值大于 1 的因子,共同解释了 73.627% 的方差。如表 5-11 所示,这两个因子所涵盖的题项与量表设计之时的维度一致,因此仍将其分别命名为"风险控制"以及"反思能力"。

表 5-11　防范风险能力因子分析表

题目	因子一	因子二
Fa2	0.808	
Fa4	0.788	
Fa3	0.782	
Fa1	0.714	
Fa5	0.689	
Fb4		0.845
Fb2		0.836
Fb3		0.807
Fb1		0.786

(七)抗挫折能力量表探索性因子分析

如表 5-12 所示,虽然所有题项的因子载荷量均大于 0.6,但经斜交分析后,该量表仅能提取一个因子。试着将因子数量设置为 2 进行分析,所得的结果显示,两个维度的题项出现混乱交杂的现象。除此之外,尝试依据因子载荷量结果将载荷量较低的题项删去,但经反复操作,仍无法得到两个因子。因此,再次返回质性分析阶段,认为乐观与韧性两个能力内涵存在较大的交叉重叠。乐观在一定意义上显示了个体在迎接挑战以及战胜困难时的心理韧性。

综上所述,抗挫折能力量表虽仅存一个能力因子,但遵循"理论优先"而非"数据导向"的原则,经过反复分析论证,将该因子命名为"抗挫折能力"。因此,抗挫折能力量表为单因子量表。

表 5-12 抗挫折能力因子分析表

题目	因子一
Ga2	0.835
Gb3	0.831
Ga6	0.830
Gb7	0.827
Gb6	0.826
Gb5	0.820
Gb4	0.814
Gb1	0.799
Ga1	0.798
Gb2	0.784
Ga3	0.777
Ga5	0.711
Ga7	0.702
Ga4	0.609

第三节　研究型大学本科生创新创业能力结构模型的检验结果

在探索性分析阶段,研究者基本确定了研究型大学本科生创新创业能力量表中的题项与能力因子之间的关系,而关于各个能力维度是否能够反映研究型大学本科生创新创业能力结构仍有待检验。与探索性分析不同,验证性分析(confirmatory factor analysis,CFA)是以特定的理论架构为基础,通过数据分析的方式对理论架构进行计量性检验。可以说,验证性分析具有理论验证的功能,契合研究目的。因此,运用验证性因子分析构建研究型大学本科生创新创业能力的测量模型,用以验证研究型大学本科生创新创业能力结构模型的科学性。

一、分量表验证性因子分析结果

通过验证性分析探讨分量表中各因子与外显变量(7个能力)之间的结构关系。需要指出的是,其一,验证性分析的数据来源于数据库2。其二,由于卡方分布容易受样本数量的影响,存在不稳定性,当样本数量较大时可舍去对卡方分布检验。[①] 本研究样本数量较大,因此,在进行验证性分析时舍去卡方分布检验,采用其他常用拟合指标。其三,根据逐步修正的原则,所展示的测量模型均已根据修正指数(modification indices,MI)进行调整。

(一)目标确定能力量表验证性因子分析

研究结果显示,目标确定能力量表中各题项的因素载荷量(完全标准化解,下同)介于"0.53~0.86",达到因素载荷量数值 0.5 以上的良好水平标准(下同)。并且,各个参数的显著性检验均达到显著性水平,说明该能力量表具备良好的内部质量,能够有效地反映目标确定能力。对拟合效果进行分析,如表 5-13 所示,虽该量表的近似均方根误差值(root mean square error of approximation,RMSEA)相对不理想,但仍符合分析标准,且拟合优度(goodness of fit index,GFI)、规则适配指数(normal fit index,NFI)、比较适配指数(comparative fit index,CFI)的拟合指标达到良好的数据标准。因此,

---

① 邱皓政,林碧芳.结构方程模型的原理及应用[M].北京:北京轻工业出版社,2009:76.

可判断该量表的整体适配性获得支持。

此外,对"自我认识""自我认同""目标设置"的建构信度进行分析,三个维度的 CR 在"0.863~0.895",呈现理想状态,能够一致性地反映所属维度。结合平均方差萃取(average variance extracted,AVE)分析结果对聚合效度进行判断,一般情况下,AVE 大于 0.5,CR 值大于 0.7,则说明聚合效度较高。因此,目标确定能力量表具有理想的聚合效度。

综上所述,目标确定能力量表具有良好的内部质量和结构效度,"自我认识"、"自我认同"以及"目标设置"三个因子之间具有相关性,且能够有效地反映"目标确定能力"。

表 5-13 目标确定能力量表验证性因子分析拟合结果

指标类型	拟合指标	拟合判断标准	拟合结果	拟合度判断
绝对拟合指标	近似均方根误差	RMSEA≤0.05:模型拟合度极佳	0.090	拟合度尚可
		0.05<RMSEA≤0.08:模型拟合度合理		
		0.08<RMSEA<0.10:模型拟合度尚可		
	拟合优度	GFI≥0.9:模型拟合度极佳	0.876	拟合度合理
		0.8≤GFI<0.9:模型拟合度合理		
相对拟合指标	规则适配指数	NFI≥0.9:模型拟合度极佳	0.901	拟合度极佳
		0.8≤NFI<0.9:模型拟合度合理		
	比较适配指数	CFI≥0.9:模型拟合度极佳	0.915	拟合度极佳
		0.8≤CFI<0.9:模型拟合度合理		

注:指标类型划分参考来源:①侯杰泰,温忠麟,程子娟.结构方程模型及其应用[M].北京:教育科学出版社,2004:154-161.下同。
②拟合判断标准参考来源:吴明隆.结构方程模型:AMOS 的操作与应用[M].重庆:重庆大学出版社,2010:413-414.下同。

(二)行动筹划能力量表验证性因子分析

如表 5-14 所示,行动筹划能力量表在拟合指标上分别为:RMSEA=0.098、GFI=0.919、NFI=0.937、CFI=0.945。经分析判断:首先,该拟合度符合分析标准,呈现良好的拟合状态。其次,因素载荷量均介于"0.64~0.87",具有良好的载荷量;且各因素的显著性检验值达到显著水平。由此可见,各因素的载荷量符合模型建构的测量要求。最后,模型 AVE 和 CR 指标结果呈现理想状态。

可见,行动筹划能力量表符合测量模型的各项指标标准,具备良好的内部质量和整体适配性。同时,该量表测量模型的建立揭示了行动筹划能力量表中各因子之间及其与行动筹划能力之间具有关系。

表 5-14 行动筹划能力量表验证性因子分析拟合结果

指标类型	拟合指标	拟合判断标准	拟合结果	拟合度判断
绝对拟合指标	近似均方根误差	RMSEA≤0.05:模型拟合度极佳	0.098	拟合度尚可
		0.05<RMSEA≤0.08:模型拟合度合理		
		0.08<RMSEA<0.10:模型拟合度尚可		
	拟合优度	GFI≥0.9:模型拟合度极佳	0.919	拟合度极佳
		0.8≤GFI<0.9:模型拟合度合理		
相对拟合指标	规则适配指数	NFI≥0.9:模型拟合度极佳	0.937	拟合度极佳
		0.8≤NFI<0.9:模型拟合度合理		
	比较适配指数	CFI≥0.9:模型拟合度极佳	0.945	拟合度极佳
		0.8≤CFI<0.9:模型拟合度合理		

(三)果断抉择能力量表验证性因子分析

如表 5-15 所示,果断抉择能力符合拟合判断标准,且拟合度总体较佳:RMSEA=0.073≤0.08、GFI=0.944≥0.9、NFI=0.954≥0.9、CFI=0.963≥0.9。在因素载荷量方面,果断抉择能力量表中各因素载荷量均大于 0.5,介于"0.57～0.89",说明该因素能够有效地反映所属概念;此外,各题项的显著性检验达到 0.001 显著水平。因此,果断抉择能力量表的因素载荷量达到分析标准,各题项质量良好。在聚合效度判断上,CR 以及 AVE 的数据指标结果表明该量表的聚合效度较高。

因此,果断抉择能力量表的测量模型从因素载荷量、信效度、拟合度等方面均达到相关的检验标准。所以,该量表可以用于后续研究,且由此也可以揭示出果断抉择能力中的因子"冒险精神""决策能力"之间具有一定的相关性,且这两个因子与果断抉择能力存在相关性。

表 5-15 果断抉择能力量表验证性因子分析拟合结果

指标类型	拟合指标	拟合判断标准	拟合结果	拟合度判断
绝对拟合指标	近似均方根误差	RMSEA≤0.05:模型拟合度极佳	0.073	拟合度合理
		0.05＜RMSEA≤0.08:模型拟合度合理		
		0.08＜RMSEA＜0.10:模型拟合度尚可		
	拟合优度	GFI≥0.9:模型拟合度极佳	0.944	拟合度极佳
		0.8≤GFI＜0.9:模型拟合度合理		
相对拟合指标	规则适配指数	NFI≥0.9:模型拟合度极佳	0.954	拟合度极佳
		0.8≤NFI＜0.9:模型拟合度合理		
	比较适配指数	CFI≥0.9:模型拟合度极佳	0.963	拟合度极佳
		0.8≤CFI＜0.9:模型拟合度合理		

(四)人际交往能力量表验证性因子分析

根据验证性分析,如表 5-16 所示,人际交往能力量表绝对拟合指标中的 RMSEA 值为 0.098,拟合度尚可;GFI 值为 0.874,拟合度合理。相对拟合指标中的 NFI 值为 0.902,拟合度极佳;CFI 值为 0.909,拟合度极佳。结合以上四个指标对该量表的拟合度进行判断,研究者认为该测量模型具有良好的拟合度。该模型中"沟通能力"的建构信度 CR 值为 0.904,平均方差萃取 AVE 值为 0.654;"合作能力"的建构信度 CR 值为 0.910,平均方差萃取 AVE 值为 0.591。根据判断标准"AVE 大于 0.5 且 CR 值大于 0.7,则说明聚合效度较高"[1]可知,该量表中"沟通能力"以及"合作能力"因子的聚合效度较高。此外,该量表中的各个因素载荷量均大于 0.6,且显著性检验达到小于 0.001 的显著性水平标准。

综合以上各项判断指标,研究者认为人际交往能力量表具有良好的内部质量以及整体适配性,符合测量模型的建构标准,进一步验证了人际交往能力体现为"沟通能力"以及"合作能力"两个维度。

表 5-16 人际交往能力量表验证性因子分析拟合结果

指标类型	拟合指标	拟合判断标准	拟合结果	拟合度判断
绝对拟合指标	近似均方根误差	RMSEA≤0.05:模型拟合度极佳	0.098	拟合度尚可
		0.05<RMSEA≤0.08:模型拟合度合理		
		0.08<RMSEA<0.10:模型拟合度尚可		
	拟合优度	GFI≥0.9:模型拟合度极佳	0.874	拟合度合理
		0.8≤GFI<0.9:模型拟合度合理		

---

[1] FORNELL C, LARCKER D F. Evaluating structural equation models with unobservable variables and measurement error[J]. Journal of marketing research, 1981, 18(1): 39-50.

续表

指标类型	拟合指标	拟合判断标准	拟合结果	拟合度判断
相对拟合指标	规则适配指数	NFI≥0.9：模型拟合度极佳	0.902	拟合度极佳
		0.8≤NFI<0.9：模型拟合度合理		
	比较适配指数	CFI≥0.9：模型拟合度极佳	0.909	拟合度极佳
		0.8≤CFI<0.9：模型拟合度合理		

(五)把握机遇能力验证性因子分析

如表5-17所示,验证性因子分析显示,把握机遇能力量表的RMSEA值为0.060,拟合度在合理的指标范围之内;GFI值为0.968、NFI值为0.980、CFI值为0.985,拟合度数值均达到极佳标准。综合各项拟合指标,研究者认为把握机遇能力量表具有较好的拟合度。此外,"机会能力"的建构信度CR值为0.921,平均方差萃取AVE值为0.745;"创新能力"的建构信度CR值为0.930,平均方差萃取AVE值为0.692。根据判断标准,可认为该量表的聚合效度较高。在因素载荷量方面,把握机遇能力量表中各题项的因素载荷量均大于0.7,介于"0.74～0.90",且各参数的显著性检验水平均达到小于0.001的显著性水平,说明该因素能够有效地反映所属概念。

综合上述各项判断指标,把握机遇能力的测量模型从因素载荷量、信效度、拟合度等方面均达到相关的检验标准,可以继续后续的研究。本次探索性分析验证了把握机遇能力由"机会能力"和"创新能力"两个能力组成。

表5-17 把握机遇能力量表验证性因子分析拟合结果

指标类型	拟合指标	拟合判断标准	拟合结果	拟合度判断
绝对拟合指标	近似均方根误差	RMSEA≤0.05：模型拟合度极佳	0.060	拟合度合理
		0.05<RMSEA≤0.08：模型拟合度合理		
		0.08<RMSEA<0.10：模型拟合度尚可		

续表

指标类型	拟合指标	拟合判断标准	拟合结果	拟合度判断
绝对拟合指标	拟合优度	GFI≥0.9：模型拟合度极佳 0.8≤GFI<0.9：模型拟合度合理	0.968	拟合度极佳
相对拟合指标	规则适配指数	NFI≥0.9：模型拟合度极佳 0.8≤NFI<0.9：模型拟合度合理	0.980	拟合度极佳
相对拟合指标	比较适配指数	CFI≥0.9：模型拟合度极佳 0.8≤CFI<0.9：模型拟合度合理	0.985	拟合度极佳

(六)防范风险能力量表验证性因子分析

根据表5-18分析结果，防范风险能力量表符合拟合判断标准，拟合度总体良好：RMSEA=0.097<0.10，GFI=0.937≥0.9，NFI=0.955≥0.9，CFI=0.961≥0.9。在因素载荷量方面，防范风险能力量表中各题项的因素载荷量均大于0.7，介于"0.76~0.87"，且各因素的显著性检验均达到小于0.001的显著性水平。此外，根据CR值以及AVE值的数据指标，可以得出该量表的聚合效度较高。因此，该量表中各题项质量良好，能够有效地反映所属概念。

综上所述，防范风险能力的测量模型从因素载荷量、信效度、拟合度等方面均达到相关的检验标准，即防范风险能力量表的整体适配性以及内部质量均得到了数据的支持。所以，该量表可以用于后续研究。此外，测量模型的建立也说明防范风险能力中的因子"风险控制"以及"反思能力"之间具有一定的相关性，且这两个因子与防范风险能力存在相关性。

表5-18 防范风险能力量表验证性因子分析拟合结果

指标类型	拟合指标	拟合判断标准	拟合结果	拟合度判断
绝对拟合指标	近似均方根误差	RMSEA≤0.05：模型拟合度极佳 0.05<RMSEA≤0.08：模型拟合度合理	0.097	拟合度尚可

续表

指标类型	拟合指标	拟合判断标准	拟合结果	拟合度判断
绝对拟合指标	近似均方根误差	0.08＜RMSEA＜0.10：模型拟合度尚可		
绝对拟合指标	拟合优度	GFI≥0.9：模型拟合度极佳	0.937	拟合度极佳
绝对拟合指标	拟合优度	0.8≤GFI＜0.9：模型拟合度合理	0.937	拟合度极佳
相对拟合指标	规则适配指数	NFI≥0.9：模型拟合度极佳	0.955	拟合度极佳
相对拟合指标	规则适配指数	0.8≤NFI＜0.9：模型拟合度合理	0.955	拟合度极佳
相对拟合指标	比较适配指数	CFI≥0.9：模型拟合度极佳	0.961	拟合度极佳
相对拟合指标	比较适配指数	0.8≤CFI＜0.9：模型拟合度合理	0.961	拟合度极佳

（七）抗挫折能力验证性因子分析

如表 5-19 所示，抗挫折能力量表为单因子量表，经过验证性因子分析，拟合度基本在合理的数值范围之内，符合测量模型建构标准。"抗挫折能力"的建构信度 CR 值为 0.945，平均方差萃取 AVE 值为 0.553，根据判断标准，可认为该量表的聚合效度较高。在因素载荷量方面，抗挫折能力量表中题项的各因素载荷量均大于 0.5，显著性标准均达到小于 0.001 的显著性水平，符合检验标准，该量表的题项具有良好的质量。

根据前述分析，抗挫折能力测量模型从因素载荷量、信效度、拟合度等方面均足以达到相关的检验标准，模型的整体适配性以及内部质量均获得数据支持。

表 5-19 抗挫折能力量表验证性因子分析拟合结果

指标类型	拟合指标	拟合判断标准	拟合结果	拟合度判断
绝对拟合指标	近似均方根误差	RMSEA≤0.05：模型拟合度极佳	0.098	拟合度尚可
绝对拟合指标	近似均方根误差	0.05＜RMSEA≤0.08：模型拟合度合理	0.098	拟合度尚可

续表

指标类型	拟合指标	拟合判断标准	拟合结果	拟合度判断
绝对拟合指标	近似均方根误差	0.08＜RMSEA＜0.10：模型拟合度尚可		
	拟合优度	GFI≥0.9：模型拟合度极佳	0.840	拟合度合理
		0.8≤GFI＜0.9：模型拟合度合理		
相对拟合指标	规则适配指数	NFI≥0.9：模型拟合度极佳	0.850	拟合度合理
		0.8≤NFI＜0.9：模型拟合度合理		
	比较适配指数	CFI≥0.9：模型拟合度极佳	0.859	拟合度合理
		0.8≤CFI＜0.9：模型拟合度合理		

二、研究型大学本科生创新创业能力结构模型分析结果

由上文可知，研究型大学本科生创新创业能力各个分量表的题项质量以及结构效度良好，为验证研究型大学本科生创新创业能力结构奠定了良好的基础。

将7个分量表作为观测变量，将研究型大学本科生创新创业能力量表作为潜变量进行验证性分析，以检验这7个能力分量表是否可以构成研究型大学本科生创新创业能力。如表5-20所示，研究型大学本科生创新创业能力拟合度总体良好：RMSEA=0.097＜0.10、GFI=0.806≥0.8、NFI=0.809≥0.8、CFI=0.812≥0.8。各个能力的建构信度CR值以及平均方差萃取AVE值均达到判断标准，因此可以认为该量表的聚合效度较高。此外，将总量表进行克伦巴赫α信度检验，得到克伦巴赫α系数为0.977＞0.9，说明研究型大学本科生创新创业能力量表信度质量理想。

综合上述分析，研究型大学本科生创新创业能力的结构模型得到数据支持，数据分析验证了研究型大学本科生创新创业能力由目标确定能力（自我认识、自我认同、目标设置）、行动筹划能力（规划能力、主动行为）、果断抉择能力（冒险精神、决策能力）、人际交往能力（沟通能力、合作能力）、把握机遇能力

(机会能力、创新能力)、防范风险能力(风险控制、反思能力)以及抗挫折能力这 7 个能力构成。

表 5-20 研究型大学本科生创新创业能力量表验证性因子分析拟合结果

指标类型	拟合指标	拟合判断标准	拟合结果	拟合度判断
绝对拟合指标	近似均方根误差	RMSEA≤0.05：模型拟合度极佳	0.097	拟合度尚可
		0.05＜RMSEA≤0.08：模型拟合度合理		
		0.08＜RMSEA＜0.10：模型拟合度尚可		
	拟合优度	GFI≥0.9：模型拟合度极佳	0.806	拟合度合理
		0.8≤GFI＜0.9：模型拟合度合理		
相对拟合指标	规则适配指数	NFI≥0.9：模型拟合度极佳	0.809	拟合度合理
		0.8≤NFI＜0.9：模型拟合度合理		
	比较适配指数	CFI≥0.9：模型拟合度极佳	0.812	拟合度合理
		0.8≤CFI＜0.9：模型拟合度合理		

第六章

案例高校本科生
创新创业能力的培养行动

创业具有可教性已成为普遍共识[①],但如何"教"创新创业教育却是高校面临的一大难题。传统的只针对管理学院学生的"聚集"型创新创业教育模式[②]因其教育对象的局限性逐渐被面向全体学生的"广谱式"教育理念所取代,聚焦于构建全校性创新创业教育生态系统的人才培养目标改革[③]、课程建设[④]、师资队伍引育[⑤]、实践平台构建[⑥]以及教育政策供给[⑦]等的研究体系逐渐完善。综合考虑国家类别以及案例典型性、代表性原则,本章拟选取美国斯坦福大学、法国里昂中央理工学院(Ecole Centrale de Lyon, ECL)、印度理工学院孟买分校(Indian Institute of Technology Bombay, IITB)、新加坡南洋理工大学(Nanyang Technological University, NTU)以及我国清华大学、浙江大学和香港中文大学作为研究案例,分析案例高校在本科生创新创业能力培

---

① 尹向毅.创业是否可教:基于教育学视角的分析[J].高等教育研究,2017(5):64-71.
② 孙惠敏,陈工孟,主编.全球创新创业教育研究报告[M].北京:经济管理出版社,2016:15.
③ 胡晓龙,石琳,马安妮.基于胜任力模型的高校创业型人才培养模式研究[J].黑龙江高教研究,2020,38(7):106-110.
④ 徐峰,樊丽娜.专创融合理念下的高职院校创业教育:理性反思与实践探索[J].高等工程教育研究,2022(2):173-178.
⑤ 黄扬杰,黄蕾蕾,李立国.高校创业教育教师的创业能力:内涵、特征与提升机制[J].教育研究,2017(2):73-79,89.
⑥ 王志强.从"科层结构"走向"平台组织":高校创新创业教育的组织变革[J].中国高教研究,2022(4):44-50.
⑦ 杨冬.我国高校创新创业教育政策变迁的轨迹、机制与省思[J].高校教育管理,2021(5):90-104.

养方面的实践行动,总结其特色,并探讨特色行动的形成机制,从而为提升研究型大学本科生创新创业能力以及促进研究型大学创新创业教育发展提供参照。

研究的步骤主要如下:

第一,依托案例高校官方网站以及学术资料检索网站搜集信息。首先,检索案例高校官方网站及其各院系官方网站中关于人才培养的相关资料,例如培养方案、课程方案、课外活动安排等信息,力求在宏观层面搭建对案例高校创新创业教育的整体性认知框架;其次,依托案例高校创新创业教育的重要实施平台搜集整理其创新创业教育特色;再次,依托 Web of Science 和中国知网搜索关于案例高校创新创业教育的研究资料。

第二,创新创业教育资料的识别。创新创业教育的资料识别应契合创新创业教育的内涵特征,同时又能涵盖创新创业教育实施的支撑体系,如此才能系统归纳创新创业教育模式与科学分析创新创业教育生态系统的形成原因。本书将从创新创业教育目标、创新创业教育课程、教学方法、创新创业实践训练项目、创新创业科研项目、创新创业教育师资队伍、创新创业教育组织机构、创新创业教育激励机制以及创新创业教育资源平台等主要维度,通过是否出现"entrepreneurial""entrepreneurship""enterprise"等关键词识别案例高校及其相关网站的创新创业教育相关资料,以期最大范围内搜集研究资料。

第三,采用归纳法与比较法分析资料。首先,根据资料归纳总结案例高校创新创业教育实践特色;其次,归纳分析案例高校创新创业教育实践特色的形成逻辑。

第一节 我国案例高校本科生创新创业能力的培养行动

一、清华大学本科生创新创业能力的培养行动

实施创新创业教育不仅是中国高校教学的必然要求,也是中国高等教育改革的突破点。作为我国高等教育改革的先锋部队,研究型大学在创新创业教育的推进上承担着先行者角色,成为创新创业教育中国模式的探索者。其中以清华大学和浙江大学最为典型,两所研究型大学的创新创业教育具有显著的国际影响力。

清华大学是我国创新创业教育的发源地。清华大学于1997年开设了全国第一门创业课程,并成立了全国第一个学生创业协会;1998年,清华大学率先引入美国商业计划竞赛,开展了"昆山杯"清华大学创业大赛;1999年,第一届"挑战杯"和讯网中国大学生创业计划竞赛由清华大学承办;2010年,第一个大学生创客空间在清华大学出现;2015年,"中国高校创新创业教育联盟"在清华大学正式启动。① 这些事件标志着我国创新创业教育的开端及进展,也意味着清华大学在我国探索创新创业教育模式上具有重要地位。经过数十年的发展,创新创业教育已然成为清华大学人才培养的重要组成部分,是服务于学校培养"兴业英才"的重要培养平台,并取得了傲人成绩。如在2018年"创青春"大学生创业全国总决赛及2020年"挑战杯"中国大学生创业计划竞赛中,清华大学代表队荣获团体优胜杯。在2019年、2020年第五届和第六届中国"互联网+"大学生创新创业大赛中,交叉双旋翼复合推力尾桨无人直升机项目和湃方科技团队分别夺得大赛总冠军和亚军。截至2020年底,"清华创+"累计培育创业团队817支,基金累计支持160余支创业团队,支持总额761万元,带动就业人数1390余人,基金支持项目已完成融资总额度43亿余元。② 因此,研究清华大学培养本科生创新创业能力的行动举措及其保障机制,有利于促进对我国研究型大学创新创业教育体系建设的思考。

(一)本科生创新创业能力培养行动

1. 坚定以能力培养为重点的人才培养模式

价值塑造、能力培养、知识传授"三位一体"是清华大学教育的基本理念,也是其创新创业教育的基础。我国高校创新创业教育长期以来存在以下四大问题③:一是存在注重知识传授,忽视创新创业能力提升以及创新创业价值观塑造。高校创新创业教育训练体系更加关注创新创业知识传授,尤其缺乏将创业者所需的首创精神、团队精神、社会责任等价值观塑造融入创新创业教育培养目标中。二是创新创业教育体系多关注创新教育,较少关注创新成果转

---

① 吴红云.基于人本主义教育视角的研究型大学创业教育模式研究[D].安徽:中国科学技术大学,2018:125-126.

② 创新创业[EB/OL].(2021-04-15)[2023-05-11].https://www.tsinghua.edu.cn/info/1204/1099.htm.

③ 李双寿,李乐飞,孙宏斌,等."三位一体、三创融合"的高校创新创业训练体系构建[J].清华大学教育研究,2017,38(2):111-116.

化为创业实践。目前高校尚未形成创新教育与创业教育相互融合的完整体系,创业教育的强化效果不突出,应重点提升将创新成果转化为生产力的能力。三是尚未形成广泛认同的对大学生创新方法应用能力、创新创业教学师资与组织的评价标准。没有客观评价标准,学校、教师以及学生个体难以形成对创新创业教育的科学认知,相应的激励制度也难以确立,从而阻碍教育教学改革。四是并未形成覆盖全体学生的创新创业教育体系。大多数创新创业教育只是面对少数具有创业意向的学生,课程与课程之间、平台与平台之间何以共同支撑起本科生创新创业能力培养仍未可知。

针对高校创新创业教育实施的缺憾,清华大学提出价值塑造、能力培养、知识传授"三位一体"的人才培养顶层设计思路,这就为创新创业人才培养提出了具体的行动目标,为实践提供了明确的指导方向。如图6-1所示,清华大学将"知识传授"分为"创新方法""设计知识""创业知识";在"价值塑造"方面,清华大学提出培养学生企业家精神、首创精神以及团队精神;在"能力培养"方面,清华大学提出培养学生技术创新能力、管理创新能力、商业模式创新能力以及学术创新能力。为充分落实该培养目标,清华大学在《清华大学关于深化创新创业教育改革的实施方案》中明确指出将改革学业评价体系,变百分制为相对等级制,将课程选择的着眼点重新定位到真正有益于学生长远发展的创新能力和素质培养上。能力多样的学生不一定是分数最高的"学霸",清华大学改变传统的依赖精细化的定量评价,让创新创业能力的培养成为可能。

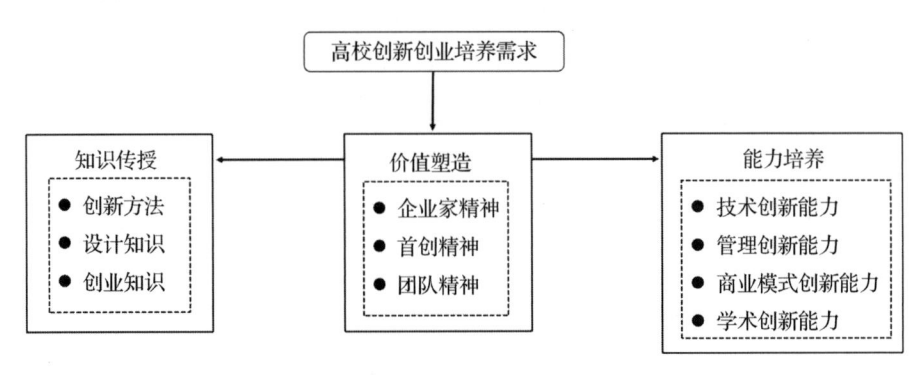

图 6-1 清华大学创新创业训练体系的设计理念

资料来源:李双寿,李乐飞,孙宏斌,等."三位一体、三创融合"的高校创新创业训练体系构建[J].清华大学教育研究,2017,38(2):111-116.

2. 提供阶梯式的创新创业教育课程体系

国务院办公厅于2015年颁布的《关于深化高等学校创新创业教育改革的

实施意见》指出,构建合理的高校创新创业教育课程体系是我国创新创业教育深化发展的紧迫问题。课程是教育教学活动的基本载体,课程体系的形态和结构特征反映出人才培养的规格。研究型大学以创新创业教育作为抓手提升学生综合素质和创新创业能力,理应以课程建设为基点,形成符合研究型大学办学定位和人才培养目标的创新创业教育课程体系。清华大学抓住课程体系建设这一核心载体,大力改革课程体系,将创新创业教育融入人才培养过程,目前形成了"阶梯式、分层次、专创融合"的课程体系。

其一,构建阶梯式的创新创业教育课程体系。如表 6-1 所示,清华大学针对不同群体建构创新创业教育课程体系。针对本科生和研究生均开设了通识课程,本科生创新创业教育通识课程偏向创业实践管理方向,研究生创新创业教育通识课程则偏向创新创业理论层次。研究生层次还辅以创新创业技能训练,有针对性地提高不同学生群体的创新创业素养。

表 6-1　清华大学创新创业教育课程体系

面向群体	课程设置
本科生	通识课程:创业管理、创业特训营、技术创新管理、优秀创业人才培养计划
研究生	通识课程:创新研究、创业研究、创新方法、设计思维
	技能课程:创业实验室、创办新企业、创业创新领导力、创业机会识别与商业计划
MBA创业方向	创业课程:创业管理、创业投资管理
	实践课程:企业战略创新、组织创新与分析、技术驱动商业创新、全球互联网时代的商业创新、知识产权、创新与公司战略
创新创业相关证书课程	实践课程:设计思维、创新方法、从创造力到商业化

资料来源:黄翔.清华大学与哈佛大学创业教育比较研究[D].北京:中央民族大学,2021:19.

其二,提供分类型的创新创业教育科研生态。清华大学根据科研的难易程度与目的性,将创业分为重科研型与轻科研型。其中,重科研型以教师为主体,由教师带领学生进行科技创新与转化,涉及内容多为基础理论创新与前沿科技成果转化;轻科研型则以学生为主体,注重学生在学校学习后将成熟技术转化落地，如集成电路项目或人工智能应用项目等热门方向。①

其三，致力于推动创新创业课程与专业课程相融合。创新创业教育不是独立于专业教育之外的，而是与专业教育相融合，共同支撑起培养创新创业人才的重任。创新创业教育融入专业教育是将各专业课程纳入创新创业教育课程的系统学习过程，进而打造起一个多层次的"跨院校、跨学科、跨专业"的交叉学科培养体系。② 如图6-2所示，清华大学注重创新创业教育与通识教育的有机融合，课程内容设计致力于打破学科间的壁垒，在专业课程内容中融入创新创业理念与实践内容。清华大学还充分发挥与社会企业对接的优势，在课程内容中融入企业管理的案例研究，让专业理论知识更加生动鲜活。

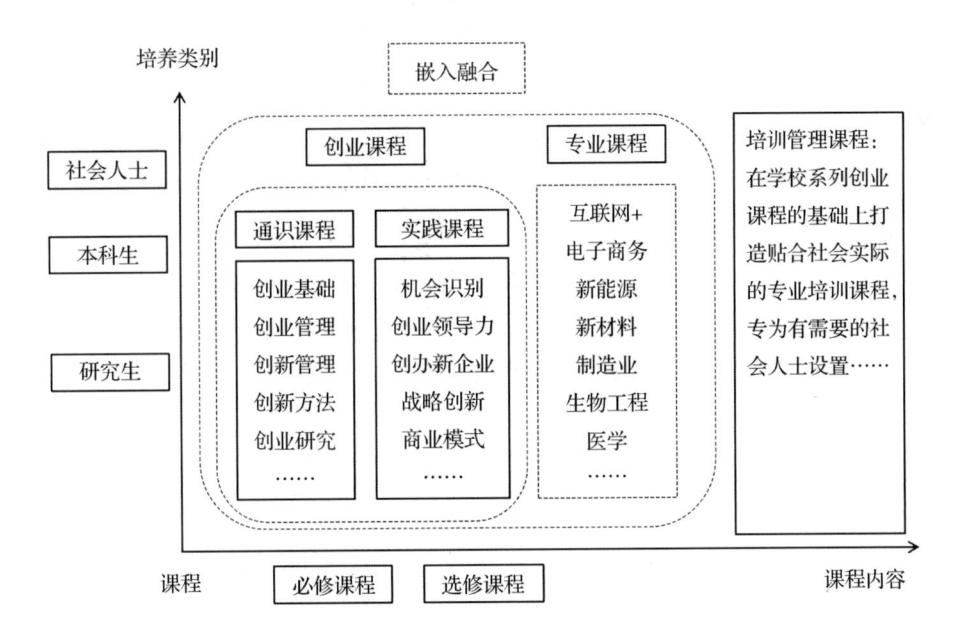

图6-2 清华大学创新创业课程体系

资料来源：黄翔.清华大学与哈佛大学创业教育比较研究[D].北京：中央民族大学，2021：20.

其四，推动创新创业教育线上教学与线下教学。清华大学创新创业教育

---

① 清华大学王大力.融通创新带动高质量创新创业教育发展[EB/OL].[2023-05-20]. https://www.tsinghua.edu.cn/info/1662/85172.htm.
② 马永斌，柏喆.创新创业教育课程生态系统的构建途径：基于清华大学创业教育的案例分析[J].高等工程教育研究，2016(5)：137-140，150.

在开展过程中秉持"开放共享"的基本教育理念,利用"互联网+"的技术,建立健全创新创业教育在线平台,与不同机构联合开设线上课程,定期更新创新创业相关信息,为学生开展创新创业教育提供更多支持。截至2023年10月31日,在由清华大学发起的慕课平台"学堂在线"中以"创新创业"为关键词进行搜索,可以检索到935门相关课程;以"创业"为关键词能够检索到1117门相关课程。① 清华大学作为课程的主要供给者,提供如"创业启程""创业导引——与创业名家面对面"等面向本科生的课程。

3. 扁平化的项目组织与管理②

从整体运行上看,清华大学创新创业教育的战略布局依托2015年9月初成立的清华大学创新创业教学委员会。但实际上,清华大学创新创业教育坚持依托各院系实际条件开展,彰显自下而上的教育理念。突出的例子是,清华大学经济管理学院教授率先注意到创业方向课程的重要性。由此,经济管理学院的硕士和博士项目都有相关的创业学科方向,如创新管理、创业管理、战略管理、国际商务等。除了经济管理学院,清华大学其他学院也都开展创新创业教育,如美术学院有"设计与科技创业实验室"课程等。除此之外,为清华大学学生提供创意创新创业条件的其他单位众多。如i.Center、x-lab、创+平台、未来兴趣团队、美术学院工作坊等,它们都是"众创"与清华精神碰撞的火花。③ 其中,创客空间i.Center和x-lab最具特色,提供了多元化创新创业实践项目。

其一,具有交叉性、立体化与开放性特色的i.Center。④ i.Center中"i"的内涵包括工业级(industry)、学科交叉(interdisciplinary)、创新型(innovation)、国际化(international)和以学生为主体(I)。i.Center是全球最大的校园创客空间,拥有工业级的加工设备,提供了一般创客空间无法比拟的制造加工场所,为学生提前接触到前沿的高水平制造技术提供了空间。不仅

---

① 课程筛选[EB/OL].[2023-10-31].https://www.xuetangx.com/search? query=创业&page=1&ss=manual_search&channel=i.area.manual_search.

② 徐旭英.我国研究型大学创业教育的关键要素与运行机制研究[D].杭州:浙江大学,2018:42-76.

③ I.Center:清华的"众创空间"[EB/OL].[2023-05-20].https://www.tsinghua.edu.cn/info/2116/81192.htm.

④ 李双寿,杨建新,王德宇,等.高校众创空间建设实践:以清华大学i.Center为例[J].现代教育技术,2015,25(5):5-11.

如此，i.Center还提供了创客课程，将创新创业课程与专业课程体系相融合，实现创新创业实践活动与专业实践活动的有效衔接。

具体而言：第一，设置创新创业辅修学位。2015年，i.Center正式设立创新创业辅修学位，针对机器人、智能交通以及智能硬件3个前沿领域培养学生，教育教学内容如下表6-2所示。可见，该辅修专业人才培养模式的特点有：一是项目教学式，提高跨学科元素。创新创业辅修学位课程在授课时提倡不同学科学生组建成项目团队，围绕复杂问题进行跨界学习。在学生跨界学习过程中，学校还引入支持跨学科、跨地域和跨时区的数字协同工具以支持学生发展[①]，并强调强化综合性实践科目设计，以项目式教学方式增强学生学习难度。通过综合化、跨学科性和极具挑战性的教学内容帮助清华大学学生拓宽视野，并拥有勇气和自信。二是实行跨院系的联合主任制。清华大学i.Center创新创业辅修学位项目让合作院系推荐一名联合主任，共同指导辅修学位项目的运行。第二，i.Center面向全校开放。清华大学i.Center中心主任李双寿教授指出："只要是清华学生，不管是本科、硕士、博士，都可以使用工厂的场地、设备，并由值班老师提供指导。学生可以自主地使用设备加工自己的创意产品，可能只是一张自己才能看懂的示意图，而不一定是精确的图纸。"[②]可见，i.Center面向所有清华大学学生开放，学生聚集在一起分享知识、创造知识。此外，i.Center不但提供线下的实践平台以加强学生的跨学科实践能力，设置文化交流区提高文化品位与拓宽跨学科视野，还加强开发未来数字化制造平台，包括全校师生在内的未来创客群体均能够通过互联网获得前沿的制造业资源，为学生接触前沿科创信息、拓宽研究视野提供良好的条件。第三，i.Center建立一支跨界教师。i.Center聘请国内外知名的企业家、专家担任驻校创客导师。导师驻扎校园3~6个月时间，有充分的时间与学生共同参与、共同创造，提升学生的信息处理能力与人际交往能力。

---

① 顾学雍,王德宇,周硕彦,等.分布式学习工作流:融合信息技术与实体校园的操作系统[J].高等工程教育研究，2013(2):72-81,89.

② 约吗？去全球最大的校园创客空间：清华大学i.Center助力学生梦想变成现实[EB/OL].(2015-10-27)[2023-06-11].https://www.tsinghua.edu.cn/info/1182/42357.htm.

表 6-2　i.Center 创新创业辅修专业培养模式

教育要素		课程与要求
教育内容	全球共性的前沿领域,技术、设计与商业三者融合	共同课组和专业课组 共同课组:产业前沿、设计思维和创业训练 3 门核心课 专业课组:1 门跨学期的专业创新实践课以及技术、设计和商业 3 个专业选修课
教育方法	以创新产品开发为核心,跨界学习和团队实践;以跨院系合作的方式	
教育目标	掌握全球化背景下的创新创业理论、方法和工具,拓展学生的创新力和领导力,培养学生的首创精神与企业家精神	
师资	计算机系、机械系、美术学院、经济管理学院和基础工业训练中心等 9 个院系的导师	
招生	清华大学全日制本科生	学制一年半,要求修习不少于 25 学分的课程

资料来源:徐旭英.我国研究型大学创业教育的关键要素与运行机制研究[D].杭州:浙江大学,2018:73.

其二,具有协同性、交叉性和国际化特色的 x-lab。清华大学 x-lab 空间于 2013 年成立,依托经济管理学院,由 16 个院系合作共建,致力于培养面向未来的创意创新创业人才。"x"代表:探索"未知"(exploring unknown)、学科"交叉"(cross-disciplinary collaboration);"lab"代表:体验式学习(experiential learning)、团队合作(teamwork)。[①] 在具体的教育实践方面,x-lab 主要承担创新创业课程教授、创新力提升项目以及国际合作教育三大方面,创新力提升项目面向研究生开放。在本科生创新创业能力培养方面,x-lab 体现出以下特点:其一是面向项目团队精准提供创新创业课程。目前,x-lab 开设"创办你的企业""精益创新实践""创新、知识产权、商业战略""创业营销实务""创业机会识别和商业计划""创新创业实践"等课程。这些课程大多面向项目团队报名,且具有选拔性质,学生经选拔被评为优秀后方能参与课程。这提高了参与课程人员的精准性,提高了课程授课质量。项目团队大多由不同学科成员构成,x-lab 多数课程采用项目式教学和体验式教学,无形中促进不同学科之间的交叉碰撞。其二是开展国际化创新创业教育,培养适应国际竞争的拔尖创新人才。目前,清华大学 x-lab 与帝国理工学院、德国慕尼黑工业大学等国外知名

---

① 清华 x-lab[EB/OL].[2023-06-12].http://www.x-lab.tsinghua.edu.cn/459/list.htm.

高校建立了合作关系,联合建设"创新加速营""团队交换计划""全球挑战实验室"等国际项目,学生通过参与国际合作项目,能够与国际知名高校师生开展跨文化交流,与国外行业专业或创业精英进行思维碰撞,同时还能收获来自合作高校创新创业生态圈的资源支持。[①] 以 TIE[2](tsinghua TUM international innovation entrepreneurship exchange)为例,该项目是清华 x-lab 与德国慕尼黑工业大学共同开展,于 2015 年秋首次启动,至今已成功举办 7 期。2022 年,该项目以"硬科技"为主题,面向全校招募创业方向为硬科技领域(如人工智能、机器人、先进制造等)且已具备团队雏形或产品解决方案原型的团队成员,采用沉浸式线上工作坊的形式进行训练。项目就"商业模型""价值画布""沟通写作"主题进行课程授课、商业方案展示训练以及商业方案比赛等。学生通过与国际创业者及专业学者的交流,加深了对自身创业方向的认知。

(二)培养行动的形成因素

清华大学本科生创新创业能力培养在顶层设计理念上得到彰显,在课程体系中得到落实,在项目管理中得以强化。而这些实践行动的形成离不开清华大学在理论体系建构、师资队伍建设以及资源供给方面的努力。

1. 理论澄清:转变理解,变狭义创业为广义创业

创新创业教育常因狭义创业概念而受到误解,致使实践难以推进。事实上,创新创业教育作为"第三本护照"的定位决定了其是一种面向全体学生的新型教育模式和教育理念。但在很长的一段时间内,我国创新创业教育被窄化为创业教育,从而掀起了创业实践技能培训的热潮。这股热潮虽然有效带动了学生积极参与第二课堂实践活动,但对于高校第一课堂的影响则微乎其微。关键的政策概念缺乏阐释还带来创新创业教育的浅表化,普遍将"减免税费"等创新创业行为的保障措施视为创新创业教育行动。[②] 创新精神、创业精神以及创新创业能力的培养也逐渐被实践忽视。因此,改变对创业概念的狭义理解显得尤为关键。

对"创业"的理解应超越狭隘的"创办企业"认知,将"创业"视为开拓事业。"创业"在广泛意义上具有开创事业、开拓事业等内涵,体现了首创精神和创新

---

① 清华大学 x-lab 国际合作教育[EB/OL].[2023-06-12]. http://www.x-lab.tsinghua.edu.cn/gjjhxmwqqtzsys/list.htm.

② 周倩,胡志霞,石耀月.三螺旋理论视角下高校创新创业教育政策的演进与反思[J].郑州大学学报(哲学社会科学版),2019,52(6):54-60,126.

精神。清华大学副校长杨斌指出:"'创业'英文中的'business'不一定只是商业的意思,而可能是一项事业。"①清华大学提出高校应转变狭义的创业概念认知,认为"创业"首先最应凸显出学生的主动性和首创精神,理念澄清为清华大学创新创业教育顶层设计提供了科学的指引。基于此,清华大学创新创业教育无疑为本科生创新创业能力培养和教育教学改革提供了一个崭新的视角,即创新创业教育指向的不仅是创办企业等实践行为,更指向了涵盖创业精神、首创精神、创新创业能力等在内的素质能力的提升,从而也让面向全体学生的创新创业教育有了理论根基。

2. 人员保障:建设专兼职相结合、社会广泛参与的师资队伍

师资队伍是高校创新创业教育实施的重要保障,清华大学创新创业教育可持续发展的核心在于打造一支专兼职相结合、社会广泛参与的创新创业教育师资队伍,既能服务于高校创新创业教育的人才培养工作,又能推动创新创业研究成果的转化。

清华大学充分依托丰富的校友资源以及社会资源,将创新创业教育与广泛的资源供给相结合,进而实现师资队伍的丰富性。清华大学创新创业教育师资主要分为两类:一类是课程教师;另一类是创业导师。就课程教师而言,清华大学汇集多方师资力量,结合课程实际需求给予课程教师不同的岗位。如在具有学科交叉性质的人工智能创新创业能力提升证书项目上,汇集了来自工程学科、设计和经管等18个交叉院系的40余名联合导师②;"创新与创业:中国洞察""战略管理"等创业学理论课程上则由经济管理学院教师授课。总体来看,课程教师多是经济学、创业学或者人工智能领域背景的博士,主要专注于创新创业领域以及技术领域的探索。就创业导师而言,清华大学为学生聘请了专兼职的创业师资,建立起企业、政府、学界之间的桥梁。③ 清华大学提出"教师+"理念,邀请具有丰富实践经验的导师加入创新创业教育中,更

---

① 杨斌.创新创业教育对学校和学生究竟意味着什么?[EB/OL].[2023-05-23]. https://www.163.com/dy/article/HM5L9T4805218636.html.

② 清华大学王大力.融通创新带动高质量创新创业教育发展[EB/OL].[2023-05-20]. https://www.tsinghua.edu.cn/info/1662/85172.htm.

③ 董元方.专业教育视域下的高校创新创业教育改革研究:以清华大学创新创业教育改革为例[J].长春理工大学学报(社会科学版),2017,30(4):147-151.

好推动实现实践育人。① 创业导师入驻清华大学创业园、创业空间,为学生提供一对一指导。总而言之,清华大学全方位调动教师资源投入创新创业教育当中,建立起独具特色的创新创业教育师资。

3. 环境支持:充分利用资源,建立创新创业教育生态圈

创新创业教育具有开放性特征,创新创业教育的构建依托于强大的产学研用一体化的生态环境,这一方面能够促进科研成果向市场转化,另一方面也能够实现市场资源进一步反哺高校内部的教育教学实践改革。清华大学创新创业教育的成功前提于其能够根据国家和区域所需,并结合自身学科优势形成有效的资源联动机制。

清华大学在推进创新创业教育之时,始终强调并重视与产业行业的合作,努力创建以清华大学为核心的科技转移转化体系。数据科技公司"青塔"对我国高校2017—2021年科技成果转化合同金额进行了汇总统计,清华大学连续五年均位居全国第一②,由此可见清华大学在科技转移转化体系建设上具有显著成效。清华大学主要通过以下方面优化创新创业教育生态圈。首先,清华大学大力推动与企业行业之间的联系,致力于打破"象牙塔"围墙,主动走出校园。到目前为止,清华大学与中国石化科技、中国三峡科技、华为技术有限公司等国内知名企业,与丰田汽车公司、梅赛德斯-奔驰集团、博世集团等国外知名企业,围绕高水平跨学科人才培养、基础及应用研究、成果转化等方面进行深度合作。③ 通过与国内外企业的合作,有效激活创新创业主体的效能。其次,清华大学鼓励跨院系合作,通过知识异质性与知识整合性进一步满足社会对创新创业人才与科研成果产出的需求。面对创新创业时代要求,以开放的心态、前沿的视野推动"有组织科研"是趋势。清华大学鼓励本校内部进行跨院系学术交流,与校外不同学科进行跨学科交流。创新创业教育生态圈有利于清华大学与政府、与企业形成紧密关系,在资金给予、资源输送以及咨询决策服务方面相互关联、相互支持,清华大学创新创业教育也随着创新创业生态圈的扩大而不断朝着更加开放、包容以及国际化的方向前进。

---

① 学堂在线"中国创业学院"频道聘任首批35位创业导师[EB/OL].(2016-04-01)[2023-05-19].https://www.tsinghua.edu.cn/info/1176/27631.htm.

② 连续五年!全国高校科技成果转化50强![EB/OL].(2023-08-10)[2023-09-01].https://baijiahao.baidu.com/s?id=1773779426478960989&wfr=spider&for=pc.

③ 清华大学企业合作[EB/OL].[2023-09-/11].https://www.tsinghua.edu.cn/kxyj/kyhz/qyhz.htm.

二、浙江大学本科生创新创业能力的培养行动

1999年,浙江大学率先成立了我国第一个创新与创业管理强化班(2000年并入新成立的竺可桢荣誉学院),启动未来企业家培育工程,开创了国内在本科生中系统化教授创新创业知识的先河。① 2007年,浙江大学成立全国首个创新创业学院,该学院是面向学生开展创新创业教育的主要平台,也是学校实施素质教育的重要载体,汇聚与统筹了校内外创新创业教育资源。

经过20余年的发展,浙江大学探索出了具有学校特色、支撑区域发展、契合国家战略的研究型大学本科生创新创业能力培养机制,造就了卓越的创新创业教育成绩。据统计:在创业资金筹集方面,浙江大学自2014年以来已募集创新创业基金超30亿元人民币;学校从0到1孵化的学生创业团队累计融资总额达15亿元人民币;在学生获奖方面,五届中国"互联网+"大学生创新创业大赛中,浙江大学学生创新创业团队荣获2次总冠军,1次亚军,2次季军,2次最佳创意奖,2次最具商业价值奖,共计获得20项金奖,金奖总数居全国第一,连续5届获得先进集体奖。②

浙江大学创新创业教育成为全国创新创业教育的典范:2015年7月,浙江大学获评教育部首批"全国高校实践育人创新创业基地";2016年7月,被教育部评为首批"全国创新创业典型经验高校";2017年1月,被教育部认定为"全国首批深化创新创业教育改革示范高校";2017年6月,入选国家双创示范基地;2022年9月,成功入选首批国家级创新创业学院、国家级创新创业教育实践基地。③ 因此,通过探讨浙江大学在本科生创新创业能力培养方面的实践特色,能够促进关于研究型大学创新创业教育未来方向的思考。

(一)本科生创新创业能力培养行动

浙江大学创新创业教育的实践探索集中在三个方面:一是构建全链条的创新创业教育和成果转化体系;二是打造四课堂融会贯通的创新创业教育生

---

① 孙惠敏,陈工孟,主编.全球创新创业教育研究报告[M].北京:经济管理出版社,2016:100.

② 浙江大学创新创业学院介绍[EB/OL].[2023-08-09]. http://cxcy.zju.edu.cn/frontend/web/index.php?r=collegeintro%2Fintro.

③ 浙江大学创新创业学院介绍[EB/OL].[2023-08-09]. http://cxcy.zju.edu.cn/frontend/web/index.php?r=collegeintro%2Fintro.

态圈;三是完善协同发展的创新创业教育政策环境。① 在长期的实践过程中,浙江大学在本科生创新创业能力培养上呈现出坚持"基于创新的创业"(innovation-based entrepreneurship,IBE)的高校创新创业教育顶层设计,始终聚焦创新创业教育课程体系改革发展,推动以师生共创为主要实践方式的创新创业教育资源供给平台。

1. 构建"基于创新"的创业教育顶层设计

研究型大学开展创新创业教育的基础和根本是"创新",指向的也是"创新"。创新创业教育是一项系统化工程,创新创业教育的目标定位是依托于高校的人才培养目标定位的,即应根据高校人才培养目标和需求精准化定位创新创业教育。目前我国创新创业教育的趋同化发展与各类型高校对自身人才培养定位认知不清、目标模糊不无关系。相较于其他类型高校创新创业教育,浙江大学秉持"基于创新的创业"教育理念,更加提倡学生基于专业知识的创新创业。

其一是人才培养目标的定位。② 创业的价值导向在于将所学知识转化为社会价值的自我实现,而非仅仅局限于盈利的现实需求。浙江大学创新创业教育的目标体系分为两层:一层是面向全体学生,主要以创新创业意识、创新创业知识、创新创业能力、创新创业精神等为目标体系;另一层是面向具有创业意愿的学生,主要培养学生市场敏锐性、决策力、自主思考能力、合作能力、管理能力等偏向创办企业以及管理企业所需的能力素养。浙江大学在人才培养定位上围绕面向全体学生与面向具有创业意愿学生分别制定创新创业教育人才培养目标,构建起"时代高才"的一体两面。③ 在共性层面,浙江大学把向社会输送更多有志于担当社会责任、创造社会财富的精英人才作为人才培养的重要目标;在个性层面,浙江大学将培养有创新、有情怀、有态度的创业者作

---

① 姜嘉乐,李飞,徐贤春,等.浙江大学人才培养的理念、模式、特色及其实践:浙江大学校长吴朝晖访谈录[J].高等工程教育研究,2016(4):1-4.

② 邬小撑,吕成祯.走出大学创业教育实践体系构建的困境:以浙江大学为例[J].复旦教育论坛,2015,13(5):37-41.

③ 浙江大学全方位推动创新创业融入人才培养[EB/OL].(2015-11-06)[2023-08-01]. http://www.moe.gov.cn/jyb_xwfb/s6192/s133/s192/201511/t20151106_218015.html.

为创新创业教育目标①,实现创新能力、组织能力、把握机遇能力与技术型创业的有机融合。

其二是深入开展校本创新创业教育研究。我国创新创业教育发展较晚,创新创业教育理论体系尚不成熟。对于我国高校来说,如何形成一套本土化的、具有中国特色的创新创业教育理论体系以指导创新创业教育实践是当前的紧迫要事。浙江大学组建本校创新创业教育研究平台——创新创业学院,并发挥教育学院、管理学院等二级专业学院的智库力量推进创新创业教育的理论研究。在二级专业学院开展的创新创业教育理论研究之外,浙江大学创新创业学院积极引进和培育包括行政管理人员等创新创业教育管理者、专任教师等创新创业教育参与者,以及创新创业教育研究者等在内的多种力量参与本校创新创业教育研究,这既拓宽了创新创业教育政策意见的来源渠道,同时也能促进不同主体之间的有效合作。如2022年浙江大学创新创业学院通过面向全校设置创新创业教育研究课题的方式深化多元主体对本校以及国内外创新创业教育的研究,立项题目有《医工信交叉背景下专业实验室的双创教育模式的探索与实践——以浙江大学双脑中心为例》《数智驱动精准就业创业教育的模型设计——以浙江大学为例》等。②

2. 搭建阶梯式的创新创业教育课程体系③

课程是高校开展创新创业教育、传播创新创业知识、提升学生创新创业能力的重要渠道。浙江大学重视创新创业教育课程体系建设,主要通过设置创业管理主修专业、第二学位等方式推动本科层次创新创业人才培养,是国内首家系统化教授本科生创业知识的高校。④ 据调查,目前浙江大学创新创业教育课程150余门,其中通识教育类课程35门,形成了阶梯式、复合型的创新创业教育人才培养课程体系。

---

① 赋能教育领域,传化助力浙大第十四届"蒲公英"大学生创业大赛[EB/OL].(2022-05-31)[2023-06-23]. https://baijiahao.baidu.com/s?id=1734313670151480937&wfr=spider&for=pc.

② 关于公布2022年浙江大学创新创业教育研究课题立项的通知[EB/OL].(2022-12-20)[2023-01-05]. http://cxcy.zju.edu.cn/frontend/web/index.php?r=news%2Fdetail&cid=38&id=730.

③ 林伟连,吴伟.以"IBE"为特色的全链条式创新创业教育体系构建:浙江大学创新创业教育与人才培养实践[J].高等工程教育研究,2017(5):154-157,180.

④ 孙惠敏,陈工孟,主编.全球创新创业教育研究报告[M].北京:经济管理出版社,2016:100-101.

其一，积极构建"创新创业通识类""创新创业专业类""创新创业深化类"三层次递进的课程体系。如图6-3可见，浙江大学在探索"基于专业的创新创业选修课"的基础上，也试图将创新创业精神融入其他传统专业课程中，期冀培养学生同时具备专业技能和创新创业精神。专业创业类课程由各个专业学院提供，鼓励多个学院合作开设，既面向本专业学生授课，同时面向全校学生选课。在创业通识课程设置上，涵盖了通识必修学分和选修学分，为学生提供充足的选择空间。

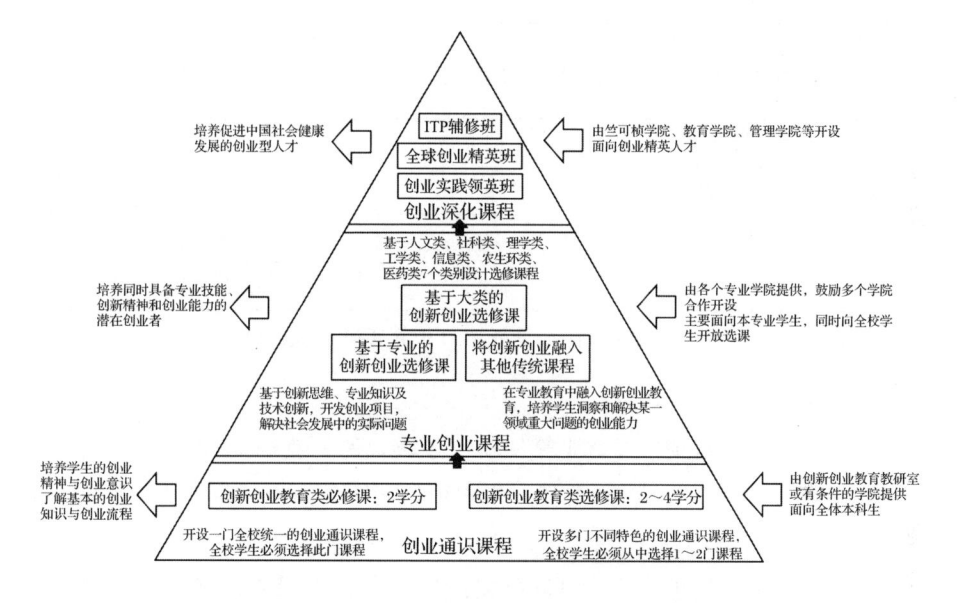

图6-3 浙江大学创新创业教育课程体系

资料来源：林伟连,吴伟.以"IBE"为特色的全链条式创新创业教育体系构建：浙江大学创新创业教育与人才培养实践[J].高等工程教育研究,2017(5):154-157,180.

除此之外，浙江大学积极探索创业辅修班，为具有创业意向的学生提供精准化的、可操作性的创业辅导。表6-3为竺可桢学院创新与创业管理强化班的课程内容，该班采用互动式教学、案例教学以及情景教学，由企业家、职业经理人参与授课，形成跨学科、跨组织合作的特色教育体系，覆盖了学生创业所需的沟通辅导、营销管理等知识。①

---

① 孙惠敏,陈工孟,主编.全球创新创业教育研究报告[D].北京：经济管理出版社,2016:104.

表 6-3　创新与创业管理强化班培养计划

课程名称	学分	开课时间
管理学基础	3	第五学期秋冬
经济学基础	3	第五学期秋
创业管理	2	第五学期秋
商务沟通	2	第六学期春
企业法与知识产权管理	2	第六学期春
创业投资与创业财务	2	第六学期
电子商务	2.5	第七学期秋
营销与战略	2	第七学期秋
新产品开发与项目管理	2	第七学期秋
企业实习	3	暑假
创业设计	6	第八学期夏

资料来源：孙惠敏,陈工孟,主编.全球创新创业教育研究报告[M].北京：经济管理出版社,2016:104.

其二,整合社会、政府、企业等创新创业教育课程资源,积极推进分层、分类的创新创业教育。一方面,浙江大学积极拓展国外高校创新创业教育资源,推动创新创业教育国际化,致力于培养具有国际视野的创新创业人才。浙江大学于 2014 年牵头组建联合国教科文组织中国创业教育联盟,与斯坦福大学、隆德大学(Lund University)、硅谷孵化器联合成立"浙江大学硅谷创业实验室";与美国百森商学院(Babson College)、法国里昂商学院(Emlyon Business School)联合设立"全球创业管理"硕士学位;每年选拔 15 名优秀学生创业团队骨干到美国硅谷等进行创业交流;等等。另一方面,浙江大学开展的短期课程、沙盘模拟、素质拓展等创新创业专题培训,作为学生创新创业教育课程的有效拓展与补充。

(二)构建基于师生共创的创新创业教育平台①

相较于服务创新等转化形式,基于知识创新的成果转化通常面临着更多

---

① 尹国俊,都红雯,朱玉红.基于师生共创的创新创业教育双螺旋模式构建：以浙江大学为例[J].高等教育研究,2019,40(8):77-87.

困境,单纯依靠学生难以突破实践的困境。对于学生而言,他们长期生活在学校内,社会阅历匮乏,人际关系交往也较为单一,虽然有一定的知识基础,但持续性的知识创新能力仍较为薄弱,在推动知识创新成果走向市场化上存在资源困境。因此,在面对创新知识转化为科技成果时,他们往往存在诸多难题。研究指出,高校创新创业教育师资应该定位为创新意识的启发者、创业知识的传播者、创业信息的传达者、创业活动的组织者、创业过程的指导者。① 相比较之下,教师的社会阅历、知识创新能力以及实践能力有效弥补了学生群体"基于创新的创业"所面临的不足。因此,调动教师群体的深度参与对提升高校创新创业教育质量具有深远意义。浙江大学搭建起项目引领、资源汇聚、课程学习、创业育成四大平台,形成创新创业教育师生良性互动的微生态循环系统。(见图6-4)

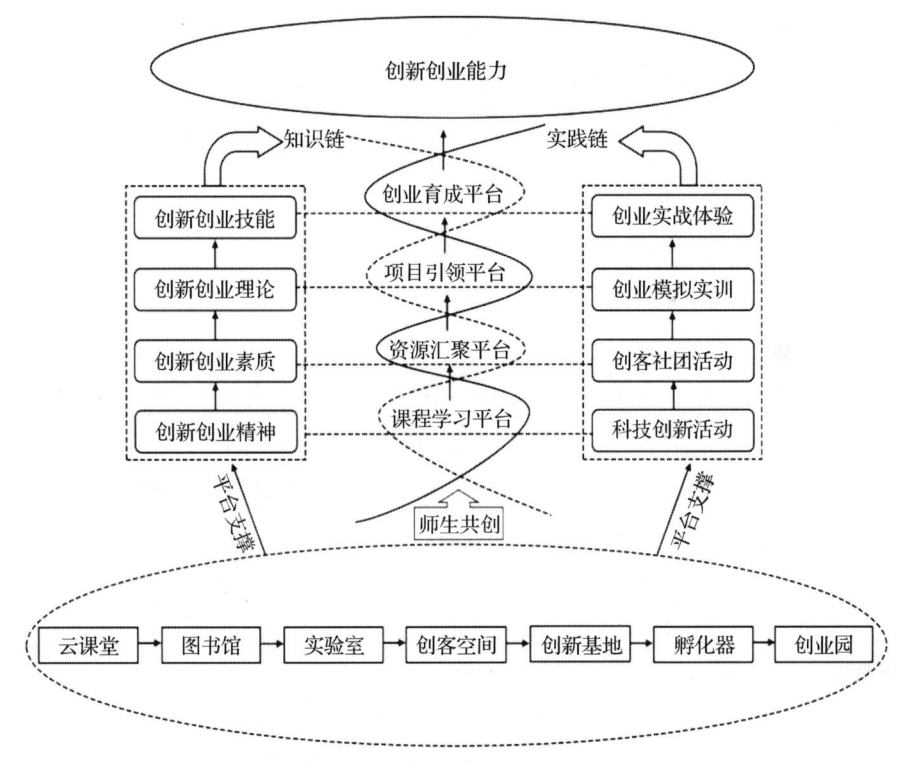

图6-4 基于师生共创的创新创业教育双螺旋模式

资料来源:尹国俊,都红雯,朱玉红.基于师生共创的创新创业教育双螺旋模式构建:以浙江大学为例[J].高等教育研究,2019,40(8):77-87.

---

① 丁越勉.高校创业教育教师角色及素养的再审视[J].黑龙江高教研究,2015(12):72-74.

其一,整合校内外教师资源,建立起创新创业课程学习平台。一方面,依托地域优势,将浙江省企业家的创新创业精神融入浙大人才培养全过程。浙江大学邀请校外著名投资人、企业家、行业专家入驻学校担任创业导师,通过"创业总裁说""企业家创业论坛"等形式形成"导师带徒"的模式。另一方面,努力搭建创新创业在线课程,提高创新创业教育的覆盖面,提升创新创业教育的及时性和便利性。浙江大学推出一批资源共享的创新创业相关慕课、SPOC、视频公开课等在线开放课程,供学生在线自主学习。

其二,搭建资源汇聚平台,以资源积累促进素质提升。一方面,浙江大学积极推进各学院开展基于学科特色的创客空间建设。如浙江大学生物医学工程与仪器科学学院以实验室为基础创建创客空间——Cookie 空间,围绕生物医疗仪器开发等方向践行创业教育,让创新得以实现。另一方面,面向全校与周边大学开放创客空间,提高资源汇聚度,推动构建创新、创业与孵化一体化的创新创业教育全链条。浙江大学 Idea Bank 创客空间致力于为浙江大学师生以及周边大学导师提供低成本、便利化、全要素和开放式的服务平台,项目涵盖虚拟技术、设计服务以及在线教育等多个领域,涉及计算机、管理、经济等多个学科。

其三,搭建项目引领平台,以创新创业带动学业。浙江大学鼓励科教融汇,积极推动教师以科学研究带动学生参与科研互动。一方面,浙江大学部分专业实行本科生导师制,鼓励教师积极指导学生参与科学研究项目,教师指导学生发表论文可以计入教师教学业绩考核。另一方面,推动教师学术创业,积极鼓励教师将科研成果转化为科技成果,在技术转化的过程中为师生共创创造条件。大学教师学术创业是高校服务社会发展的形式之一,同时也能为学生参与教师科研项目提供机会。浙江大学出台教师科技成果转化政策,教师科技成果转化占 70% 的收益。

其四,搭建创业育成平台,协同创业孵化资源。浙江大学积极构建创新创业教育实践平台,如互联网+创客空间、传感创客空间、紫金创业元空间。同时,浙江大学还不断开拓国际化创业平台,如与英国帝国理工学院(Imperial College London)创建联合基地,开展创新创业枢纽群建设等。除此之外,浙江大学还推动构建以创新创业学院为核心的组织体系,将各学院、各部门有机统筹起来,实现创新到创业的一体化资源精准供给。总之,浙江大学通过搭建丰富的创业育成平台,为师生共创提供了场所与资源。

(三)培养行动的形成因素

浙江大学本科生创新创业能力培养的特色充分表明,研究型大学坚持以创新为支撑,在扎实的专业理论知识基础之上,通过丰富的师生共创形式,搭建多元化的实践平台,营造敢于冒险、勇于探索的创新创业氛围,促使专业理论创新与实践行动相辅相成。

1. "创新"与"创业"相互结合,坚持研究型大学办学定位

创新创业教育的提出适应了我国高校教育教学改革的实际,"创业"逐渐从就业替代形式转变为人才培养的重要手段而被广泛推崇。作为研究型大学人才培养的重要手段,创新创业教育始终基于"创新"本色,坚持创新创业教育不仅体现于创业行动,同时也是扎根于新知识生产过程中的学科专业建设。

在该认识下,研究型大学本科生创新创业能力培养总体上围绕着创新创业课程体系建设而进行。其一,主动改革创新创业教育课程内容。一方面通过新生路径建设创新创业课程,浙江大学根据大学生创业实践需求,主动设置和发展一批创业课程;另一方面是通过转型路径对现有课程体系进行改革,拓展和深化传统专业课程内容,提高传统课堂的教育教学活力,推动实现创新创业教育与专业教育的真正融通。其二,提高教师队伍创新创业教育能力,为学生创新创业能力培养提供支持。"基于创新的创业"是研究型大学本科生创新创业能力培养的基本遵循,但学生开展"基于创新的创业"存在不少挑战。浙江大学从改革教师队伍建设着手,推动教师学术创业,组建师生共创,为学生创新创业带来了丰富资源,同时也提高了教师队伍对新时代高校创新创业教育的认可度和投入度。总体来看,师生共创的理念和形式能够很大程度激发学生敢于冒险的创新创业精神。

2. 以理论建设引领创新创业教育校本政策研制

创新创业教育理论研究机构的强弱及其专业化程度对高校创新创业教育的方向指引与具体实践均有着重要的影响。长期以来,我国创新创业教育政策以强制性变迁为主,实现了创新创业教育在全国范围内的普遍实施。但是,过度依赖国家政府宏观性战略的惯习也催生高校系列策略行为。创新创业教育质量依靠创新创业教育政策的精准优化,而这需要强化高校在创新创业教育政策变迁中的主体性地位。浙江大学通过组建创新创业教育研究平台,推动本校创新创业教育研究团队的建设。因此,在国家政府制定的创新创业教育框架下,浙江大学能够结合本校教育教学的优势,充分吸纳师生的意见,设

计具有具体行动步骤和准则的创新创业教育校本方案,切实提高创新创业教育政策与本校教育教学实际的匹配度。此外,实践是高校创新创业教育制度化的动力,也是创建高校创新创业教育话语体系的鲜活来源。为增进对实践场域的理解,也为了让理论研究更具有实践指导价值,浙江大学充分发挥研究团队力量,不断扎根中国创新创业教育实践,为抽象的话语体系提供鲜活的实践案例支撑,关于浙江大学本科生创新创业能力培养的相关论文已不鲜见。

3. 与地域环境相贯通,打造创新创业教育生态圈

21世纪是知识经济时代,知识经济是以智力资源的占有和配置,以知识的生产、分配和消费为重要因素的经济发展形态,而研究型大学恰恰是一个知识密集型机构,聚集了大量的学者和研发团队,在人才培养、技术转化和科技创新上有着得天独厚的优势,理应成为城市发展的"创新之源",进一步推动城市形成持续的协同创新能力。

研究型大学的智力资源孕育了地区优势,地域创新氛围同时也将激发高校持续的创新动力。大学社会服务职能的拓展加速了大学与城市的交流合作,在交流合作中,大学对城市问题的关注日渐增加,因此大学也逐渐建立和明确服务区域发展的理念,并开展了一系列活动。例如,美国耶鲁大学通过成立州与地方经济事务办公室,构建了市政府、市民及企业之间的沟通渠道,深入参与到城市改造建设项目以及提供在职培训,帮助纽黑文市解决社会难题。在耶鲁大学的积极参与下,纽黑文市分别于2003年和2007年两次获得"全美复兴城市奖"。再以剑桥大学为例,1970年,在剑桥市西北角,剑桥大学三一学院建立剑桥科技园。由于三一学院的科技优势和人才优势,再加上剑桥大学提供的一系列科技转化和孵化服务以及配套的商业措施,一大批企业进驻科技园。因此就构建起了以高校为主导、政府在政策和资金上支持、社会市场参与的"政府—高校—企业"三角互动关系,而这样的互动网络逐渐构建了英格兰东部地区的经济发展中心,创造了闻名世界的"剑桥现象"。斯坦福大学积极承担企业人才的再教育任务,为硅谷的工程师提供了便利的进修计划;成立科技许可办公室(office of technology license, OTL),建立成熟的专业化知识产权管理,为高校与企业的顺利合作提供保障,使斯坦福大学成为推动硅谷发展以及世界创新型区域发展的智库。

大学承担着知识生产创新的重任,有着卓越的科研实力,但在商业性发展经验方面比较缺乏,而企业往往善于将知识商业化。大学与企业的合作,实现了优势的叠加效应。在知识经济时代,高校和地区的所有努力均指向一个共

同的目标——知识的流动。浙江大学特别强调打破科技公司、教育、事业单位之间的界限,实现科研项目、人才流动等方面高效率的双向知识流动,在充分发挥学科优势和人才优势,扎扎实实地为区域的发展提供人才和智力支撑的同时,也能促进市场资源对本校教育教学资源的补充。

三、香港中文大学本科生创新创业能力的培养行动

香港是世界上最具活力的城市之一,也是亚洲著名的科技枢纽之一,香港地区的高校创新创业教育成为我们关注的重点。香港中文大学(Chinese University of Hong Kong,CUHK)成立于1963年,是亚洲顶尖的公立研究型大学,以"结合传统与现代,融会中国与西方"为办学使命,坚持科教融合,取得了卓越的办学成效。在泰晤士高等教育世界大学排名中,由2016年的138位跃升至2021年的56位,在QS世界大学排行榜中由2016年的第51位上升至2022年的第39位。[①] 在创新创业教育受到各国各地区高度重视之时,香港地区高校创新创业教育便以培育"创业思维"作为核心育人目标,香港中文大学是香港地区创新创业教育典型代表高校,创新创业教育历史悠久,设置了多个创新创业中心和项目,形成了良好的创新创业教育生态。香港中文大学依托本校教育资源以及地区创新创业资源培养本科生创新创业能力的经验值得进一步深挖。

(一)本科生创新创业能力培养行动

香港中文大学在创新创业教育理念、课程教学、科研与实践体系等方面形成了自己的特色,构成了"教学、实践、研究"三位一体的创新创业教育模式[②],为本科生创新创业能力的提升提供了系统性培育框架。

1. 尊重学生主体性,激发学生创新创业精神

萨塞克斯大学(University of Sussex)创办人布里格斯(Asa Briggs)认为,"他(本科生)不但能够成为一个受过良好教育的人,而且至少有潜力成为

---

① 《中大2025》简介[EB/OL].[2023-07-12]. https://translate.itsc.cuhk.edu.hk/uniTS/www.cuhk.edu.hk/strategicplan/cuhk2025/tc/introduction.html.
② 朱春楠,区玉辉.基于"创业思维"理念的创业教育:香港中文大学经验与启示[J].当代青年研究,2018(4):98-103.

一个更好的专家。他将不但掌握自己专业的内容,而且还能把握自己专业的方位"①。高校除了需要解决外部社会对专门人才的需求,也应该打破不同科目之间的界限,激发本科生的想象力。香港中文大学同样持此观点,世界一流大学除了着重专门科目的训练外,还应培养学生慎思明辨的能力和文化意识,后者是现代以及未来世界公民的特质。② 因此,香港中文大学重视学生的全人发展,将通识教育居于本科生教育的中心位置,认为通识教育能够拓宽学生的视野,并培养学生面对当代社会挑战的能力。③ 香港中文大学通识教育课程设计在 2015 年获得美国"通识及自由教育课程协会"通识教育优化模范课程奖(首所美国以外的获奖院校),2016 年荣获香港教资会"杰出教学奖"。④从系列论述以及表现可见香港中文大学对通识教育的重视程度。

香港地区高校创新创业教育首先强调学生的社会责任教育,关注学生创新思维的培养和创业意识的激发。⑤ 香港中文大学在开设创新创业教育之时,便将开启创新创业思维作为创新创业教育的核心,目的是指向学生创业热诚与创新创业精神,"高等院校一直肩负培养学生创新精神,开启学生'创业思维'的责任"。⑥ 可见,香港中文大学将创新创业教育视为通识教育的一部分,是通识教育在创新创业时代下的一种特殊教育模式。

2. 多元课程共进,统筹共性与个性培养

创新创业人才的培养离不开高校教育教学,课程教学是高校育人目标实现的主要载体,课程体系结构、内容设置以及实施方式都需要回应育人目标。香港中文大学在创新创业教育理念以及总体办学目标的引导下,注重开发个体创新创业潜能、培养学生创新创业能力,现已面向在校大学生开设通识教育

---

① BRIGGS A. The collected essays: Vol Ⅲ[M]. Sussex: Harvester Wheatsheaf, 1991: 351-352.
② 通识教育[EB/OL].[2023-07-12]. https://translate.itsc.cuhk.edu.hk/uniTS/www.cuhk.edu.hk/chinese/aboutus/general-education.html.
③ 中大简介[EB/OL].[2023-07-12]. https://translate.itsc.cuhk.edu.hk/uniTS/www.cuhk.edu.hk/chinese/aboutus/university-intro.html.
④ 金耀基.论大学通识教育的本质与意义:简介香港中文大学的通识教育的理念与实践[J].现代大学教育,2021,37(5):1-6,112.
⑤ 陈蕾.香港高校创业教育发展情况及启示[J].世界教育信息,2016,29(15):62-66.
⑥ 朱春楠,区玉辉.基于"创业思维"理念的创业教育:香港中文大学经验与启示[J].当代青年研究,2018(4):98-103.

类、创业专业类及专业培训类三类课程①,这三类课程成为香港中文大学创新创业教育和人才培养的基石。

其一是培养学生成为"全人"的通识教育类课程。通识教育课程有利于拓宽学生视野,培养学生抽象思维能力以及社会责任感。创新创业教育面向未来社会培养人才,社会责任感以及创新创业思维是其重要内容。香港中文大学面向全校学生推出创新创业教育的通识类课程,如社会创业课程②,学生通过书院进行课程选修③。学生修习创新创业教育通识课程以加深对创业的认知,有利于激发学生的创新创业精神。

其二是重在培养学生创业意识的创业专业类课程。除了以通识教育培养学生创新创业意识和能力之外,香港中文大学还面向本科生开设专业课程,以"生物科技、创业与医疗管理学士"(Bachelor of Science in Biotechnology, Entrepreneurship & Healthcare Management)学位课程为典型。该跨学科课程由理学院、医学院和工商管理学院共同承担,面向有志于在生物科技创业、商业分析或医疗保健领域发展的学生。具体的课程有"财务会计入门""财务管理""健康行为的理论""传染病原理"等④,除了由生物医学等学科领域教师教授以外,还邀请相关企业行业的专家为学生授课⑤,以推进理论知识与实践的有机融合。除此之外,香港中文大学开设商业模块、案例模块、创业模块以及家族模块四个理论模块,内容包括创业项目管理、风险投资、市场调研等;在实践课程设置上,带领学生考察香港创业孵化园、社会企业等。⑥

其三是面向创业者的创业培训课程。香港中文大学面向学生创业者开设

---

① 朱春楠,区玉辉.基于"创业思维"理念的创业教育:香港中文大学经验与启示[J].当代青年研究,2018(4):98-103.

② 刘峰.论高校"社会创业教育"的内涵与实施模式[J].继续教育研究,2017(10):28-30.

③ 朱春楠,区玉辉.基于"创业思维"理念的创业教育:香港中文大学经验与启示[J].当代青年研究,2018(4):98-103.

④ Bachelor of Science in Biotechnology, Entrepreneurship & Healthcare Management[EB/OL].[2023-09-12]. http://www.sci.cuhk.edu.hk/images/content/publication/BEHM_UG.pdf.

⑤ 商学院课程[EB/OL].[2023-07-12].https://www.bschool.cuhk.edu.hk/chi/zh-hans/? interests=entrepreneurship-and-innovation-sc.

⑥ 朱春楠,区玉辉.基于"创业思维"理念的创业教育:香港中文大学经验与启示[J].当代青年研究,2018(4):98-103.

创业技能培训课程,例如如何进一步提升品牌效应,如何建立专业化团队,如何设计管理系统;等等。

3. 开展丰富的实践活动,积极促进学生的社会体验

香港中文大学提出教育教学资源应投入在学生多方面的发展上,学生发展不仅依托正式课程,还应该辅以课外实践活动。① 香港中文大学不仅提供了学科领域的实践活动,还积极整合校内外资源,开展各类创业实践活动,帮助学生开阔视野并培养学生机会把握能力。

一是设置国际交流计划。香港中文大学至今已与 34 个国家或地区的 260 所大学开展了学生交流计划,香港中文大学学生可申请前往美国加州大学、宾夕法尼亚大学、哥伦比亚大学等知名学府。② 这些计划的设置为学生感受多元教育文化环境,提升沟通交流能力提供了条件。

二是丰富创业实践活动,促进学生与社会的交流。创业研究中心是香港中文大学创新创业教育研究的重要机构,也是其"教学、实践、研究"三位一体创新创业教育模式的主要设计部门。创业研究中心主任区玉辉教授指出,"00后"的 Z 世代对创业的兴趣空前高涨,但与上一辈创业者由职场走向创业的形式有所不同,Z 世代比上一辈拥有更多的财富积累、有更高的受教育经历,以及对世界文化和世界市场的变化有更加敏锐的认知,他们的冒险精神和较强的自信心是开展创业的显著优势。然而,缺乏工作经验成为他们初创企业的短板。如果能够增强学生与具有丰富经验的企业家的接触程度,那么学生的创业将更为顺利。③ 创业实践是创业理论研究的材料来源,在理论指导下,香港中文大学设置丰富的实践计划,如:创业学长计划(CU Entrepreneurial Mentorship Programme),邀请创业校友返校担任学长,为学生传授创业经验,以帮助学生改善创业和深化创业实践;设置"中大创进坊"加强集资平台建设,满足不同创业阶段学生的需求。④

---

① 本科招生[EB/OL].[2023-07-12].https://admission.cuhk.edu.hk/sc/all-round-development.html.
② 本科招生[EB/OL].[2023-07-12].https://admission.cuhk.edu.hk/sc/all-round-development.html.
③ 在 2023 年及以后创业[EB/OL].[2023-07-12].https://www.bschool.cuhk.edu.hk/chi/zh-hans/entrepreneurship-in-2023-and-beyond/.
④ 王占仁,区玉辉.香港地区高校创业教育体系建设的实践与启示:以"中大创进坊"为个案的研究[J].创新与创业教育,2017,8(1):20-23.

(二)培养行动的形成因素

香港中文大学本科生创新创业能力培养依托于体系化的创新创业教育机构和丰富的创新创业资金投入。

1. 丰富创新创业教育机构,提高机构之间的协调性

香港中文大学成立了多所创新创业教育组织机构,分别承担不同的职责。香港中文大学创业研究中心成立于2005年,作为创新创业教育的统筹协调机构,在香港中文大学创新创业教育理念研究、课程教学体系建设以及校内外资源整合方面均发挥了关键作用。为了进一步深化创新创业教育,推动师生积极参与创新创业教育,2014年香港中文大学率先成立香港地区首个提供全面创业服务的机构"前期创业育成中心"(Pre-incubation Centre,Pi Centre),为有志创业学生提供工作空间、专业设备以及创业顾问。时任香港中文大学校长的沈祖尧教授表示:"Pi Centre为同学提供实践创意的空间和支援平台,亦将各种创业的资源带进校园。只要是对创业有热诚的同学,Pi Centre都可以帮助他们。我们希望Pi Centre可以造就更多具有社会责任及可持续发展的企业,融合理论知识、热诚及市场需求。"[1]在知识转移转化方面,香港中文大学成立研究及知识转移服务处和创新科技中心,提高校内对应用科研的认识,并为师生科研成果推向市场提供服务,有效处理师生与市场之间的协同关系。

2. 提高资源丰裕度,优化资源配置

香港中文大学不断提升创新创业教育资源的丰裕度,积极建立与政府部门、企业行业之间的密切合作,吸引相关资源对创新创业教育的投入。

其一,不断扩展资金资源。随着知识生产模式的转型,高校科研也逐步由面向学科与论文转变为面向问题、面向国家和区域创新体系。香港中文大学顺势而为,注重应用学科研究。《香港中文大学策略计划2016—2020》提到,香港特区政府预计拨款20亿元成立创科创投基金,用以支持科技转移转化。[2] 2016年,香港中文大学获得研究资助金6.4450亿港元;2020年,资助

---

[1] 中大成立 Pi Center[EB/OL].(2014-11-25)[2023-08-22].https://www.cpr.cuhk.edu.hk/sc/press/cuhk-launches-pi-centre-to-boost-student-entrepreneurship/.

[2] 周光礼,赵亚丽.文科大学的综合化:香港中文大学的案例研究[J].高等教育研究,2021,42(3):42-49.

金额增至港币 11.7840 亿。①

其二,丰富创业信息以及指导资源。香港特区政府资助香港中文大学创业中心举办"香港社会企业挑战赛",加大高校对青年创业者的培养力度,刺激学生创业思维。②香港特区政府发动民政事务局、社会福利局等多个部门,启动"青年共享空间计划""社会企业伙伴计划",既为创业初期的企业家提供创业空间、税费减免等支持性服务,同时又为他们与商业导师沟通交流搭建平台,拓展社会资源。③

其三,加强与地域的交流融合。就香港本地创新创业环境而言,学生创业者可能面临着较大的经济压力,粤港澳大湾区的建立为学生创新创业提供了机会。香港中文大学抓住这一时机,依托湾区优势,加强资源整合。2015 年 9 月,香港中文大学在深圳成立星河 WORLD 创新创业基地,为学生提供如创业技术技能培训、创业团队组建、创业模式研究等创业基础工作支持,同时也通过引进企业力量为学生创业提供种子投资、天使投资等金融服务。④

第二节　国外案例高校本科生创新创业能力的培养行动

一、美国斯坦福大学本科生创新创业能力的培养行动

美国斯坦福大学积极探索具有学科特色的创新创业教育,强调本科生创新创业能力的培养应该基于学科知识特性。此种创新创业能力培养理念不仅阐发了创新创业教育的学科主张,丰富了学界对创新创业教育的理论认知,而且也为推进创新创业教育进程提供了方向指引。因此,本节将重点挖掘与探

---

① 《中大 2025》简介[EB/OL].[2023-07-12].https://translate.itsc.cuhk.edu.hk/uniTS/www.cuhk.edu.hk/strategicplan/cuhk2025/tc/introduction.html.
② 王占仁,区玉辉.香港中文大学创业教育的实践创新与启示[J].中国高等教育,2016(12):57-59.
③ 李健,荣幸.国际比较视野下的社会企业政策模式选择:基于"工具—结果"维度的多案例研究[J].社会政策研究,2020(2):40-53.
④ 侯静,栾宇.青年创新意识与创业能力提升的路径借鉴:以香港创业教育实践经验为例[J].新疆师范大学学报(哲学社会科学版),2016,37(6):52-58.

讨美国斯坦福大学在培养本科生创新创业能力方面的举措与特色。①

(一)本科生创新创业能力培养行动

斯坦福大学是创业教育的先驱地,"人文学科也要被开发出经济价值"②之声揭示了不同学科在斯坦福大学创业教育中均具有重要价值;"通过自下而上的举措将研究、教学和创业结合起来创建创业支持网络"③隐含着其创业教育生态系统具有潜在的学科主导逻辑。"在商业创业方面,斯坦福大学毕业生创立或领导了数千家企业,包括谷歌(Google)、耐克(Nike)等;在社会创业方面,创建了包括睿智基金(Acumen Fund)在内的成千上万个非营利组织"④展现了斯坦福大学创业形式与创业内容的丰富多元。斯坦福大学本科生创新创业能力培养的卓越成就与其依托的具有学科特色的创新创业教育模式紧密相关。

为此,拟通过对斯坦福大学创新创业教育实践的事实性归纳,描绘并分析其创新创业能力培养所依托的创新创业教育模式的学科生态图景及其生成逻辑。具体而言,试图解答以下三个问题:其一,斯坦福大学不同学科的创新创业教育模式是什么?其关键要素是什么?其二,斯坦福大学不同学科的创新创业教育模式之间存在什么样的关系?如何为全校性创新创业教育生态系统服务以提升本科生创新创业能力?其三,斯坦福大学创新创业教育生态系统中不同学科角色的形成逻辑是什么?

1. 斯坦福大学不同学科的创业教育模式

已有研究从国家政府角色作用的视角将创新创业教育分为以市场为主导的美国创新创业教育模式与以政府为主导的欧盟创新创业教育模式⑤;基于

---

① 郑雅倩.斯坦福大学创业教育生态系统中的学科角色及其形成逻辑[J].黑龙江高教研究,2023,41(5):136-142.

② 陈新阳,张静华,阎光才.支撑研究型大学本科人才培养的学科结构特征:以美国四所研究型大学为例[J].现代大学教育,2018(3):49-55.

③ ETZKOWITZ H, ZHOU C. Licensing life: the evolution of Stanford University's technology transfer practice[J]. Technological forecasting and social change, 2021, 168:1-10.

④ Stanford facts 2022 [EB/OL]. [2022-05-02]. https://facts.stanford.edu/wp-content/uploads/sites/20/2022/01/Stanford-FactBook2022-web-v7.pdf.

⑤ 郭哲,田慧君,王孙禺.多元主体协同视角下发达国家创业教育生态系统的比较研究:来自美国和欧盟的范例[J].清华大学教育研究,2021(5):140-148.

院校创新创业教育特色视角探讨不同院校创业教育特征,如通过对创新创业课程、创新创业训练与创新创业孵化等环节的分析,认为牛津商学院创新创业教育具有"共生式"特点;①以实践平台与课程教学方式创建体验式创新创业教育模式。② 经分析可知,上述判断标准均围绕着创业教育的组织形式与教学方式这两大核心指标。而与之紧密相关的即为课程设置。进言之,创新创业教育究竟要以理论导向的课程教学为中心还是以实践导向的课外活动为中心?无可否认,这两种观点迄今仍存在争议。从理论层面而言,以课程为中心的创业教育模式观认为课程是人才培养的关键载体,以课程为关键抓手能够实现创业教育与专业教育的有机融合,实现创新创业教育的"全覆盖"目标。③ 而认为以创业实践等第二课堂为核心的创新创业教育模式观则指出创业教育意在提供真实的社会情境,唯有通过实践活动才能实现创新思维到创业行为的转化。④ 从实证研究来看,课程能否回应创新创业教育目的同样具有相反的研究结论。

有研究指出,创新创业课程对创业能力具有显著正向影响;⑤但也有研究指出创新创业课程难以达到创新创业教育目的,而创业实践对创业能力的提升具有显著作用⑥。因此,在研究斯坦福大学案例时,将以课程或以课外实践为主导作为创业教育模式的核心判断标准。材料显示,斯坦福大学为充分提升本科生创新创业能力,将创新创业教育理念与学科专业建设相融合,形成了实践引领型、课程支撑型以及社团推动型三种不同学科创新创业教育模式。

除此之外,需要说明的是,本节采用托尼·比彻(Tony Becher)的学科分

---

① 韩萌.牛津大学"共生式"创业教育模式及其借鉴:基于商学院的实践[J].大学教育科学,2020(1):51-57.

② 张育广,刁衍斌.高校体验式创新创业教育模式的探索[J].中国高等教育,2017(6):61-63.

③ 王占仁."广谱式"创新创业教育的体系架构与理论价值[J].教育研究,2015(5):56-63.

④ 王佑镁,陈赞安.从创新到创业:美国高校创客空间建设模式及启示[J].中国电化教育,2016(8):1-6.

⑤ DIN B H, ANUAR A R, USMAN M. The effectiveness of the entrepreneurship education program in upgrading entrepreneurial skills among public university students[J]. Procedia-social and behavioral sciences, 2016, 224:117-123.

⑥ 张秀峰,陈士勇.大学生创新创业教育现状调查与思考:基于北京市31所高校的实证调查[J].中国青年社会科学,2017(3):94-100.

类方法,将学科划分为纯硬科学、纯软科学、应用硬科学和应用软科学。该分类标准基于范式的发展程度与对实践应用的关注程度两大分类标准,科学反映了学科的根本特性,[①]且契合创新创业教育是否开展实践活动的核心争议点,为深入分析创新创业教育的学科特征提供框架。其中纯硬科学包含理学;纯软科学包含哲学、文学、历史学、艺术学;应用硬科学包含工学、医学;应用软科学包含经济学、法学、管理学、教育学。[②]

(1)应用硬科学:实践引领型创新创业教育模式

实践引领型创新创业教育模式在创新创业教育中更加注重课外创业实践活动,积极打造以丰富的课外实践计划为核心的创新创业真实情境。此类模式以工学和医学为主要代表,主要具有以下两种特征。其一,实践项目繁多。斯坦福大学工程学院实施斯坦福技术投资计划(stanford technology ventures program, STVP)[③],该计划涵盖了丰富的子计划,试图通过创设多样化的课外活动发展学生与创业领导力培养相关的知识、技能与态度。STVP 子计划包括梅菲尔德研究员计划(mayfield fellows program)、峰值研究员计划(PEAK fellows program)、加速领导力计划(accel leadership program)和阈值风险投资计划(threshold venture program)。除 STVP 计划外,类似的创业实践计划还有创业门槛项目(threshold venture fellows)、加速创新学者计划(the accel innovation scholars program)、全球工程项目(global engineering programs)等。[④] 其二,实践项目具有梯度设计理念。不同实践项目目的具有差异性与层次性,例如梅菲尔德研究员计划让学生在教师、初创企业创始人和风险资本家等的指导下前往世界领先的初创企业进行实习实训,以此培养建立科技企业所需具备的创业心态与实践能力。而医学院火花项目(SPARK)[⑤]的创立即为了实现医学研究顺利转向实践应用,换言之,该项目更加关注创意的落地。火花项目为学生的创意产品提案提供资金,并邀请具

---

① 袁本涛,李莞荷,王顶明.专业学位人才培养模式特征探究:基于分类的视角[J].高等工程教育研究,2015(2):56-61.
② 覃红霞,李政,周建华.不同学科在线教学满意度及持续使用意愿:基于技术接受模型(TAM)的实证分析[J].教育研究,2020(11):91-103.
③ Student programs[EB/OL].[2022-03-22].https://stvp.stanford.edu/students.
④ 陆春萍,赵明仁.世界一流大学创业教育实践项目的特点分析:以麻省理工学院和斯坦福大学为例[J].高等工程教育研究,2020(4):174-179.
⑤ What is spark[EB/OL].[2022-04-03].https://sparkmed.stanford.edu/about-spark/what-is-spark/.

有产品开发、临床护理和业务方面专业知识的专家为学生从创意提案到实践行动再到链接校外资源进行创新创业提供一系列指导。

(2)应用软科学:课程支撑型创新创业教育模式

课程支撑型创新创业教育模式强调创新创业课程与专业知识的相互渗透,力求通过课程教学进而激发学生的创新创业意识和提高创新创业素质能力,实现自我发展。此类模式以商科、教育学为代表,主要具有以下三种特征。其一,提供多类型课程。创新创业具有多种形式,据此,斯坦福大学商学院创业研究中心(center for entrepreneurial studies,CES)提供超过50门不同类型的创新创业课程[1],为学生个性化选择创造空间。从课程内容来看,斯坦福大学商学院提供以实践性学习为主的体验类课程;以学习如创业设计、营销、金融财务、法律等企业经营技能为主的一般性创业技能类课程;以如医疗、交通、能源等特定行业创新创业为主的行业创业类课程;以强调社会公益创业为主的社会创新类课程;以了解创意激发、创意转化以及创业战略等基础性创业知识为主的创新创业通识类课程;以应对不确定性创业环境意识与能力培养为核心的创新创业拓展类课程。可见,商学院创新创业课程体系完善,为学生在"社会创业""企业创业"等多种创业类型、"激发创意—培育创业意识—践行创业—企业经营—风险防御"等不同创新创业阶段提供支持。其二,多主体参与课程。创新创业教育不仅仅是关于专业知识转化的教育活动,也关乎如何在初创企业中实现高质量运营。多学科、跨场域交流是创新创业教育高质量发展的重要因素。斯坦福大学商学院师资力量雄厚,专任教师除了具备深厚的创业教育理论知识,同时在任职期间通过经常性参与短期校外创业以及指导校外企业运营,积累了丰富的创业实战经验[2],这对于指导学生将创意转化为创业具有重要的意义。除此之外,商学院的创业工作室(stanford venture studio,SVS)将学生、志趣相投的同行、来自硅谷的企业家以及具有丰富创业资源的校友联系起来,搭建起线上线下跨学科交流社区。[3] 其三,实施互动教学。体验式教学是课程支持型创新创业教育模式的"心脏"。商学院鼓励将创

---

[1] Center for entrepreneurial studies[EB/OL].[2022-04-03]. https://www.gsb.stanford.edu/experience/about/centers-institutes/ces.

[2] Faculty profiles[EB/OL].[2022-04-03]. https://www.gsb.stanford.edu/faculty-research/faculty.

[3] Stanford venture studio[EB/OL].[2022-04-10]. https://www.gsb.stanford.edu/experience/learning/entrepreneurship/beyond-classroom/venture-studio.

业模拟、暑期创业实践、创业公司实习等融入课程,为学生体验创业提供真实情境。教育学院如是,其课程内容推动学生参与社区实践,从社区教学实践中发现研究问题,并在教育变革中熟练运用创业思维方式。[①]

(3)纯硬科学与纯软科学:社团推动型创新创业教育模式

社团推动型创新创业教育模式是指本学科在创新创业教育课程与创新创业实践活动安排上均较为缺乏,学科的创新创业资源相对薄弱。可以说,该模式除了在课程授课中延续采用互动性、体验式教学方式以激发创新创业思维外,基本依赖于全校性创新创业社团等资源开展创新创业教育。斯坦福大学全校性创新创业教育平台创业网络集结了全校不同学科的创新创业教育资源,已然成为一个科学化、体系化的校级创新创业平台。在此,所有学科可以开展跨学科交流、获取创业信息。如此可见,即使某一学科本身尚未具有创业课程与实践的基础条件,依托全校性创新创业教育资源同样可以实现创业精神培育与创业行为激发。

2. 斯坦福大学创新创业教育生态系统中的学科特色

斯坦福大学举世瞩目的创新创业教育实施成效根植于创新创业氛围,如技术转让办公室副主任莫纳(Mona Wan)所言,"斯坦福大学与其他高校的主要区别在于其冒险文化。失败从来都不是问题,因为斯坦福大学学生的心态从来都是:即使失败了好多次,我仍然可以成功"[②]。斯坦福大学鼓励自由求索、大胆创新的校园文化氛围成为其创业教育生态系统的"无机环境",并为"生产者""分解者""催化剂"等要素的蓬勃发展与能量转换提供条件。

(1)应用软科学为全校性创新创业教育生态系统的"生产者"

创新创业教育生态系统的"生产者"以培养全体学生创新创业素养能力为主要任务,是开展创新创业教育的基础性条件。应用软科学强调知识的应用性与功能性,该知识特性与创业教育推动创新想法转化为创业行动的目标指向具有内在契合性。进言之,创业教育需要创新创业理论知识与创新创业实用知识,而这两类知识有机结合于应用软科学中。因此,斯坦福大学充分利用应用软科学的知识属性,将管理学、教育学、法学、经济学等为主的学科群视为

---

① 李琳璐.斯坦福大学的创新创业教育:系统审视与经验启示[J].高教探索,2020(3):56-65.

② Stanford office of technology licensing annual report FY 2020 [EB/OL]. [2022-05-11]. https://otl. stanford. edu/sites/g/files/sbiybj10286/f/stanford _ otl _ 50th _ anniversary_annual_report_fy2020.pdf.

全校性创新创业教育生态系统的"生产者"。

第一，课程的开放性。商学院课程面向全校同学开放，鼓励学生根据创新创业需求选择不同内容不同创新创业阶段的创业课程，按需培养学生的创新创业素养与技能。第二，课程的跨学科性。不同学科学生通过修读课程组建起跨学科小组，有利于汲取不同学科关于创新创业教育的理念与知识，激发创意。第三，课程教师的多元性。创新创业需要丰富的社会资源，教师作为连接学生与社会的重要群体，其创新创业经历与丰富的社会资源有利于开阔学生视野，为学生创新创业提供社会资源支持。斯坦福大学商科、经济学等学科教师具有丰富的企业指导或创业经历，这一方面基于该类学科知识本身具有的应用性，另一方面也来源于斯坦福大学对教师学术创业的放开。①

（2）应用硬科学为全校性创新创业教育生态系统的"分解者"

创新创业教育生态系统的"分解者"为学生创意转化、创业项目开展提供技术和平台支持，是创新创意输入的贮存地，也是创新创业教育取得显性效益的输出方。可以认为，"分解者"是创新创业教育校内外、多学科、理论与实践等不同场域实现能量转换不可或缺的部分。斯坦福大学将应用硬科学视为"分解者"打造起创新创业教育生态系统，"分解者"身份定位可见于技术许可办公室年度报告中居高不下的技术转移转化效率。细究可知，这与其应用硬科学的知识应用、可显性属性具有极大关联。

首先，技术赋能，实现创业效果最大化。斯坦福大学工学院战略规划中将"为其他学科创新创业提供坚固后盾"作为优先事项②，其本质是以技术赋能人文社会科学等其他学科的创意，充分利用应用硬科学在技术转移转化上的天然卓越优势来缩短学生创业的时间成本。其次，资源供给，促进创业过程的循序渐进。工学院实施STVP项目，并且对参与该计划的学生不设置学科限制条件，将其视为校内跨学科、校内外创业者交流和创业合作的平台。因此，全校学生通过该项目可以便利获得创新创业活动所需要的知识性资源和知识转移转化技术保障。

（3）纯科学为全校性创新创业教育生态系统的"催化剂"

创新创业教育生态系统的"催化剂"深度融合产品功能与时代审美，打破

---

① 苏洋.世界一流大学如何平衡教师学术创业引发的冲突：斯坦福大学的经验与启示[J].比较教育研究，2020,42(4):10-17.

② Key priorities for the school of engineering[EB/OL].(2018-09-20)[2022-05-01]. https://engineering.stanford.edu/key-priorities-school-engineering.

科技与人文设计的壁垒,为创造更具有时代性的创业产品提供服务。需要承认,创新创业教育不仅仅是培育创新创业意识与促进创新创业实践的教育模式,在极具审美导向的社会潮流中,创新创业教育必然需要引入道德伦理与时代美感的培养。不可否认,斯坦福大学硬科学在创新创业教育中提供了广泛的创新创业知识与创业转化支撑,但在创新创业精神的浸润与人文精神的滋养上仍需要依靠纯科学。正如研究指出,尽管STVP项目成为斯坦福创新创业教育的核心,但不能否认其在艺术和社会科学上具有较大不足。① 由此可见,实现应用科学与纯科学优势累积是高校创业教育实现高质量发展的必由之路。

其一,鼓励学生"发展美学与审美"成为斯坦福大学21世纪本科教育改革理念之一。结构化通识教育项目(structured liberal education,SLE)是斯坦福大学通识教育的一大特色,该项目课程内容侧重西方传统的人文社科经典作品,让学生通过阅读与讨论等方式感受和阐释人文社科作品为世界重新定义的"美"。② 此外,斯坦福大学发展与艺术和科学相关的通识教育项目,如"沉浸在艺术:在文化中生活"项目(ITATALIC),学生通过一年的共同居住生活实地考察和探讨艺术项目,思考"什么是艺术?""艺术能做什么?"等问题深化对艺术的理解,学会在社会生活中提升审美与运用美学的能力,进而有意识有能力利用所学专业为个体与社会创造更加美好的生活。其二,创设哈索·普拉特纳设计学院(D.School),为融合艺术设计与科技创新提供跨学科空间。③ 斯坦福大学通过共情—定义—构思—原型—测试五大环节培养学生树立以用户为出发点不断激发创造性思维、持续应对社会挑战的设计思维。由此可见,该项目巧妙结合艺术的"美感"与"创意"思维、工科的技术转化工具与商业的市场化视野,既训练学生创新思维,又呼应了创新创业教育的实践性。

(二)培养行动的形成因素

斯坦福大学本科生创新创业能力培养实践表明,学科生态是高质量创新

---

① ETZKOWITZ H,GERMAIN-ALAMARTINE E,KEEL J. Entrepreneurial university dynamics:structured ambivalence,relative deprivation and institution-formation in the Stanford innovation system[J]. Technological forecasting and social change,2019,141:159-171.

② Structured liberal education[EB/OL].[2022-04-22]. https://sis.stanford.edu/structured-liberal-education-sle.

③ About[EB/OL].[2022-05-22].https://dschool.stanford.edu/about.

创业教育的关键核心，进而揭示出斯坦福大学创新创业能力培养遵循学科发展的优先性逻辑、跨学科研究的基础性逻辑以及学术组织的市场化逻辑这三大实践逻辑。

1. 学科发展的优先性逻辑

学科的生存与发展受到学科知识内在逻辑与外部社会需求的共同影响。斯坦福大学创新创业教育之所以成为世界领先的创新创业教育模式，在于其关照应用科学的实用主义特色，充分发挥工科与商科在科技转化与企业运营中的优势地位，并以此吸纳创业经费、企业实习资源、产教融合项目等社会资源对斯坦福大学的持续涌入。"斯坦福大学创业教育最初在几个技术领域进行，然后在整个大学进行，这一策略使得斯坦福大学在20年时间内成为一所领先的大学。创新创业教育，最好优先选择那些既有科学潜力又有经济潜力的领域。"[1]据此可知，优势学科的创新创业教育资源能够在短时间内获得校内外的高度支持和全力投入，并逐渐辐射和渗透其他学科的创新创业教育，进而带动全校性创新创业教育。

实用主义办学理念促使其确立学科发展优先性逻辑。斯坦福大学创立伊始便将技术转让作为自己的使命，学术创业成为其发展战略规划的一部分。斯坦福大学与硅谷的佳话是优势学科优先发展逻辑的最佳印证。"硅谷之父"——斯坦福大学前副校长特曼教授（Frederick Terman）认为大学和科技公司具有共生关系。这一观点推动了斯坦福大学科技产业园区的建立。他将研发技术知识产权售卖给科技公司，又用所得收益支持学生发展和科研项目研发，实现科技研发与技术转让的有效循环。除此之外，优势学科与硅谷的紧密联系无形中为其他学科学生进入硅谷实习、接触创业资源提供了方向，例如全校师生均可以通过参加访谈、创业研讨会、创业讲座等活动获取创业资讯。

2. 跨学科研究的基础性逻辑

从创新创业教育发展历史与资源供给而言，应用科学在创新创业教育中占据着优先位置，但这并不意味着不同学科学术研究存在难以打破的壁垒。相反，推进跨学科研究是斯坦福大学践行其办学使命的重要举措[2]，从而也是斯坦福大学创业教育生态系统构成的基础性逻辑。首先，搭建丰富的跨学科

---

[1] ETZKOWITZ H. StartX and the 'paradox of success': filling the gap in stanford's entrepreneurial culture[J]. Social science information, 2013, 52(4):605-627.

[2] Our vision[EB/OL].[2022-05-21].https://ourvision.stanford.edu/vision-themes/catalyzing-discovery.

研究平台。创业的前提是创新,创新大多来源于跨学科思维的碰撞。迄今为止,斯坦福大学具有18所跨学科平台①,涵盖不同学科交叉融合的平台为学生跨学科研究提供个性化选择;提倡学生组建跨学科小组参与各类创业大赛,促进不同专业学生协调合作,弥补各自知识缺漏。其次,汲取不同学科课程特点,建立交叉整合型课程,深度推动创业教育发展。探索"人文+科技"系列课程,将道德伦理教育融入科技创新中,如:为审视科学研究与技术创新带来的可能社会影响,斯坦福大学成立伦理、社会和技术中心(Ethics, Society and Technology Hub, EST)整合人文、社会科学和工程领域的专业知识,中心课程"计算机、伦理与公共政策"由政治学与计算机科学教授共同授课,探索技术、伦理和政策的交叉点②;由人文学科教授试点"人工智能+"课程,从女权主义、性别等视角研究人工智能,并建立跨学科研究项目③。

3. 学术组织的市场化逻辑

大学深受传统学术研究历史影响而长期秉持学术逻辑,斯坦福大学创业教育生态系统则是在与市场的高度互动下逐渐形成并展现出强大的生命力,从而在学术组织功能上具有市场化逻辑。学术逻辑与市场化逻辑非对立面,市场化逻辑强调知识生产的商业性与保密性,但其同样遵循学术研究最根本的求真指向。当然,市场化逻辑容易带来学术组织的功利性色彩,但这并非其最终追求,而是组织运行的偏差。作为斯坦福大学创业教育"分解者"的工科就是在市场化逻辑的推动下发展起卓越的学科创业教育体系的。而其他学科创业教育与外部环境进行知识和技术转移路径的双向互动,将大学的智力资源与社会需求相结合,同样也充分发挥了学术研究的社会价值。此外,学术组织的市场化逻辑提高了高校人才培养与社会需求的契合度,为高校人才培养注入源源不断的活力,促进创业教育学科生态系统能够长期维持相应的平衡。

二、新加坡南洋理工大学本科生创新创业能力的培养行动

新加坡南洋理工大学(Nanyang Technological University, NTU)成立于

---

① A history of Stanford[EB/OL].[2022-05-21]. https://www.stanford.edu/about/history/.

② Ethics, society and technology hub embeds ethics in teaching and research[EB/OL].(2020-09-17)[2022-05-14]. https://news.stanford.edu/2020/09/17/ethics-society-technology-hub-embeds-ethics-teaching-research/.

③ AI + activism + art[EB/OL].[2022-05-14]. https://hai-annual-report.stanford.edu/education/.

1981年,短短几十余年时间内快速崛起成为世界一流研究型大学。2023年泰晤士高等教育世界年轻大学排行榜(Times Higher Education Young University Rankings)中,新加坡南洋理工大学排名第一;2023年泰晤士高等教育亚洲大学排名榜(Times Higher Education Asia University Ranking)中,新加坡南洋理工大学排名第五。① 以上均彰显了新加坡南洋理工大学的卓越成绩。就创新创业教育而言,NTU自1991年建校之初就以培育领袖人才、开拓知识领域作为办学理念。在2006年成为自治大学后,更是以"创新高科技、奠定全球性卓越大学,全方位教育、培育跨学科博雅人才"为愿景,高度重视创新创业教育。② 2002年,NTU提出"NTU 2025战略计划(the NTU 2025 Strategic Plan)",强调三大目标:追求大学整体的卓越表现,提高南洋理工大学在全国、本地区和全球的影响力,深化学科优势并发展更广泛的跨学科合作,并将创新创业教育作为南洋理工大学扩大社会影响力的重要手段。③ 作为一所后发型研究型大学,南洋理工大学如何开展创新创业教育?如何培养本科生创新创业能力?对南洋理工大学本科生创新创业能力培养的全方位探索,有利于进一步推进对后发型研究型大学创新创业教育的研究。

(一)本科生创新创业能力培养行动

南洋理工大学将培养下一代思想家、创新者、领导者和终身学习者视为办学使命,南洋理工大学2025战略明确提出要为学生提供在快速变化的工作和生活环境中茁壮成长所需的技能和知识。④ 这一育人理念与创新创业能力的内涵具有一致性,本科生拥有较强的创新创业能力、拥有创新创业心态将有利于快速适应变化的创新创业时代。为面向未来培养人才,新加坡南洋理工大学构建起了由"人才培养理念—课程教学—科学研究—课外实践"所构成的环环相扣的培养体系。

---

① Nanyang Technological University[EB/OL].[2023-05-21].https://www.ntu.edu.sg/.

② 张琼,陈颖,张琳,等.新加坡南洋理工大学与国内高校创新创业教育的异同探析[J].电子科技大学学报(社科版),2017,19(3):36-41.

③ NTU 2025[EB/OL].[2023-05-02].https://www.ntu.edu.sg/about-us/ntu-2025/innovation.

④ Education[EB/OL].[2023-06-11].https://www.ntu.edu.sg/about-us/ntu-2025/education.

1. 基于"5C"的博雅人才培养理念[①]

创新创业教育理念与人才培养理念相互影响,共同支持教育环境的创设。新加坡在国家层面提出"五大价值观":国家至上、社会为先;家庭为根、社会为本;关怀扶植、尊重个人;求同存异、协商共识;种族和谐、宗教宽容。南洋理工大学在新加坡国家价值观的基础上,通过对未来时代发展复杂性与多元性的理性判断,认为应在注重学生健全人格培养与深化专业知识方面提供理念引导。因此,南洋理工大学将本科生创新创业能力培养放置在博雅人才培养理念之下,试图培养出具有博学与专深并重的创新创业型人才。据此,南洋理工大学提出"5C精神"人才培养理念。[②]

所谓的"5C精神"是指:公民意识(civic awareness)、沟通力(communication)、创造力(creativity)、品格(character)、竞争力(competitiveness)。南洋理工大学认为本科毕业生应具有"5C精神"。其中,"公民意识"是指学生具有强烈的社会责任感、较强的公共服务能力与社会参与能力,具有良好的职业精神,主动积极地参与社会公共事业;"沟通力"表明学生拥有与他人和谐共处的能力,能够倾听他人的意见建议,体现出学生尊重差异、团队合作的精神和能力;"创造力"是指学生拥有主动革新的精神、跨学科整合能力以及创新创业精神;"品格"旨在培养具有良好道德情操与素养的学生,在纷繁复杂的社会信息中能够保持理性判断。从南洋理工大学对本科生"5C精神"的强调可以看出,南洋理工大学在本科生培养理念上,一方面强调学生是国家社会的一员,对学生精神品格熏陶高度重视;另一方面也强调学生的创新力、创造力以及沟通力上的发展需求。这是南洋理工学院在新加坡国家价值观倡导下对人才培养的呼应,也是南洋理工大学立足自身办学目标对未来时代人才诉求的主动响应。

2. 持续更新的创新创业教育课程教学

创新创业时代正在重塑人类社会。为在创新创业时代脱颖而出,高校努力开发与部署足以适应乃至引领未来时代需求的课程教学体系,依托知识赋能人才激活社会创新活力,助推国家抢占世界领先地位。新加坡长期坚持科

[①] 史铭之.一流本科教育的建设理路:南洋理工大学的启示[J].河北师范大学学报(教育科学版),2021,23(5):122-129.

[②] 龚成,邹放鸣.新加坡南洋理工大学"5C"人才培养理念的实践及启示[J].中国高等教育,2018(10):61-63.

技创新路径,通过科技创新为国家经济社会发展输入源源不断的动力。作为汇聚了新加坡顶尖科研专家与拔尖本科生的南洋理工大学,率先响应政府号召,通过改革课程教学体系,为形塑创新创业人才提供支持。

其一,开设双学位、双主修、选修、辅修和跨系课程,通过加强课程设计的多元性为学生提供多元化发展的选择空间。南洋理工大学在2012年就对课程结构设置进行调整,提高对学生创业精神和创新意识的重视程度,提倡培养"π型人才",即至少拥有两种专业技能,并能将多门知识融会贯通的高级复合型人才。为达到此培养目标,南洋理工大学提出,不以学生修课数量和学习时数决定课程质量,适当减少专业必修课程,增加跨学科选修课程。南大本科专业总学分126学分,其中专业课程69学分,占比55%;通识教育课程57学分,占比45%[①]。这使得学生既能够接受广泛的通识教育又能够扎根学科知识。除此之外,南洋理工大学设置本科生创业辅修(Minor in Entrepreneurship,MiE)、创业第二学位(Second Major in Entrepreneurship,SMiE)等创业方向的课程。其中,MiE计划通过表6-4所示的课程内容为学生提供建立和发展企业所需要的基本的创业能力、商业思维和开放心态。[②] SMiE则专注于技术创业,期冀为新加坡"智慧国家"目标的实现提供具有创新驱动力的企业家。SMiE计划提供如表6-4所示的必修课程以及部分选修课程,赋予本科生更大的灵活性,学生可以此获得跨学科课程,培养创业心态,在瞬息万变的世界中变得更加冒险、更具有韧性。目前,该项目仅面向工程学院(College of Engineering,CoE)、理学院(College of Science,CoS)和商学院(Nanyang Business School,NBS)的学生。

---

① 郝文斌.新加坡南洋理工大学本科教育的理路及其启示[J].中国高教研究,2018(12):82-85.

② Minor in entrepreneurship[EB/OL].[2023-07-09].https://www.ntu.edu.sg/ntupreneur/programmes/undergraduate-programmes/MiE#Content_C092_Col00.

表 6-4 创业辅修计划以及创业第二学位的课程设置

类型	课程模块	课程性质	课程内容
创业辅修	冒险创业	必修	旨在提供对创业过程的基本理解,展现企业家如何开始以及实施他们的商业理念,培养学生的创业心态
	商业风险实施	必修	认识机会识别和创造的重要性,学习如何评估新的风险概念;通过与风险投资家、企业家、天使投资者等进行交流,探索和尝试潜在的商业想法,培养学生积极主动的心态
	电子初创企业和社交媒体策略	选修	探讨初创企业可能使用的各种社交媒体工具,旨在为学生提供社交媒体营造的基本知识
	风险融资	选修	澄清关键的财务概念、会计原则,侧重分析初创企业的形成过程,从而更好地为有抱负的企业家获得创办资金
	管理成长型企业	选修	通过研究成长型企业案例,使学生具备应用战略设计和进行组织管理的能力
	技术创新与商业化	选修	讲述如何将科研成果转化为商业,分析第四次工业革命中新兴技术带来的挑战和机遇,学生通过学习了解如何进行基于知识创新的创业
	企业战略	选修	旨在帮助学生提高对企业管理的全面理解,深化学生对实现企业目标和战略分析的技能
创业第二学位	创业心态和技术创新	必修	提供创新和创业的基本知识,注重培养学生创业心态,并让他们接触各种技术创新,将特定的技术专业知识带到课堂,向学生分享行业经验和行业知识
	创业生态系统	必修	通过设置系列项目,让学生与行业、企业进行互动,丰富学生对创业的概念、实践的理解
	管理新企业	必修	将战略管理和组织设计的理论概念与现实情境中的企业管理相结合,学生通过学习理解初创企业成功或失败的经验教训

续表

类型	课程模块	课程性质	课程内容
创业第二学位	企业融资	必修	强调新企业和初创公司在财务管理时的特殊需求，为学生提供投资思路分析
	深入探讨创业	选修	通过项目式教学，促进学生与经验丰富的企业家深度互动，加强学生对创业与创新相关知识的认知，提高学生创业心态以及培养创业技能
	从激情到创业	选修	旨在指导有创业意向的学生完成他们的创业构思、规划以及实践
	创业业务发展	选修	向学生介绍创业发展的战略框架，为学生提供制定战略的理论和工具，促进学生将理论与工具应用于创业实践中

其二，建立以"翻转课堂"为特色的教学改革，深化"以学生能力发展为中心"的教育教学理念。南洋理工大学始终把本科教学作为人才培养的首要目标和核心任务，2007年南洋理工大学本科教育检讨委员会重新定义本科教育属性，强调关注学生的团队合作、领导力、道德品质以及终身学习能力。[①] 南洋理工大学认为，学生在当今的教育环境中成长，不仅需要掌握内容知识，还必须精通批判性思维、沟通、团队合作、创造力，并具有解决现实世界挑战的跨学科方法。高校应创造一个真正的学习环境来培养这些技能，并不断评估和创新教育策略。为此，南洋理工大学设置卓越教学创新研究中心（Institute for Pedagogical Innovation，Research and Excellence，InsPIRE），以促进卓越教学并加强学生的学习质量。研究中心的重点研究领域包括：学习科学；教学创新；教育重塑；支持学生成为有效的终身学习者，试图建立起教学、技术、研究之间的强大协同效应。[②]

一方面，为确保学生学情、教师学术研究进展与教学之间的协作，卓越教学创新研究中心整合组织架构，共同促进教学的更新。如图6-5所示，南洋理工大学卓越教学创新研究中心包括五大组织：一是教学、学习和教学法研究中

---

① 郝文斌.新加坡南洋理工大学本科教育的理路及其启示[J].中国高教研究，2018(12):82-85.

② Institute for pedagogical innovation，research and excellence[EB/OL].[2023-07-09].https://www.ntu.edu.sg/education/inspire.

心(the Centre for Teaching, Learning and Pedagogy, CTLP)。该中心通过提供丰富的教学资源、开展研讨会、制订教师专业发展计划等举措,试图加强教师进行循证学习的能力,提高教师对学情发展的认知与准确判断,以促进教学卓越和教学创新,从而帮助其提高学生的学习参与度。① 二是跨学科协作中心(the Interdisciplinary Collaborative Core Office, ICC)。南洋理工大学认为人工智能时代工作性质快速变化,知识创新速度急速加快,高校应加快变革教育方式。为了确保毕业生为未来做好终身学习和成为全球公民的准备,南洋理工大学超越传统学科界限,提倡解决理论与实践学习之间的联系,共同培养"硬技能"与"软技能"。为此,跨学科协作中心承担起改革本科课程结构的重任,提供了一系列跨学科协作核心课程,如"跨学科研究与交流"(inquiry and communication in an interdisciplinary world)、"抢占数字化领域"(navigating the digital world)、"多元文化世界中的伦理与公民"(ethic and civics in a multicultural world)等课程。② 三是卓越教学学院(the Teaching Excellency Academy, TEA)。该学院通过组织研讨会,促进以及推广卓越教学实践,评估与奖励开展卓越教学的教师。③ 四是体验式与协作式学习办公室(the Experiential and Collaborative Learning Office, ECL)。南洋理工大学将体验式和协作式学习视为其教育战略的关键支柱。体验式学习被概念化为四个阶段组成的学习周期:提供具体经验、实践、概念抽象化、反思;协作式学习则是指两人或两人以上共同学习。④ 这些学习方式有利于激励学生的探索激情和创造意愿,以及培养学生对冒险的态度,传统的讲授式教学显然难以获得此种精神。ECL 通过与各部门合作,确定体验式与协作式学习的最佳做法,探索并提供相关的评估模式,追踪记录学生参与体验式学习的成效以及教师在其中的积极作用等方式为南洋理工大学全面进行教学改革提供帮助。五是学生学习分析中心(the centre for the Applications of Teaching and Learning

---

① Centre for teaching, learning and pedagogy[EB/OL].[2023-06-11].https://www.ntu.edu.sg/education/teaching-learning.

② Interdisciplinary collaborative core[EB/OL].[2023-06-11]. https://www.ntu.edu.sg/education/inspire/interdisciplinary-collaborative-core-(icc).

③ The teaching excellency academy[EB/OL].[2023-06-11].https://www.ntu.edu.sg/education/teaching-learning/teaching-excellence-academy.

④ Experiential and collaborative learning[EB/OL].[2023-06-11]. https://www.ntu.edu.sg/education/inspire/experiential-collaborative-learning-(ecl)#Content_C010_Col00.

Analytics for Students，ATLAS)。该中心提供从数据治理到数据收集、清理、管理、建模、分析、可视化等领先技术,为学生的科研偏好、学习风格、学习策略等提供数据知识和科学指导,从而帮助学生做出符合个体发展的教育决策。① 南洋理工大学建立起相互协调的教师教学保障机构,在教学改革的及时性、系统性上发挥重要作用。

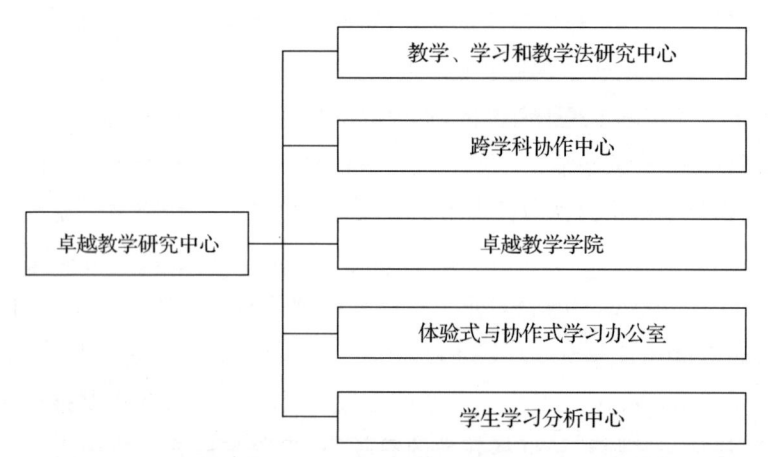

```
                                ┌── 教学、学习和教学法研究中心
                                │
                                ├── 跨学科协作中心
                                │
            卓越教学研究中心 ────┼── 卓越教学学院
                                │
                                ├── 体验式与协作式学习办公室
                                │
                                └── 学生学习分析中心
```

图 6-5　新加坡南洋理工大学卓越教学创新研究中心组织架构

另一方面,为保持教育教学的前沿性与卓越性,卓越教学创新研究中心还与利益相关者积极合作,共同商讨教学创新改革。这些利益相关者包括南洋理工大学校友、相关行业的知名专家、国立教育研究院(National Institute for Education, NIE)、学习研究与发展中心(Centre for Research and Development in Learning, CRADLE)、学生行政和服务部(the Student Administration and Services Department, SASD)等。②

3. 鼓励多学科交叉融合的科学研究

瞬息万变的社会意味着个体遇到的问题将呈现出多样性样态。如何让学生在创新创业时代能够游刃有余地解答各类未知的复杂问题,成为南洋理工大学思考人才培养方案变革的首要问题。无疑,跨学科教育整合了多个学科

---

① The centre for the applications of teaching and learning analytics for students[EB/OL].[2023-06-11]. https://www.ntu.edu.sg/education/inspire/applications-of-teaching-learning-analytics-for-students-(atlas).

② Institute for pedagogical innovation, research and excellence[EB/OL].[2023-07-09]. https://www.ntu.edu.sg/education/inspire.

的知识体系,在培养善于处理跨学科问题以及善于整合各类资源的复合型人才方面具有无可比拟的优势。因此,南洋理工大学为本科生创设了有利于超越学科界限的培养方案,从而有利于鼓励学生主动改变、积极求变,超越单一学科知识体系,以更加整合的、系统的思维应对未来挑战。

其一,设置"本科生在校研究计划"(Undergraduate Research Experience on Campus,URECA),推进跨学科交叉创新。南洋理工大学在本科招生时就考虑到学生对学术的热情与兴趣,在坚持能力导向招生(Aptitude-Based Admissions)的同时,重点选拔有创业精神、团队合作精神以及具备跨界潜质的学生。这为学生参与跨学科研究奠定了坚实的基础。"本科生在校研究计划"试图通过提供学术研究的机会,培养本科生科研能力。参加项目的学生可以在教授的指导下独立研究,体验学术研究的严谨性与高挑战性。完成研究后,将获得"南洋理工大学校长研究学者"称号。① 除此之外,南洋理工大学还启动"博雅精英工程课程项目计划""杨振华学者计划"等研究项目,鼓励本科生积极参与科学研究工作。在科学研究中,本科生将有机会接触到多学科知识,并在导师的指导和科研团队的带领下,学会如何融合多学科知识,以及将科学创新应用于实践中。通过此举措,学生的跨学科视野、创新能力以及团队合作精神将得以拓宽和提高。

其二,推动学生参与企业项目,提高跨界学习能力。课程体系的变革速度难免无法及时超越社会变革的速度,因此推动学生参与企业合作项目,成为学生及时了解社会前沿信息的重要途径。这将有利于打破传统高校教育教学体系所致的各种牢笼,让持续的跨界流动、跨界学习成为高校学生的新常态,使其成为足以引领社会发展的佼佼者。南洋理工大学通过与企业工业界合作,为学生提供了更加丰富、更高质量的企业项目。

4. 创设丰富多样的创新创业实践活动

新加坡南洋理工大学认为扩大课堂外的教学范围可以最大程度提升学生的学习成果,课外实践活动所提供的体验式学习有效弥补了传统课堂教育的劣势。② 高挑战性课外活动的创设,为学生提供了展示自我、提升自我的舞台。为此,南洋理工大学设置了丰富多样的创新创业实践活动。

---

① 史铭之.一流本科教育的建设理路:南洋理工大学的启示[J].河北师范大学学报(教育科学版),2021,23(5):122-129.

② Education[EB/OL].[2023-06-11].https://www.ntu.edu.sg/about-us/ntu-2025/education.

其一,多种多样的创业大赛。南洋理工大学提供了丰富的创业实践活动、创新创业大赛、创业指导服务等,这些实践活动集中由 NTU 创业学院(NTU-preneur)提供。以海外创业计划(the Overseas Entrepreneurship Programme,OEP)为例,该计划为本科生提供了一系列研讨会和创业培训,如"面试和沟通技巧""数字和社交媒体营销""商业计划创建"等,还鼓励学生参与海外当地的创业活动,例如"黑客马拉松"(hackathons)、创新竞赛以及与当地企业家进行沟通,帮助学生更快融入创新创业生态系统,磨炼学生的创业技能。① 除此之外,南洋理工大学还积极拓展创业校友资源,为学生拓展创业资源;定期举办企业挑战赛系列活动,模拟创业过程,并提供创业培训。②

其二,提供广泛的社会资源,促进学生参与社区活动。南洋理工大学提出"学生社区参与框架"(the NTU Student Community Engagement,SCE),旨在促进学生发展成为负责任的公民,让学生具有社会创业意识。为此,南洋理工大学提供广泛的资源,如财政捐款、领导力培训计划、研讨会等,以支持学生参与社会公益相关实习,满足学生不同的兴趣和需求。③

(二)培养行动的形成因素

新加坡南洋理工大学本科生创新创业能力培养举措的落实离不开配套设施保障、资源保障以及数字化校园建设等方面的重要供给和支撑。

1. 完善配套设施服务,营造创新创业文化氛围

创新创业教育具有开放性特征,这要求高校创新创业教育的可持续发展依赖社会网络资源的不断输入。而这一良好关系的建立在于具有一个完善的创新创业配套服务。新加坡南洋理工大学通过以下两方面完善配套服务。

其一,不断加强产学研合作,提供丰富的研究与实践机会。南洋理工大学积极与企业行业合作,建立起丰富的校企合作实验室平台,为学生参与先进的科研技术提供机会。例如,南洋理工大学与美国超微半导体公司(Advanced

---

① Overseas entrepreneurship programme[EB/OL].[2023-06-11].https://www.ntu.edu.sg/ntupreneur/programmes/undergraduate-programmes/OEP#Content_C076_Col00.
② 张琼,陈颖,张琳,等.新加坡南洋理工大学与国内高校创新创业教育的异同探析[J].电子科技大学学报(社科版),2017,19(3):36-41.
③ Community engagement[EB/OL].[2023-06-11].https://www.ntu.edu.sg/life-at-ntu/student-life/community-engagement.

Micro Devices，AMD)合作建立数据科学与人工智能实验室,配备行业领先的设备,为学生学习人工智能前沿科技、应用新兴技术创造平台。①

其二,建立科研孵化平台,形成孵化全链条。南洋理工大学建立创新技术转移办公室(Innovation Technology Transfer Office，ITTO)、顾问委员会(Advisory Committee)、科技创业与创新计划协会(Technopreneurship and Innovation Program Association，TIPA)、南洋科技创业案例中心(Nanyang Technopreneurship Case Centre，NTCC)等辅助机构②,为学生提供丰富的创业信息、科研成果转化的资源对接服务,以及法律税收、创业运营、人力资源管理等具体的创业扶持。在系统的、科学的创新创业孵化平台的支持下,学生的创新创业激情很容易被激发出来。

2. 优化资源统筹配置,提高优质资源集聚效应

为推动学生能够尽快地识别创新创业信息,加快对创业机会的把握速度以及培养创新创业心态,南洋理工大学通过优化各类资源,建立起高质量的创新创业资源网络实现信息和资源的共享,并不断优化以创新创业教育师资为代表的导师队伍质量,使得学生足以获得优质的创新创业资源,提高资源集聚效应。

其一,提供优质的师资队伍。为加快学生创业步伐,南洋理工大学创业学院建立"导师诊所"(the Mentorship Clinic),集中了不同行业的员工以及从业者,每周开放一次,为学生提供一对一指导。学生通过此措施可获得资深创业专家的个性化指导,并扩大自己的资源网络。③ 除此之外,南洋理工大学还组建跨领域、跨学科的创新创业教育导师团队,将具有创新创业教育研究的专家学者、知名的企业家、风险投资家,甚至是政府相关机构成员共同纳入导师库中,如此一来,具有差异性学科背景和行业背景的人员共同为学生创新创业能力提升提供具有针对性的指导。换言之,学生积极参与创业,将获得多个专业

---

① 张振刚,程琳媛.高等教育数字化转型的动因、实践与启示:以新加坡南洋理工大学为例[J].科技管理研究,2023,43(16):96-106.

② 陈泽,黄宇.高校创业教育生态系统的组成要素:基于新加坡南洋科技创业中心的分析[J].创新与创业教育,2019,10(6):135-142.

③ Mentorship clinic[EB/OL].[2023-05-11].https://www.ntu.edu.sg/ntupreneur/news-events/mentorship-clinic#Content_C303_Col00.

领域的创业导师指导,提高创业市场研究、企业战略管理以及资金筹措能力。①

其二,拓宽多元融资渠道,提高对学生的资金支持。南洋理工大学是研究型大学向创业型大学转型的典范之一,创业型大学的特征之一是转变传统大学对政府拨款的过度依赖,通过企业支持、基金会支持等多元资金筹措渠道获得大量办学经费。南洋理工大学创新创业教育的发展离不开多种渠道资金的支持。如国立研究基金会(the National Research Foundation,NRF),目前南洋理工大学已有三十多名教授和研究者们获得该基金的支持,此数量占新加坡国家总量的一半。除此之外,南洋理工大学还获得了企业行业的资金支持。仪器和软件巨头沃特世公司（Waters Corporate）就是为南洋理工大学在医学领域创新发展提供物质资源的典型代表。2005年,沃特世公司为南洋理工大学新加坡表型组研究中心（Singapore Phenome Centre）提供了强大的产业支持。②

3. 推动数字化校园建设,提供全方位、沉浸式学习体验

创新创业时代同时也是数字化时代,创新创业教育依托于真实情境,数字化时代加速了人、机器与自然的融合,也将改变高校创新创业教育的实施方式。2018年,南洋理工大学提出"智慧校园"的愿景,目的在于打造知识创造、创新研究以及产业融合的智慧中心为数字化时代科学技术发展提供学术支持。"智慧校园"愿景的提出为本科生制定个性化学习方案提供了技术支持和环境支持,而个性化学习正是创新创业能力提升的重要基础。为营造"智慧校园",南洋理工大学将新兴技术充分运用到教学空间营造中,相继建立了"蜂巢"(the Hive)和"天穹"(the Arc)学习活动中心③,为师生互动创造了优质条件。教师可以通过新兴技术开展泛在教学,提高学生沉浸式学习体验。此外,以数字化技术为支撑的教学系统,成为开发高质量本科生课堂的重要基础,有效激发了学生探索和创新的意愿。

---

① 宋海斌,王军杰.新加坡南洋理工大学创新创业教育的实践与思考[J].民族教育研究,2018,29(3):134-138.

② 梁晓露,郏海霞.研究型大学向创业型大学转型的路径选择:以新加坡南洋理工大学为例[J].江苏高教,2018(11):12-19.

③ 陈玥,王灵菁,田娇娇.工业4.0时代世界一流大学的本科教育如何变革?:来自南洋理工大学的经验及启示[J].西南大学学报(社会科学版),2022,48(1):152-160.

三、法国里昂中央理工学院本科生创新创业能力的培养行动

法国政府认为应从更广泛的角度探索创新创业能力,而不仅仅将其作为一种创办企业的能力,创新创业能力是适用于生活各个领域的关键能力:从发展个人到积极参与社会,到(重新)以雇员或个体经营者的身份进入就业市场,以及开始新的企业。尽管法国的教育决策者承认创新创业能力的重要性越来越高,但在教育培训中并没有将其正式定义为一个学习目标。

法国创新创业教育发展起步较晚。法国第一所开设创新创业教育的高校是巴黎高等商学院(HEC Paris),随后法国部分高校也开始引入创新创业教育,直至20世纪90年代法国创新创业教育才逐渐在世界崭露头角。2002年,法国研究与工业部设置创新创业教育实践观察站(OPPE),为高校师生提供创新创业教育服务。[1] 除此之外,法国政府还设置多种创新创业竞赛,如"年度全国创新技术性企业规划设计大赛""汤普林大学生创业奖",获奖者可以获得政府提供的资金和技术支持[2];建设高校创业孵化器;要求每个高校创立《创业参考》课程以引导学生进行创业规划;等等。总之,虽然法国创新创业教育起步较晚,但由于受到中央政策的大力推动,短期内取得了巨大成效,其发展背景与我国创新创业教育实践背景相似。尽管法国是在国家政策的大力推动下进行的,但不少法国高校竭力依据自身办学条件进行改革创新,创新创业教育实践颇具特色,形成了一套区别于美国、英国等其他国家的教育模式。[3]

研究指出,法国本科生创新创业能力是通过基于项目的学习、实习和学徒制来培养[4],并通过与工作相关的真实情境评估创新创业能力发展。法国认为,在职业教育与培训中创新创业能力的学习表现仍然很大程度上是隐性的,基本是被整合到技术或多学科教学中。法国提出,创新创业能力来源于学生在学校或工作实习和学徒期间的工作经验,学生在创意开发、项目实践时展现了主动性、自主性、灵活性与团队合作精神。这种培养理念与我国推行的"大众创业、万众创新"面向全体学生的创新创业教育理念具有一致性,因此法

---

[1] 刘敏.法国创业教育研究及启示[J].比较教育研究,2010,32(10):72-75.
[2] 张力玮.法国支持大学生创业的举措[J].世界教育信息,2015,28(21):47-49.
[3] 李涵.法国高校创业教育研究[D].杭州:浙江大学,2018.
[4] 在法国,实习制和学徒制是学生获得工作经验的两种方式。实习通常持续1到4个月,学徒期是学生、公司和职业教育与培训学校之间的一种特定合同,通常持续12到24个月。

国研究型大学本科生创新创业能力培养特色及其形成值得进一步深挖。

(一) 本科生创新创业能力培养行动

法国里昂中央理工学院是法国最优秀的工程师培养机构之一,旨在培养具有完善的专业知识和职业道德素养的通才型工程师,使他们拥有"敢于挑战的力量、勇气和进一步提升自己的渴望"[①],从而有能力应对21世纪社会的一切挑战。在办学目标上,该校提出三个办学目标:一是负责任地行事,要为有抱负的工程师提供促进成功的工具,教授其技术技能和生活技能;二是给每个人机会,要尊重每个人的文化和出身,要能够与他人及其环境进行互动,要创建有利于团队合作和项目工作的设施;三是要拥有热情,敢于做,培养学生"敢做"的想法、创新的动力,推动学生将梦想转变为现实。

可见,该学校具有浓厚的创新创业教育氛围,不断推进创新想法激发、创业科技转化。除此之外,他们认为,通过提升专业技能可以反过来促进本科生知识和态度的转变,特别是能促进自主性、主动性和团队合作等方面技能的提升,而这些技能又能够进一步促进创新创业能力的获得。概言之,本科生的专业能力发展水平决定了创新创业能力发展水平。因此,梳理和总结法国里昂中央理工学院本科生创新创业能力培养的实践特色,能够为探讨我国"卓越工程师"培养如何融入创新创业教育理念提供参照。基于此,现分析法国里昂中央理工学院在创新创业教育上的特色做法。

1. 实施广泛的项目式教学

情景认知理论认为知识的习得难以脱离真实情境。[②] 技术技能知识的理解与应用高度依赖于情境性,单一的课堂理论传授容易出现知识理解的空洞化趋势[③],致使学生出现厌学情绪。知识学习和应用创新与具体情境相关,创新创业人才应在解决实践问题中得以培养,其习得的知识更有效,也更容易迁移。项目式教学为理论知识的情境化运用提供了良好载体。

创业思维方式和创业能力的习得与基于项目的学习有关,这是源于理论

---

① About ECL[EB/OL].[2023-05-11]. https://www.ec-lyon.fr/en/centrale-lyon/about-ecl.

② 莱夫·温格.情景学习:合法的边缘性参与[M].王文静,译.上海:华东师范大学出版社,2004:16-17.

③ 王洪才,李湘萍,卢晓东,等."推进一流本科教育,提高人才培养质量"的理念、路径与方法(笔谈)[J].重庆高教研究,2019,7(1):23-46.

和技术技能相结合的基本原理。在法国创新创业能力调查中,接受采访的几位教师表示,基于项目的学习营造了有利于提升创新创业能力的学习环境:一是基于项目的学习将学习者置于积极的学习环境中,推动学生参与有关项目管理的决策过程;二是基于项目的学习能提高学生的抱负,增强动力和自信心;三是基于项目的学习能够根据工作组织的性质、任务来分配学生的职责;四是鼓励学生发挥自主权,对任务的掌握越好,在执行学习项目的过程和选择上就越自由,反思的空间就越大,因此,创新创业能力的发展受到学生对任务熟练程度的影响;四是基于项目的学习促进了同辈学习;五是它能够使人提升不确定性适应能力。[①] 项目式教学将学生置于教学核心,教师对学生的支持是他们学习成功的关键。法国里昂中央理工学院认为项目式教学使学生身处未来职业的典型情境中,同时还可以接受结构化的教学指导。因此,该学校将项目式教学贯穿通才工程师培养的全过程,无论是公共基础课还是选修课都广泛采用了项目式教学。经梳理,目前有两类项目式教学方式:一类是研究项目,一类是应用项目。[②]

其一,研究项目(study project)。学生在一年级时便开始研究专业领域的某个科学或技术类课题。在参与过程中,教师提供规范性的学术指导,对学生参与学术研究产生积极影响。教师的指导有助于确保学生拥有开展学术研究所应具备的基础能力,进而提升学生的创新意识和行为能力。创新与失败同行,创新意味着可能需要承担更大的风险,教师在与学生交流互动的过程中提高给予发展性反馈的机会,学生从教师身上获得学习生活的改进意见和建议,同时也感知到教师的支持和鼓励,增强突破自我的自信心,从而更愿意尝试新的方法、投入更多时间精力。法国里昂中央理工学院为学生组建了教学团队,教学团队由1位科学导师、1位交流顾问和1位项目管理顾问组成。学生由教学团队进行指导,深入了解与项目管理、工程师科学以及人文社会科学有关的所有知识。合作企业和实验室也会与学院教学团队进行合作,共同参与课题设计工作。该项目的目标是:共同应对复杂问题;开展团队项目管理;提升研究技能;学会设置研究设备;承受失败;掌握书面和口头交流技巧。

其二,应用项目(applied project)。学生在二年级时有三种形式的应用项

[①] CEDEFOP. Entrepreneurship competence in vocational education and training: case study: France[R]. Luxembourg: Publications Office of the European Union, 2023.

[②] Projects[EB/OL]. [2023-05-11]. https://www.ec-lyon.fr/en/academics/general-engineering/course-outline/projects.

目可供选择。一是研究应用项目(applied study project，PAe)：从项目的具体实施方面进一步拓展学习。二是工业应用项目(applied industrial project，PAi)：帮助二年级学生了解工业项目的复杂性和学科丰富性。工业应用项目的研究主题由企业决定，且必须在企业的监督下开展。企业通常会委派1名项目顾问在整个项目期间为学生提供指导帮助。三是科研应用项目(applied research project，PAr)：学生在学院实验室中选择自己喜欢的方式进行研究，从而获得个体的科研经验。"道德咖啡馆"(Ethics Cafes)是一个交流与思考的地方，同时也是法国里昂中央理工学院的一个应用项目。道德咖啡馆会定期组织对同一问题具有不同立场的学生进行辩论。此类活动每年大概会举行6次，除了科学技术类问题之外，还会探讨学生在未来职业中可能遇到的问题。目前已探讨的主题有：金融、核能、军备、伪科学、女性创业者等。

2. 提倡跨学科学习

开展跨学科学习和交叉教学，能够将多学科知识融入创新创业教育，为学生提供全面的知识和技能，从而既可以帮助学生实现创新创业能力提升，也可以助力创新创业项目实现可持续发展。为促进学生跨学科学习，法国里昂中央理工学院提出设置"工程经验周"(weeks of engineering experience，WEEK)，这是一个致力于促进学生结合专业知识和社会技能对环境问题进行反思，进而开发具有全球愿景项目的活动。[①]"工程经验周"活动是公共基础课程的一部分，在学年开始时的前三周进行。除此之外，还要研究与合作企业相关的创新问题以及通过多学科方法研究社会问题(如能源转型、垃圾处理、优化交通)。该项目汇集了学校所有教学部门，旨在向学生展示在研究某个社会问题时，信息科学、数学、力学、经济学、语言学甚至哲学等不同学科的交叉应用情境。目前，里昂中央理工学院学生已在"工程经验周"上提出"岛上风力发电场建设""优化地区交通工具"等多样化的跨学科研究课题。该校认为，通过此活动，学生的人际交往能力等软技能得到了提高。[②]

3. 高度重视核心课程

法国政府认为，技术、工作技能越熟练的学生就越能够自主学习，并建立创新创业心态。在一项调查中，一名法国企业家和几位培训师强调，对糕点技

---

① WEEX-weeks of engineering experience[EB/OL].[2023-05-11].https://www.ec-lyon.fr/en/weex-weeks-engineering-experience.

② WEEX-weeks of engineering experience[EB/OL].[2023-05-11].https://www.ec-lyon.fr/en/weex-weeks-engineering-experience.

术的熟练掌握为主动性、自信心、自主性和冒险能力的发展铺平了道路,而这又能促进创业能力的增长。① 可见,学生对工作的承诺和热情,加强了对技术、特定工作技能的掌握和创业心态的获得。专业承诺和激情是创业能力的发展动机和基础条件。为此,法国里昂中央理工学院高度重视核心课程,认为工程师能力素质的塑造是建立在掌握核心学科知识的基础之上。该校指出,核心专业课程都是为了培养未来工程师解决复杂挑战的技能。②

4. 持续变化的课程内容

课程内容是创新创业教育的核心部分。为了提高学生面对日益复杂的社会环境时的思维灵活性与社会适应力,高校创新创业教育课程需要不断融入新的课程知识和社会知识。数字技术开辟了新的学习方式,数字化正成为促进创新创业能力发展的重要环境。例如,为了使研究能够科学处理和管理数字数据,应学习数据保护和道德规则(包括版权),以及在使用社交网络和互联网时发展批判性思维。③ 法国里昂中央理工学院旨在促进工程师掌握高水平的科学和技术知识,促进他们思想开放,以快速适应不断变化的复杂情况。随着社会不断面临新挑战,该校不断调整新的课程安排,目前新增了能源和环境转型(energy and environmental transition)、数字革命(the digital revolution)、人工智能(artificial intelligence)以及工程伦理(engineering ethics)课程。不仅如此,为了应对数字时代的到来,2023 年 9 月,法国里昂中央理工学院首次开设数据科学学士学位。这个为期 4 年的学士学位旨在培训学生能够将数据科学和人工智能用于为负责任的企业服务,以实现可持续发展。④

5. 丰富的创新实验室

法国里昂中央理工学院不断开拓,力求在科学、创新和创业方面保持国际竞争力。为提升学生创新创业能力,法国里昂中央理工学院的创新空间向全校学生开放,以鼓励学生合作、促进学科交叉和文化融合。这些行动增强了法

---

① CEDEFOP. Entrepreneurship competence in vocational education and training: case study: France[R]. Luxembourg: Publications Office of the European Union, 2023.

② Core subjects syllabus[EB/OL].[2023-05-12]. https://www.ec-lyon.fr/en/academics/general-engineering/course-outline/core-subjects-syllabus.

③ CEDEFOP. Entrepreneurship competence in vocational education and training: case study: France[R]. Luxembourg: Publications Office of the European Union, 2023.

④ Bachelor of science in data science for responsible business[EB/OL].[2023-08-11]. https://www.ec-lyon.fr/en/academics/bachelor-science-data-science-responsible-business.

国和境外企业、学术伙伴之间的持续互动交流,提高了创新创业教育的国际化水平。目前的法国里昂理工学院创新实验室有:天空实验室(Sky Lab)、学习实验室(Learning Lab)、烹饪学校(Cookery School)等。以天空实验室为例,它是一个1200平方米的开放式区域,提供新的协作工作空间,允许举行会议、讲座和活动,可容纳约100人。[①] 它旨在鼓励创造力和创业精神,还可以展示实验室开展的项目。

清华大学曾组织学生前往法国里昂中央理工学院参观。[②] 在参观后,清华大学学生体验到,这些创新实验室入驻了不少小型创业团队,虽然团队规模小,但每个创业团队具有非常棒的创意,且具有将想法落实到行动中的毅力以及行动力。此外,清华大学学生与创业团队进行了交流,发现很多学生和老师在此实现了自己的创业项目,如用无人机帮助农民获悉土壤情况、开发适合少人口小镇的共享单车锁链等。参观法国里昂中央理工学院的清华大学学生感慨:"在每一个Lab、每一个创业者办公室中都能看到各式各样的艺术品。艺术与科技散落在工作空间中,能够为创业者与科学家提供很多灵感。其间随处安置的沙发也有利于提供休闲场所。这些设计思路都值得后来的科创团队借鉴。"总之,在法国里昂中央理工学院,创业项目可以不再依靠大型的集中投资,而是仅靠工程师个人的能动性。这对于高校创新创业教育的开展是一种有益的思路。

(二)培养行动的形成因素

法国里昂中央理工学院本科生创新创业能力培养特色表明,创新创业能力的培养应以专业核心课程为核心,围绕这一核心的基础上再通过实习实践等方式不断向外拓展。总而言之,法国里昂中央理工学院本科生创新创业能力培养呈现以专业核心课程为核心、其他教育形式为外环的创新创业教育"圆环"。

1. 以完善的课程体系为核心,为创新创业教育输送创新思想

法国里昂中央理工学院创新创业教育课程体系包括学科专业核心课程(第1、2学年)、选修课程(第2学年)以及拓展课程(第3学年),在每一学年结

---

① SkyLab[EB/OL].[2023-05-14].https://www.ec-lyon.fr/en/campus-life/innovation-spaces/skylab.
② 法国创新创业环境初探[EB/OL].(2023-02-07)[2023-05-11].https://learning.sohu.com/a/638105779_121124031.

束时学生必须进行实习。课程教学中贯穿的项目式教学、创业学习、同辈学习等新型教学形式,激发了学生的创业学习兴趣。可见,法国里昂中央理工学院创新创业教育课程体系体现了课程类型之间的有机衔接、课程内容之间的依次递进、教学方式的创新性。

法国里昂中央理工学院在创新创业教育课程体系上的特色在某种程度上代表了法国高校创新创业教育特色。如前所述,法国认为创新创业教育是融入人才培养全过程的,而创新创业教育融入高校人才培养过程中的有效抓手就是课程教学。研究指出,法国高校创新创业教育课程类型多样,基本可以分成活动课程、综合性核心课程和实践性课程:活动课程以培养学生创业精神和创业素质为目的,包括各层次的创业比赛,不同社团的实践活动等;综合性核心课程主要以学科专业知识为基础,课程内容和创业活动相关;实践性课程是运用创业者知识全方位训练学生,培养学生的创业心理素质和应对风险能力。① 可见,课程体系建设是法国创新创业教育的重点。

改革当前创新创业教育模式的重点是以创新创业能力培养为指引和导向,构建体系化和规范化的课程体系,创新课程教学方式,加强实践教学与专业教学的融合,从而有利于提升学生创新创业能力。法国高校创新创业教育课程体系营造了浓厚的以专业学习为核心进行知识创新和实践创新的新时代创新创业氛围,搭建了学生、教师、企业等多主体协商的沟通平台,不仅可以使学生专心攻读专业知识,同时也能提升理论联系实际的能力。

2. 以国家政府的大力支持为支撑,为创新创业教育提供基础保障

法国政府对高校创新创业教育给予了高度重视,主要体现在以下几点:一是出台相关政策。法国政府对创业行为实行社会资助和免税等支持。1999年法国政府颁布《创新与研究法》,鼓励高校科技人员参与科技创新;2007年颁布的《大学自由与责任法》将创业精神培育和创业课程建设纳入高校课程教学体系中;2008年颁布的《经济现代法》则对创业者给予税收优惠。② 一项调查指出,法国对创业者的支持力度极大,只需要有优秀的创业思路,非法国国籍人士就能拿到4年签证并在创业孵化器内获得上万欧元的支持。该调查以案例佐证:创业者谢成迎(Cherly Xie)为了创业放弃了高薪收入,为此,法国政府给予了他原收入60%~70%的补助。法国创新创业环境彰显出平等互

---

① 张燕妮.法国创新创业教育的现状和启示[J].江苏高教,2020(9):121-124.
② 李涵.法国高校创业教育研究[D].杭州:浙江大学,2018.

信的氛围,是法国"自由,平等,博爱"价值观的完美体现。①

除此之外,法国政府还建立了丰富多样的创业孵化器、学生技术转化站等实践平台,不断推动学生与社会的联系,加强企业与高校的联系,期冀通过环境营造激发学生创新创业热情。此外,法国里昂中央理工学院在校园中设置了6个科教部门,各科研部门均隶属于法国国家科研中心(Centre National de la Recherche Scientifique,CNRS)并与国家最卓越的工业集团始终保持密切联系,这些集团会定期到访学院并为学生提供实习机会,从而帮助学生完成职业经验与企业经验的累积。②

3. 以多元主体共同协作为基础,搭建良好的创新创业教育生态

法国里昂中央理工学院实施创新创业教育并不是闭门作战,相反,校企合作、国际合作是其突出特点。通才工程师培养定位也基于此实践。法国里昂中央理工学院创新创业教育实践,一方面是在课程体系内容变革上强调时代与社会的变革和发展,通过与企业、行业合作开发课程内容,共同培养人才;另一方面是引进企业行业进入创新实验室与师生开展创新创业实践。在国家政府的引导下,高校、企业、行业、教师与学生等不同主体充分发挥其作用,为创新创业教育生态系统的搭建提供多层次、立体化、差异化的服务,让学生在全校性创新创业教育氛围中成就自我。

四、印度理工学院孟买分校本科生创新创业能力的培养行动

全球创新指数(Global Innovation Index,GII)是衡量一个经济体创新表现的主要参考。自2011年以来,印度每年都被评为中亚和南亚地区最具创新性的国家,在信息和通信技术服务出口、科学和工程专业毕业生、高校质量和科学出版物质量、创意产品出口等创新参数上始终位居世界前列。③ 印度政府的"创业印度""数字印度""印度制造"等举措推动了印度创新创业生态系统逐渐完善,帮助高校创新创业教育走向可持续发展的道路。在印度,创业作为一种替代的职业选择的概念已经被许多年轻人接受,几乎成为主流。印度

---

① CEDEFOP. Entrepreneurship competence in vocational education and training: case study: France[R]. Luxembourg: Publications Office of the European Union, 2023.

② Global presence [EB/OL]. [2023-05-11]. https://www.ec-lyon.fr/en/international/global-presence.

③ India and the GII: an innovation success story[EB/OL]. (2019-07-24)[2023-05-11]. https://www.wipo.int/global_innovation_index/en/news/2019/news_0001.html.

在创新创业方面的卓越成就受到世界瞩目。

印度国家大学排名（National Institutional Ranking Framework Innovation，NIRF）是印度政府教育部的一项倡议，旨在根据与学生和教职员工"创新和创业发展"相关的指标对印度高等教育机构和大学进行系统排名。2023年，印度理工学院孟买分校（Indian Institute of Technology Bombay，IIT Bombay）在NIRF排名第七。① 2018年，印度推出衡量高校创新创业教育水平的阿塔尔排名（Atal Ranking of Institutions on Innovation Achievements，ARIIA），在2021年公布的排名中，印度理工学院孟买分校位居"中央大学、国家重点高校"类别中的第二名。② 综上所述，印度理工学院孟买分校不管是在整体科研实力还是创新创业教育质量上都具有出色的表现，故以印度理工学院孟买分校作为案例，深度探讨其本科生创新创业能力培养的实践行动及形成因素。

（一）本科生创新创业能力培养行动

印度理工学院孟买分校是世界公认的工程教育领导者，以卓越的本科课程和研究生课程而闻名。早在20多年前，该校就试图构建一个教育生态系统促进创新创业精神的培育。该生态系统包括：建立创业活动，帮助学生、年轻企业家等实现创业；通过课程促进学生对创业知识的理解，并建立专门的创业学院以支持创新创业技能培训和指导；建立技术许可办公室，促进师生学术创业，并能够保护他们的知识产权；在各个学科领域建立卓越中心，为学生提供科技转化研究、产品开发、测试等实验室，组织学生进行创新实验并参加国内外技术竞赛；建立孟买研究园区，加强学术界和工业界合作；等等。③ 在国家政策引导和印度理工学院孟买分校的多年实践下，印度理工学院孟买分校本科生创新创业能力培养呈现出以下特色。

---

① NIRF innovation ranking 2023[EB/OL].[2023-08-02]. https://www.ariia.gov.in/Ranking/2023/Index.html.

② ARIIA ranking 2021[EB/OL].[2023-05-04]. https://ariia.gov.in/Ranking/2021/Index.html＃divOverall.

③ Indian institute of technology bombay startup policy 2021[EB/OL].[2023-06-21]. https://www.iitb.ac.in/sites/www.iitb.ac.in/files/basicpagefile/Revised％20IITB％20Startup％20policy_01％2010％2021_circ.pdf.

1. 遵循市场化理念导向，鼓励师生进行科技转化

创新驱动知识经济发展新需求，推动大学知识生产范式发生巨大转变：以学科为本、大学为核心场所、科研共同体同质性为特点的知识生产模式Ⅰ，走向跨学科性、科研共同体异质性以及组织形式多元性的知识生产模式Ⅱ，进而不断朝着以知识集群为基本组织单位的多主体、多形态、多层次、多节点的知识生产模式Ⅲ转型。[①] 知识生产模式的转型代表着知识生产主体以及科研创新体制的转型，同时也意味着高校科研学术影响力和非学术影响力并重是高校的发展重点。印度理工学院孟买分校充分意识到知识生产模式转型带来的新挑战和新命题，通过遵循市场化理念，以鼓励师生科技转化为基本途径引导高校整体实现知识生产模式转型。

其一，加强校企协同、校地协同，构建多层次、多场域的高等教育协同创新体系。20世纪80年代中期，印度政府科技部在世界各地建立科技创业园区（Science and Technology Entrepreneurship Parks，STEPs），科技创业园区作为学术界和工业界连结的主要平台，目标是通过科技人员建立创新企业。在印度，超过70%的创业孵化器设在学术机构和研发机构中。印度理工学院孟买分校建立工业研究与咨询中心（Industrial Research and Consultancy Center，IRCC），一方面确保本校研发重点与实现科技立国的国家政策目标保持一致；另一方面提供咨询服务、转让和许可技术咨询，推动高校与行业进行学术研究合作。2019年，印度理工学院孟买分校在印度政府颁发的"专利和商业化顶级学术机构（Top Academic Institution for Patents and Commercialisation）"类别中荣获国家知识产权奖（the National Intellectual Property Award）[②]，可见该校在科技转移转让方面具有卓越成就。

除此之外，印度理工学院孟买分校成立技术创新中心，该中心的目标之一是促进物联网技术和产品开发的转化研究，并尝试建立高校—政府—产业—社会组织的合作开发生态系统，以支持创新方案的商业化。目前，该中心为农业、医疗保健、工业、教育等领域提供技术研发支持。以农业为例，引入"智能农业（smart farming）"概念，利用新时代技术，如传感器、无人机、机器人、数

---

① 武学超，宋梦佳.印度高等教育转型发展的改革向度及基本逻辑:《国家教育政策2020》述评[J].外国教育研究，2021，48(10):85-97.

② IIT Bombay won the national intellectual property award 2019[EB/OL].(2019-04-26)[2023-05-11].https://rnd.iitb.ac.in/news/iit-bombay-won-national-intellectual-property-award-2019.

据分析、地理定位等,帮助农民掌握远程监控并依据实时情况采取针对性行动的能力,从而提高农业部门的效率和效力。①

其二,提供创业辅助平台,为师生科技转化创造条件。一方面,印度理工学院孟买分校不断补充创业辅助项目,从不同视角为师生科技转化创造条件。实施创业加速计划(promotion and acceleration of young and aspiring technology entrepreneurs),该计划的重点是解决初创企业资金不足的问题,鼓励年轻有抱负的科技企业家大胆尝试创新想法,进而在创新创业者、学术界、导师和创业孵化器之间建立起网络,推动构建充满活力的创新生态系统。② 实施常驻企业家计划(entrepreneur in residence),该计划的重点是通过邀请企业首席执行官、总裁等行动扩大师生社会网络,这有助于高校师生获得企业家对企业创办与发展的批判性反馈,从而提高企业管理质量。③ 该计划严格要求导师尽最大努力按照协议时间定期与学员联系,规定每月至少需要2~6个小时的辅导。

另一方面,建立制度化孵化平台"锡恩"(Society for Innovation and Entrepreneurship,SINE),为"基于技术的创业"(technology based entrepreneurship)提供支持,促进研究结果成为创办企业的基础。如此,师生得以通过创办成功的企业为社会创造经济价值和社会价值。该平台设置各种创新创业教育活动和子计划,为师生在创业的不同阶段以及不同类型的创业提供了针对性支持。例如:为生命科学和医疗技术提供孵化支持的"birac bionest"计划;推动国防和航空航天研发技术创新的"IDEX DISC"计划。截至目前,SINE协助创办了200多家初创企业,培育了1000多位企业家,由此提供了6300多个就业岗位。④

2. 提供多元模块结合课程,丰富创新创业教育课程体系

课程是高校从事教育教学的基本手段,创新创业教育课程是创新创业教

---

① Agriculture[EB/OL].[2023-06-21].https://blubot.in/tihmumbai/technology-verticals/agriculture/#.

② CPS-promotion and acceleration of young and aspiring technology entrepreneurs [EB/OL].[2023-06-21]. https://www.tih.iitb.ac.in/innovative/innovation-entrepreneurship-development/cps-promotion-and-acceleration-of-young-and-aspiring-technology-entrepreneurs-cps-prayas/.

③ TIH-IoT entrepreneur in residence (EIR) program (4)[EB/OL].[2023-05-11]. https://www.tih.iitb.ac.in/innovative/innovation-entrepreneurship-/development/tih-iot-entrepreneur-in-residence-eir-program/.

④ About SINE[EB/OL].[2023-06-19].https://www.sineiitb.org/home/about.

育的核心系统,是面向全体学生的最直接教育载体,也是区别于其他社会系统创新创业教育的关键要素。当前,如何精准化、体系化推进创新创业教育课程成为高校创新创业教育的首要问题。印度理工学院孟买分校通过设置线上线下课程、必修课与辅修课等多种形式实现实用性技能和专业性教育相融合,推动精准性的资源供给。

其一,提供丰富的创新创业教育课程。印度理工学院孟买分校创业学院在创新和创业领域提供6门选修课程和1门核心必修课程(见表6-5)。从2022年起,攻读双学位的本科生需要学习创新创业的核心课程。学生可以从第二年开始学习选修课程,至少完成30个创业课程学分的学生将获得创业辅修学位。除此之外,印度理工学院孟买分校还提供在线课程,推动企业家参与课程建设。①

表6-5 创业学院创新创业教育课程示例

课程	学分	内容	目标
创新创业简介	4	创造力、产品开发的基础知识;市场机会识别;客户价值;财务和业务规划;营销和市场规划	通过介绍创新创业的基本概念,让学生在第一年就开始培养"创业思维和创业心态",从而提升学生的通用技能,帮助他们成为全面的人,并为工程以外的职业做准备
创业入门	6	进入创业心态;了解创新创业过程;识别新业务的机会;了解技术进化以及产品周期;深入了解创业融资;了解对科技企业成功至关重要的业务功能	了解创建企业的过程,尤其是创业心态、机会识别、上市、创业融资和技术风险等方面的知识,丰富创业、行业方面的经验
实验室课程	6	基于知识的创业模式介绍;创业机会的感知与识别;创业实践的探索	设计并开发产品
企业家的营销与金融	6	创业团队组建;市场评估;品牌和广告设计;销售团队和销售工具;创业融资;创业公司结构;环境与可持续性治理	该课程为有创业意向的技术人员设计,对创业过程中的各个环节进行了全面概述,进而有利于技术人员将创新想法转化为行动

其二,提供丰富的研讨会。印度理工学院孟买分校为师生举办短期研讨

---

① Academic programs[EB/OL].[2023-05-22].https://www.dsse.iitb.ac.in/courses.

会,以更新他们在创新和创业关键方面的知识和技能。该校主要提供以下两种研讨会。① 一是 INV.ENT 研讨会。该研讨会面向学术机构的教师、创业孵化器经理和行政管理人员,协助他们学习创业课程和撰写创业计划,以便在实践中执行计划。参与者将有机会学习教师和行业领导者在科技转化、产品创新以及商业孵化上的宝贵经验,并有机会参访开发创新产品和技术的跨学科研究中心。二是加速技术商业化研讨会。该研讨会为期三天,研讨内容涵盖创新、创业和商业化等主题,共同探讨包括技术开发、知识产权、技术创新和管理营销等战略。可以看出,印度理工学院孟买分校在创业资源供给上进行了统筹优化,有效保障了参与主体的多元化、参与主题的丰富性以及参与形式的灵活性。

3. 倡导体验式学习,营造创业真实情境

创新创业教育强调以学生能力发展为中心,推崇"做中学"的教育理念。在此理念倡导的教育背景下,创新创业教学呈现出以探究式教学、活动教学、案例教学等多种教学方式相结合的教学状态。印度理工学院孟买分校要求所有课程都采用互动教学法,使用案例讨论和项目教学,以此营造体验式学习氛围。在课堂学习之外,该校创设了丰富的创业项目体验活动,如年度国际商业计划竞赛、商业创意竞赛、创业峰会、全国创业运动等多种活动②,在活动参与过程中充分激发学生潜在的创业精神。除此之外,孟买分校定期邀请企业家来校互动,与师生分享创业案例与创业经验,对学生学习如何通过创业课程的学习实现实际创业行为具有重要意义。

(二)培养行动的形成因素

印度理工学院孟买分校在本科生创新创业能力培养方面做出了诸多特色行动,这些实践的形成根源于印度政府对科技立国战略的不断倡导、对高校创新创业生态转型的评估体系建设以及对教师创新创业积极性的呵护。

1. 政府引导:坚持科学研究与科技转化并重

鉴于科学研究对国家社会经济发展的重要性,印度政府强调高校及科研机构推动科技创新体制改革和转型,激发科研创新活力,试图从根本上解决科

---

① Academic programs[EB/OL].[2023-05-22].https://www.dsse.iitb.ac.in/courses.
② Entrepreneurship[EB/OL].[2023-05-11].https://www.iitb.ac.in/en/research-and-development/entrepreneurship.

研创新部门与产业行业之间长期存在壁垒的问题,重点构建高校—政府—产业—社会组织"四重螺旋"科研创新生态系统。这一生态系统建立的目的是引导高校开展应用导向的基础研究。

印度政府的政策颁布频率和推行力度对重新认识科学研究与科技转化的关系具有重大意义。印度政府高度重视科技发展,1958年《科学政策决议》、1983年《技术政策声明》、1993年《新技术政策声明》、2003年《科技政策》[①]等政策都彰显了印度"科技立国"的雄心壮志。近期,印度政府陆续推出了一些培育创新精神的新倡议和新计划。2016年推出的旗舰计划《印度初创企业》,旨在促进创业及加速发展初创企业的生态系统。该计划的措施包括:提供1000亿印度卢比的资金,为创业培育计划提供财政和基础设施等支持,推出税收优惠及免税措施,等等。2020年颁布的《国家教育政策2020》强调在早期阶段就开始培养学生创新创业精神和创业意向,促进各个机构推动师生参与创新创业相关项目。总体来看,遵循政府的统筹规划是印度理工学院孟买分校创建生态系统得以提升本科生创新创业能力的重要基础。印度政府对科技创新与科技转化的教育理念与决心十分明显,国家坚定的意志信念为高校科研创新体制与人才培养模式转型带来了信心。

2. 评估主导:以评价机制促进高校转型

印度政府建立高校创新创业教育评价体系,以评价激励高校推进科技转化,实现高校发展转型。印度政府创新创业教育评价体系包含"创新创业思维培养活动""创新创业或知识产权教学的学术课程""创新创业专用的基础设施和设备""在高校知识下获得承认的创新理念""知识产权和商品化数量""创业公司或创新成果商品化的年度总效应""支持创新创业活动的年度总花费"等指标。[②] 可以看出,印度政府开发的创新创业教育评价体系不仅关注教育过程,同时也关注了科技成果转化等与市场衔接的效益情况,高校评估的价值取向从专注于学术排名走向强调综合能力发展。虽然评价指标体系的建立在某种程度上造成了"唯指标"现象,但是在转型发展的关键时期,国家推出科学性的评价指标体系给了高校明确的发展方向,有力推动了印度高校创新创业教育的转型发展,促成了创新创业教育生态系统的建立。只有在高校良好的

---

① 李娜.印度高校科技创新创业人才培养策略探析[J].复旦教育论坛,2013,11(4):75-79.

② 王建梁,刘海洋.高校创新创业教育的量化评价探索:印度阿塔尔排名及其启示[J].国家教育行政学院学报,2022(10):50-61.

创新创业教育发展态势下,学生成为具有问题解决能力、创造能力、人际交往能力等素养的创新创业人才才有可能。

3. 制度驱动:充分激发教师创新创业积极性

创新创业活动因其高挑战性和不可预测性而更加需要教师的指导和帮助,这将对师生互动质量产生积极影响。印度人力资源开发部发布《2019年国家师生创新和创业政策》(National Innovation and Startup Policy 2019 for Students and Faculty),要求高校设立创新创业机构,积极推进教师参与创业项目。[①] 但是激发教师创业行为并非易事,一大原因在于高校关于教师创业制度的不明晰致使创业的教师存在职业发展风险。印度理工学院孟买分校为积极促进教师创新创业,设置学术创业利益冲突管理制度。提倡教师进行科技转化,关键是要避免因创业而侵蚀教学本职工作,因为创业和教学在某种程度上存在一定的时间和精力冲突。印度理工学院孟买分校在倡导教师创新创业的同时意识到应建立自上而下的管理体制机制,促使教师创新创业行为制度化、规范化,使其成为与教学科研相互补充、相互支撑的重要因素。印度理工学院孟买分校提出,教师创业之时必须清楚认识自己在教育教学中的角色与职责,其通过采用严格知识产权授权审批流程、划定衍生企业使用学校资源红线、明晰教师兼职创业行为边界等举措,基本实现了教师创业过程中利益冲突的有效管理,大幅提升了教师创新创业的积极性。[②]

第三节 研究型大学本科生创新创业能力培养的异同

研究型大学创新创业教育是提升创新创业能力的教育理念和教育模式,研究型大学开展创新创业教育是对国家创新驱动发展战略的有效回应,同时也是提升研究型大学社会地位的重要抓手。目前关于研究型大学本科生创新创业能力培养的研究尚处于起步阶段,各国仍在探索行之有效的研究型大学创新创业教育模式,但其中仍不乏一些卓有成效的实践探索。因此,本章通过

---

① CII Report[EB/OL].[2023-09-01].https://sineiitb.org/sinemaster/resources/images/resources/13/SINE-CII-Incubators-Performance-Parameters.pdf.

② Policy on conflicts of interests and confidentiality[EB/OL].[2023-05-23].https://sineiitb.org/sinemaster/resources/images/resources/11/Policy-on-Conflicts-of-Interests-and-Confidentiality.pdf.

选取案例高校,对其创新创业教育发展历程和成果做了简要介绍,重点研究本科生创新创业能力培养的特色及形成因素,从而有利于分析和阐释研究型大学本科生创新创业能力培养存在的共性特征和差异性做法。

一、共性特征

从案例高校的分析来看,研究型大学本科生创新创业能力有三大培养理念:一是跨学科;二是跨群体;三是跨场域;四大支撑体系:一是高水平的创新创业教育研究体系;二是系统性的创新创业教育课程和实践项目体系;三是高效率的技术转化流程和支持体系;四是创新创业文化和价值观的塑造。

具体来说:首先,研究型大学坚持"基于创新的创业",这既是强调创新创业教育要结合专业知识,同时又认为创新创业教育理应超越专业知识,因为跨学科知识和理念是创新的源动力。这一方面指出创新创业依赖多学科知识的融会贯通,另一方面也是对过于注重技术技能培训的纠偏。创新创业活动所需的知识和能力是跨界的,软学科和硬学科需要相互滋养,不能简单认为创业与人文学科无关,也不能否认人文学科难以实现创业。其次,倡导跨群体的互动交流。研究型大学创新创业教育生态系统的整体运行依赖信息反馈机制、利益交换机制和资源整合机制,反映出不同群体之间的相互联系和相互支撑。研究型大学在本科生创新创业能力培养上十分重视推动跨年级、跨学科学生之间,学生与教师以及与企业行业等校外人士的交流。再次,注重跨场域的创新创业教育体系建构。创新创业教育依赖教育资源和创业资源,教育资源可以主要由校内的专业学院和行政管理平台供给,但创业资源的供给则更多依赖校外的企业行业。清华大学、浙江大学、斯坦福大学与所在区域的政府、各级各类创业园、创业服务机构、融资机构等建立了良好的联系,实现了大学与社会之间的有序有效互动。在教育资源上,有两大"跨场域"特征:一是研究型大学提倡"走出去"和"引进来"的国际化战略,与国际知名企业、国际知名高校进行创新创业教育联合研究、创新创业人才的联合培养,将创新创业教育网络从本校内到本区域内逐步拓宽到国际领域。二是研究型大学将企业家、行业专业引入课程教学、研讨会讨论以及项目支持等教育教学过程中。

在支撑条件上,案例高校首先重视构建创新创业教育研究理论。浙江大学在其中表现最为明显,大力推动创新创业教育智库建设。其次,注重系统性、阶梯式的创新创业教育课程和实践项目。研究型大学案例高校普遍开设了基于专业的创新创业课程,同时又提供了丰富的创新创业实践项目和短期课程,为不同群体提供了具有针对性的辅导内容。此外,研究型大学强调体验式教学、互动式教学,为师生互动创造机会。如此一来,创新创业教育课程既能达到"普惠",同时又具有"精英"性质,实现了分层分类培养机制。再次,利用组建创业孵化器和设置相关的产学研制度,实现基础科研与实践应用之间的相互转换。研究型大学建立了丰富的科研转化平台,将教师、学生、投资家以及产业行业专家等连结形成一个强大的创新创业关系网络,有效实现了创新资源的转化以及人才的有序流动。最后,研究型大学案例高校在本科生创新创业能力培养过程中最为重视对创新创业文化和价值观的塑造,他们认为本科生创新创业教育的根本在于激发学生的创新创业意识,使学生勇于面对未知、敢于挑战不确定性。

二、差异表现

尽管案例具有一定的相似性,但是在创新创业教育的理念与形式方面同样存在着细微差异,这些差异表现在创新创业教育的创新教育偏向抑或创业教育偏向,以及高校创新创业教育的实践动力方面。

首先,在创新创业教育理念偏向上,斯坦福大学和印度理工学院孟买分校更加强调创业导向,而我国香港中文大学、浙江大学以及法国里昂中央理工学院则更偏重广义上的创新创业教育,强调在专业教学中实现创新创业思维的激发。这可能与国家发展情况有关。美国的经济相对发达,社会的开拓精神和冒险精神相对较好,因此高校在科技转移转化上的行动力强。印度的社会经济发展则相对不足,所以期冀以科技立国为重要抓手,利用研究型大学的研究资源和人才资源实现"弯道超车"。其次,我国和法国在人才培养改革上偏向保守主义,社会环境氛围和教育系统的整体氛围都不太鼓励创业。最后,美国斯坦福大学创新创业人才培养自发改革较为明显,而我国、法国以及印度在创新创业教育上则具有明显的自上而下建构路径。这与教育自治权范围这一原因是分不开的。

第七章
研究总结、建议与展望

构建研究型大学本科生创新创业能力结构模型以指导研究型大学创新创业教育的开展。研究首先对创新创业教育、创新创业能力进行概念澄清和释义，从而为后续推进提供坚实的基础。接着，通过挖掘一流研究型大学本科人才培养目标的内涵，揭示创新创业能力与一流研究型大学本科人才培养目标的契合性，进一步说明及强调了研究型大学本科生教育培养学生创新创业能力的必要性，从而为研究奠定了理论根基。紧接着，通过构建"自我概念理论—社会认知理论—计划行为理论"组成的理论指导框架，为质性研究以及量化研究提供方向性指导。基于此，采用行为事件访谈法，通过三级编码建构了由目标确定能力、行动筹划能力、果断抉择能力、人际交往能力、把握机遇能力、防范风险能力以及抗挫折能力7个能力所构成的研究型大学本科生创新创业能力结构模型，并采用量化分析对模型的科学性、有效性进行验证，对所构建的研究型大学本科生创新创业能力结构模型进行了讨论分析。除此之外，通过梳理研究型大学案例高校在本科生创新创业能力培养上的共性与差异性表现，为研究型大学本科生创新创业能力提升提供参照。

本章将重点回顾研究问题，重新梳理各章节中得出的研究结论，提出研究型大学本科生创新创业能力培养的对策建议。

第一节 研究结论

一、创新创业能力是衡量研究型大学本科人才培养质量的重要指标

(一)创新创业教育是研究型大学提高人才培养质量的必由之路

重新阐释创新创业教育是本研究开展的基础条件。为此,本书对"创新创业"概念进行了追根溯源。经过研究发现,"创新创业"具有个体性和社会性双重内涵,应以个体性内涵为根本。目前对创新创业教育形成的"创新创业教育即创业教育"抑或"创新创业教育是一种技能培训活动"的传统认知,基本是从经济学角度出发认识的"创新创业"。因为经济学视角的"创新创业"能够直接彰显社会效益。但从根本上来看,只有发挥了个体性的"创新创业"才能达至社会层面的"创新创业"。所以,教育只有遵循个体性层面的"创新创业"内涵,才能有效激发学生参与创新创业教育的内生动力,也才能真正实现"大众创业、万众创新"的普及化创新创业教育。

从个体层面界定的"创新创业"认为每个人都具有自我实现的潜能,能够整合各类资源从而推动和实现自我的成长。因此,创新创业教育是在创新创业的社会大环境下,关注学生创新创业潜能,面向学生成长成才的一种新型教育理念。具体来说,创新创业教育是一种通识教育、能力教育、合作教育和科学教育[①],此创新创业教育理念对于改革现阶段我国研究型大学的本科教育现状具有重要价值和时代意义。

进而言之,之所以要构建创新创业能力结构模型,在于承认并且认可创新创业教育是一种能力教育。基于我国研究型大学本科人才培养现状,经过对比世界一流研究型大学本科人才培养目标内涵以及探讨创新创业能力的本质,研究者认为创新创业教育所强调的能力培养价值导向将有利于推动我国研究型大学转变传统教育理念,正视和关注学生成长的"主体性"。一旦他们自主成长能力被正视、被激发、被培养,将产生无限的潜能,从而成为创新创业环境下的佼佼者。若在大学期间依旧延续高中阶段的教育方式,研究型大学

---

① 王洪才.论创新创业教育的多重意蕴[J].江苏高教,2018(3):1-5.

本科生的潜能和主动探究的意识很大程度上将被抑制,从而也将浪费大学期间所给予学生的丰富资源。因此,研究型大学本科教育的改革需要关注和重视学生主体性的培养。

从我国现实环境来看,研究型大学已经具备了丰富的物质资源和人力资源,这为本科生培养提供了良好的专业教育和通识教育平台,为拓展学生的知识深度和知识广度奠定了基础。但不可否认,我国研究型大学依旧实施传统的灌输式教育,还未真正重视学生主体性意识的培养,如此将难以激发学生的自主探究意识。除此之外,我国研究型大学创新创业教育仍局限于少数拔尖学生,将创新创业教育视为创新教育,既误释了创新创业教育的核心内涵,也狭隘了创新创业教育受众群体。为此,研究型大学必须认识到创新创业教育面向全体学生,关注学生自主成长的能力,强调培养学生的行动意识和行动能力。基于此,可以认为研究型大学开展创新创业教育将有利于改变传统教育理念中对"高深知识等同于能力"的错误认识,从而能够为研究型大学本科教育注入活力,促进研究型大学本科生将广博的知识内化,并在实践的过程中不断提升自主成长的能力。

综上而言,创新创业教育是一种面向未来社会、关注学生成才的新型教育理念,这是对创新创业教育哲学内涵的诠释,为我国高校开展创新创业教育提供了全新的视角。可以说,创新创业教育的实施,对于改变我国研究型大学本科生群体中普遍存在的"发展动力缺乏""探究意识不强"等现状,激发学生自主成长的内生动力,推动学生认识自我、发展自我、挑战自我和实现理想自我具有重要意义。因此,创新创业教育是研究型大学提高人才培养质量的必由之路。

(二)本科生创新创业能力是研究型大学创新创业教育的关键内容

创新创业教育培养一种"可以做"的自信、创造性的提问方式和敢于冒险的意愿,使个人能够适应时代的不确定性。即使创新创业教育不能使学生成为企业家,但它将使他们更好地为事业发展和积极的公民身份做好准备。研究型大学本科生作为推动我国经济社会发展的后备军,其培养效果将对我国社会发展产生直接影响。但是,研究型大学本科阶段应该培养什么样的人才方能符合时代需求?为了解答该问题,研究者筛选出27所世界一流研究型大学以研究其本科人才培养目标。研究发现,世界一流研究型大学以培养"引领世界发展的领袖人才"为本科人才培养标准,并体现为"创新性"和"行动性"两个基本特征,展现出"主动开拓"的核心素质。此类人才的能力素质与创新创业能力内涵和培养需求具有契合性。

从学校层面来看,我国研究型大学培养本科生创新创业能力突显研究型大学的使命担当。研究型大学自创办之初便承担了为经济社会发展服务的时代需求,但我国研究型大学在历史发展过程中却逐渐走向封闭,突出体现为科学研究难以为社会发展提供强大的推动力。创新创业教育关注实践,因此研究者认为在研究型大学中强调创新创业能力的培养将有利于研究型大学走出象牙塔,与社会产生更深的互动。根据创新创业能力的概念可知,创新创业能力的培养需要与社会环境进行有效互动,这将促使研究型大学主动走出象牙塔,关注时代和社会的需求,将科研及育人活动与创新创业的社会大环境相融合,激发专业教育的活力,如此才能发现亟待解决的时代问题并予以有效解决。所以,研究型大学强调创新创业能力培养是回归研究型大学"学术"研究本质——追求知识的应用。① 此外,研究型大学培养学生创新创业能力也将有利于推动研究型大学的教学改革,因为创新创业能力的培养目标要求从实际出发,增强学生对社会现实的体验感和参与感,而由于受"重科研,轻教学"等诸多因素的影响,现行的研究型大学本科教学内容仍主要是教科书上枯燥的知识点,教学方式也较为单一刻板。

从学生个体层面来看,研究型大学本科阶段培养学生创新创业能力,将回归到学生成长本身,关注学生的可持续发展。主动开拓精神是世界一流研究型大学本科人才培养的关键,学生一旦具备了主动开拓精神,将会产生源源不断的动力去完善自我,并且有勇气、有能力去面对和解决一系列社会挑战。创新创业能力是一种推动学生自我认识、自我发展和自我超越的能力,关注和强调学生作为"人"的发展,而这正符合一流研究型大学本科人才培养质量标准。进言之,研究型大学应该打破"唯升学"倾向,转向关注学生的发展兴趣,发现学生的成长潜力,培养学生的创新创业能力,帮助学生实现自我的成长与自我的解放。

综上所述,能力是教育培养结果的直接体现,创新创业教育所蕴含的教育理念决定了其必然是一种能力教育。在此基础上,对创新创业能力进行了释义,认为创新创业能力是衡量创新创业教育质量的重要评价指标。从世界一流研究型大学本科人才培养目标的价值取向以及我国研究型大学本科教育现

---

① 王建华.以创业思维重新理解学科建设[J].清华大学教育研究,2018,39(4):40-48.

状来看，研究者认为关注学生自主发展，强调激发学生发展内生动力的创新创业能力应作为衡量研究型大学本科人才培养质量的重要指标，如此将有助于推动研究型大学本科教育教学改革。

二、创新创业能力结构模型为研究型大学本科人才培养提供参考依据

基于文献综述和理论探究，从本质上论述了创新创业能力是以自我认识为逻辑起点的能力，构建了创新创业能力研究的理论指导框架，阐释了创新创业能力对于提升研究型大学本科人才培养质量的重要作用。在此基础上，通过对具有创新创业经历的研究型大学本科生开展访谈工作，并结合教师群体的访谈资料，三级编码构建研究型大学本科生创新创业能力结构模型。通过量化研究，使得该能力结构模型得到科学验证。具体而言，遵循"先质性后量化"的混合研究程序，采用文献法、访谈法、数据分析法等研究方法，科学地将研究型大学本科生创新创业能力分为目标确定能力、行动筹划能力、果断抉择能力、人际交往能力、把握机遇能力、防范风险能力以及抗挫折能力7个二级能力14个三级能力。经过质性材料分析以及审慎思辨，发现这7个能力基本构成研究型大学本科生"发现自我—实践自我—突破自我—发展自我—成就自我—发现自我"创新创业循环往复的行动逻辑，这充分体现了研究型大学本科生创新创业行为的内在规定性。在每个能力下分别涵盖了自我认识、自我认同、冒险精神、创新行为等创新创业能力关键要素，符合创新创业能力的基本属性。此外，结合质性分析材料，对每种能力要素进行详细描述，较为清晰地勾勒了研究型大学本科生创新创业能力结构模型的特征及表现。

研究型大学本科生创新创业能力结构模型清晰地揭示了创新创业能力培养的方向和重点，从而为我国研究型大学开展创新创业教育提供了基本遵循，也由此为我国研究型大学反思本科人才培养模式提供了新的参考系。

其一，目前我国研究型大学本科人才培养目标既缺乏对学生主体性的关注，也欠缺对能力培养目标的强调。本书所建构的研究型大学本科生创新创业能力结构模型关注本科生在自我实现过程中的能力，能够有效弥补研究型大学本科生人才培养目标中对"主体性""能力培养"的关注不足。

其二，促使研究型大学本科人才培养目标具体化。人才培养目标不能过于宽泛，宽泛且缺乏可操作性的人才培养目标容易使得高校逐渐忽视人才培养目标的重要性，也将使得高校在具体培养环节失去了可供设计、实施及评价的参照系。研究型大学本科生创新创业能力结构模型将创新创业能力进行科学分解，涵盖了本科生推动自我实现的创新创业过程中的能力要素，反映了学生成长过程中与创新创业环境互动的复杂性。把研究型大学本科生创新创业能力结构模型作为制定研究型大学本科人才培养目标的参考依据，将有利于提升人才培养目标的可操作性价值以及符合研究型大学本科人才培养目标的高挑战性标准。

其三，研究型大学本科生创新创业能力结构模型成为研究型大学开展创新创业教育的理论基础。目前关于研究型大学创新创业教育的目标、实施路径等仍存在争议。学生是教育的主体和经历者，能力是教育成果的直接体现。以学生为主体，探究学生成长成才过程中关键能力形成的研究型大学本科生创新创业能力结构模型是研究型大学开展创新创业教育的基础理论探索。因为只有科学地解释了创新创业能力结构问题，才能进一步探究创新创业能力形成机制，进而才有可能实现研究型大学创新创业教育的高质量发展。

其四，研究型大学本科生创新创业能力结构模型为研究型大学评价本科人才培养质量提供了有效衡量方法。创新创业能力是衡量研究型大学本科人才培养质量的关键指标，但创新创业能力不是单一的能力，而是由一系列能力所构成的复杂能力。本书所建构的研究型大学本科生创新创业能力结构模型具有7个二级能力14个三级能力要素，包含了85个能力要素的观测点，科学有效地将中观层面的创新创业能力转为微观层面的能力结构，使得衡量和评价研究型大学本科生培养质量具有针对性和可操作性。

三、以知识生产范式转型引领研究型大学本科生创新创业能力培养

新技术和社会媒体为创造和创新提供了新的机制，但也对新的知识和方法产生了越来越多的需求。高等教育必须改革知识生产方式和人才培养模式，使学生更好地适应这种新环境。创新创业能力对于推动经济增长和提高竞争力至关重要，高校应将培养创新创业能力纳入整个课程授课过程。高等教育系统必须开始朝这个方向前进，必须更加适应不断变化的社会需求。创新创业教育可以影响教师或学生的思维和行为。就教师而言，创新创业心态将促使其开展多种形式的校企合作。对于学生来说，这将使得他们在学习期间、毕业后或将来的某个时候能够创造新的创业机会。如此，创新创业能力培养是研究型大学不可回避的重要课题。

通过研究国内外研究型大学案例高校本科生创新创业能力培养体系，研究者发现其在跨学科人才培养体系建设、跨场域信息交流机制以及跨群体知

识流动机制上具有共性。这些共性表明研究型大学本科生创新创业能力培养应遵循知识生产范式转型，通过知识生产范式转型激活师生参与创新创业活动的热情，进而提升大学创新创业活力。以往研究型大学普遍遵从以学科为本、以大学为核心场所、科研共同体同质性的模式Ⅰ知识生产模式，这也是社会常赋予研究型大学"象牙塔"之名的原因。随着问题日益复杂，研究型大学解决全球性重大挑战问题重任在肩，这就需要其通过跨学科、多主体、多形态、多层次地建立知识创新研究体系。大学是一个知识密集型机构，聚集了大量的学者和研发团队，在人才培养、技术转化和科技创新上有着得天独厚的优势，理应成为城市发展的"创新之源"，进一步推动城市形成持续的协同创新能力。大学不断向城市输送知识和人才，以此提升城市创新能力、增加城市人力资本以及提高城市科技优势。例如，围绕着哈佛大学和麻省理工学院等高校发展起来的坎布里奇市因为科技创新和思想引领而成为世界创新名城；我国以华中科技大学为代表的大学群体使武汉成为以光电新技术为主要特征的创新型城市。而高校师生也通过讲座、实习等活动实现了与社会信息的实时互动。硅谷企业的讲座、研讨会等活动向斯坦福大学开放，学生通过参加讲座、研讨会等活动从企业那里获取前沿信息，反哺学校教学科研。如此，高校与社会的紧密互动，搭建起开放式的交流环境，实现优势叠加。

此外，全球性重大挑战问题的解决情况依赖人才培养质量，研究型大学传统的人才能力结构已然不适合创新创业时代的新技能，学生在科研创新体系转型下，加强与真实创新创业情境之间的沟通融合，一方面加强了特定学科知识创新能力另一方面又实现了对创新创业环境的认知和理解，提高了人际交往能力、科技创新能力，拓宽了国际视野等。经过梳理分析可以发现，案例高校在创新创业教育战略实施中，都充分遵循了知识研究范式转型的基本规律，在学科教育的基础上，推动师生参与创新创业实践项目，将企业行业等校外专家引入高校教育教学过程中，并且鼓励师生将科研创新转化转移，通过这些跨学科、跨群体以及跨场域的沟通交流，为本科生创新创业能力培养提供视野开阔、资源丰富的环境支持。

第二节 对策与建议

一、克服功利化创新创业教育理念,重视研究型大学本科生创造性人格的养成

创新创业教育首先要解决的是人才培养目标问题。创新创业教育作为一种面向未来社会,关注学生成长成才的新型教育理念,是以创造性人格养成为中心的教育形式[①]。创新创业教育作为我国研究型大学提高本科人才培养质量的路径探索,对我国研究型大学本科生创造性人格的养成提出要求,因此也就必然要求我国研究型大学本科人才培养目标的设计和内涵亟须作出调整。

(一)克服功利化创新创业教育理念,强化人才培养目标的"主体性"

创新创业教育的目标是促进学生个体的自主成长,关注学生的主体性价值;创新创业教育的逻辑起点和核心价值是一种能力教育,指向学生的终身发展;创新创业教育强调了行动的重要性,揭示了大学与社会存在着紧密的联系。而如此全新的创新创业教育理念对于我国研究型大学本科教育而言是一种富有挑战性的指导理念。长期以来,我国研究型大学本科教育盛行"学历主义",认为成为科学家或研究者是研究型大学学生的最终目标,因而直接或间接引导学生"深造"而忽视了学生的自主选择。此育人观揭示了研究型大学对创新创业教育理念的漠视和误解,以至于创新创业教育理念无法真正融入研究型大学人才培养全过程。

鉴于此,研究型大学亟须摒弃形式化的人才培养目标设计,转变人才培养观念,把创新创业教育作为本科人才培养模式顶层设计的理念指导。

首先,弱化对人才培养目标职业性、专业性的过度强调。未来的社会是急速变化的社会,人才培养目标应由培养专门人才转为培养高素质的公民。[②]对于研究型大学本科生而言,更应该关注主动性、创造性人格的养成,为学生

---

① 王洪才.创新创业教育的意义、本质及其实现[J].创新与创业教育,2020,11(6):1-9.
② 王洪才,汤建.创新创业教育:高等教育内涵式发展的关键[J].武汉科技大学学报(社会科学版),2021,23(1):110-116.

成长成才奠定坚实基础。因此，我国研究型大学若过于强调专业性培养目标，将会限制学生的自主发展和自由选择，忽视学生个体价值，从而不利于人才成长的可持续性。

其次，制定具有特色的人才培养目标。人才培养目标的设计关系到各个具体的人才培养环节。长久以来，我国研究型大学本科人才培养目标表述过于同质，基本是同一个模板复制而成。毋庸讳言，这类缺乏特色的人才培养目标容易成为形式化的表述，也即将培养目标停留在"书面上"，从而失去了培养目标在引导培养环节具体实践上的价值和能力。

最后，关注人才培养目标设计中的能力目标。我国研究型大学本科人才培养目标中常出现"厚基础，强能力"等表述，但未说明实现该人才培养目标所需具备的具体能力，从而使得人才培养目标空泛化，缺乏实质性的指导作用。创新创业教育要融入研究型大学人才培养的全过程，首要的是将能力目标融入人才培养目标中。因此，研究型大学在本科人才培养目标顶层设计时应将能力目标具体化。

（二）认可创新创业教育价值，强调人才培养目标的前瞻性

创新创业教育蕴含的教育理念对于我国研究型大学现行的人才培养模式改革具有重要的导向意义。在重新释义创新创业教育理念后可以发现，创新创业教育是深深根植于创新创业社会环境下的教育理念，其面向的是未来社会的人才培养。具体而言，创新创业教育所强调的人才培养活动应将重点放在使学生具备引领时代发展的能力上。而这对于我国研究型大学本科人才培养目标的改革具有重大的指导意义。不可否认，研究型大学作为高等教育发展和改革的先锋队，肩负着我国创新型国家建设的重任，因此也必然承担着培养一流人才的教育重任。而一流人才理应具备引领时代发展的能力和责任意识。但是，就目前我国研究型大学本科人才培养目标表述而言，大多数研究型大学缺乏提出引领时代发展人才之培养目标的勇气和魄力。反观世界一流研究型大学，都在积极引导本科生积极主动地适应现代及未来社会的发展需要，凸显了研究型大学在引领时代发展上的社会责任。

基于此，我国研究型大学应主动反思，突破保守的人才培养目标，设立具有开创性、挑战性的人才培养目标。首先，关注人才培养目标的时间性限度。人才培养目标具有引领作用，引领性取决于人才培养目标内容的前瞻性。因此，高校应时常反思人才培养目标与社会需求及育人需求的差距。从现实情

况来看,我国研究型大学人才培养目标的制定呈现"一次性"现象,即长时间不修订人才培养目标,如此将使得人才培养目标失去前瞻性而缺乏引领作用。为改变此现状,培养足以承担时代重任的人才,我国研究型大学应勇于创新,主动关注时代需求,反思学校育人实际,适时对人才培养目标作出调整。其次,将全球视野融入人才培养目标。社会日益呈现全球化趋势,各国发展紧密联系。教育是面向未来的,教育要培养未来人,研究型大学作为建设一流大学的领军队伍,在本科人才培养目标的设计和阐释上应融入全球视野,强调学生要直面世界重大问题,勇于挑战,服务时代发展。

二、以创新创业能力结构模型为指导,改革研究型大学本科教育人才培养模式

创新创业能力是研究型大学创新创业教育发展的关键,是提高研究型大学本科人才培养质量的重要内容。研究型大学本科生创新创业能力结构模型的构建为研究型大学本科教育人才培养模式提出了改革重点,指明了发展方向。换言之,我们应以创新创业能力结构模型为指导,系统改革研究型大学本科教育人才培养模式。

(一)开展研究型教学,激发学生的探究兴趣

创新创业能力结构模型建构的起点在于学生对自我的认知,体现于目标确定能力,换言之,创新创业能力结构模型要求我们培养和提高学生的目标确定能力。而学生形成对个体发展认知的关键在于具有主动开拓精神。因为,一旦学生具有了主动探究的兴趣,便有动力去认识自己、认识环境,从而积极地在个体发展与环境需求之间寻求平衡。无可否认,我国研究型大学本科教育在培养学生主动探究精神的教育教学活动上仍具有较大的改进空间。在传统教育观念中,传授学生理论知识,帮助学生建构一定的学科知识体系是高校的教学重心。这种教育观在我国研究型大学更是盛行,具体体现在以知识点背诵为核心的期末考试、升学考试中,表现于研究型大学本科生为追求高绩点宁可放弃具有挑战性的课程转而选择"水课"。可以说,本科生是否能够构建起系统的理论知识体系成为衡量研究型大学学生成败的标准,而如此刻板的、僵化的教学体系难以激发学生的开拓进取精神,进而难以培养学生的创新创业能力以引领时代的发展。因此,提高研究型大学本科生创新创业能力应该将创新创业能力培养作为教育教学体系的设计中心。具体而言,应突出以下

两点：

其一，以发展的思维认识学生，将成长路径的选择权归还学生。很多研究型大学本科生并非不具备自我发展的能力，而是在一个被设计完善的成长环境中抑制了自主发展的欲望和能力。因此，研究型大学在设计教育教学方法和内容时，要摒弃工程思维，避免用同一种发展模式来设计和要求所有的学生。反之，应该强调关注学生的自身发展兴趣，尊重学生的个性特征，如此才能真正地发挥学生的主观能动性。

其二，将科研资源转化为教学资源，激发学生的探究兴趣。目前我国研究型大学大多数课程缺少思辨性、探究性、研究性，仍停留在"老师摇头讲，学生埋头听"的传统模式，这对于学生探究兴趣的培养有百害而无一利。一流大学的人才培养与科学研究应该是相互依存和相互支撑的，教学与科研好比是自行车的两个轮子，教学是后轮，承载着学校的重心，而科研是前轮，它在一定程度上决定了大学的发展方向。① 研究型大学在最新科研成果的享有上存在着天然的优势，应该加大科研资源转为教学资源的力度，一方面能够真正地将世界最新发现、最新成果传递给学生，有效激发学生参与探究真理的欲望和兴趣；另一方面也有助于学生认识和了解世界发展趋势，增强与时代对话的能力。

（二）建立师生成长共同体，将科研成果反哺教学

教师队伍是创新创业能力培养的关键，如果没有一批具有创新创业精神和能力的教师队伍，学校的教育教学改革将难以实质性开展，学生的创新创业能力培养将无法真正落地。而目前来看，我国研究型大学创新创业型教师在培养上存在一定的问题，例如教师对于教学的重视度不够，在教学改革方面的时间和精力投入不足，长期采用"知识传授为中心"的单向的授课模式；又如，教师的科研对社会的关注度不足，进而难以发挥高校科研反哺社会以及反哺教学的优势；等等。因此，研究型大学应该把培养创新创业型教师队伍作为重要工作开展。具体而言，应从以下三点着手。

其一，转变"教师中心主义"的狭隘观，建立师生成长共同体。在这个创新创业的时代背景下，教育关系中的各种要素同样也都在发生迅速变化。作为

---

① 王春春.研究型大学如何培养人才：访华中科技大学校长李培根[J].大学(学术版),2011(5):4-13.

研究型大学教师要深刻地意识到,学生获取知识的方式发生了根本性的变化,教师不再具有"指导型"与"专享型"的地位。在这种环境下,面对不断涌现的新知识,教师要与学生共同学习,共同成长,由生生成长共同体转变为师生成长共同体。

其二,转变传统知识传授观,建立能力优先的育人逻辑。创新创业能力培养重点在于学生要将掌握到的知识运用到实际生活中。以往,研究型大学教师通常较多关注学科理论知识的传授,而忽视了将理论知识与实际应用相结合。因此,为了充分培养学生的创新创业能力,研究型大学教师应将课程的重点落脚在对学生知识创新与知识应用能力的培养上,以激励学生积极面对日新月异的时代所带来的挑战。

其三,走出书斋式科研,关注社会需求。为了提升学生的实践应用能力,提升学生对发展机会的敏锐度,教师首先应具备社会敏感性,具备研究社会实际问题的能力,开展应用性科研,并将科研成果反哺教学。

三、把本科生创新创业能力发展作为评价研究型大学本科教育质量的重要内容

评价具有反思作用,研究型大学本科教育改革应该关注实际效果。为此,研究型大学本科教育应该发挥创新创业能力评价在本科教育改革中的作用,通过对学生创新创业能力的评价指导本科教育教学方式的改进。

(一)将学生创新创业能力评价融入本科人才培养质量评价体系

创新创业能力是衡量研究型大学本科人才培养质量的关键指标,因此,作为以学生自评为主的创新创业能力评价应该成为研究型大学本科人才培养评价体系中的重要部分。具体而言,需要做到以下两点:

其一,制定研究型大学本科生创新创业能力评价标准。研究型大学本科生创新创业能力结构模型为研究型大学本科人才培养质量评价提供了参照,但不可否认的是,不同学科、不同年级学生的创新创业能力特征和表现也具有异质性,而这就要求研究型大学在开展人才培养质量评价时应根据不同学科、年级等制定具体化的创新创业能力判断标准。

其二,开展创新创业能力追踪研究。创新创业能力是学生推动自我成长的能力,研究型大学应该关注学生个体创新创业能力的变化,有针对性地弥补学生成长过程中的不足,以实现个性化教育。

（二）改革教师评价体系，激发教师参与创新创业教育的积极性

学生创新创业能力的培养离不开教师对教学活动、对育人活动的投入，并且，创新创业能力的培养要求对教师的教育教学能力提出了更高的要求。而若研究型大学仍将科研作为衡量教师的主要标准，那么教师的育人热情将难以激发，教师投入创新创业教育的动力也将受到抑制。为此，培养学生的创新创业能力，应该改革研究型大学教师评价体系。

其一，将学生的培养成效作为教师评价主要标准。教学改革不仅需要研究型大学教师具有付出实际行动的决心，更需要其掌握实质提升教学质量的方法，因为如果教学失去了科学方法的指引，那么学生依旧难以真正运用知识，也就难以真正地成长，从而使得创新创业能力培养失去了根基。因此，研究型大学将学生的培养成效作为教师评价标准，有利于促使教师将重心回归育人初心，引导教师积极开展教学创新实践，提升教育教学能力。

其二，强调对教师的社会服务能力进行评价。理论联系实际是创新创业教育开展的重点，学生创新创业能力的培养也是基于对社会环境的感知。因此，强调对教师社会服务能力的评价将引导教师关注社会发展需求，提高解决实际问题的能力，进而在课程教学等育人活动中培养学生对现实问题的关注和思考。

第三节　研究不足与研究展望

研究型大学本科生创新创业能力结构模型在理论上为研究型大学本科生开展创新创业教育、提升人才培养质量阐明了理论基础且提供一定的参照，同时也为创新创业能力研究领域提供了新的研究方向。创新创业能力研究具有广阔的空间，本次研究受限于研究者本人的研究能力仍存在较大不足和缺憾，但也为下一步的研究提供了思路。

第一，丰富研究型大学本科生创新创业能力的相关实证研究。本书所提出的研究型大学本科生创新创业能力结构模型仅是对创新创业能力子能力进行了理论分析与实证检验，但未对其影响因素展开探索。虽然运用案例研究弥补了一定不足，但仍深感创新创业能力培养对策的提出缺乏强有力的证据。在未来的研究中，可以在以下两个方面延伸拓展：

其一，挖掘研究型大学本科生创新创业能力影响因素，探究影响创新创业能力的作用机理及其作用效果等。需要指出的是，创新创业能力的内涵与外延目前仍存在模糊性，具有一定的争议。因此，在开展基于大数据的影响因素探析的同时，尤其应该注重从质性层面对影响因素的作用机理开展深度挖掘，这有助于进一步挖掘创新创业能力内涵及探析影响机制的形成过程，推动创新创业能力研究的深化。

其二，深化将研究型大学本科生创新创业能力融入其他培养效果的研究，进一步探究创新创业能力在研究型大学本科人才成长过程中的作用。例如将研究型大学本科生创新创业能力作为自变量，探索其与学生的科研成果取得等的关系，从实证上论证创新创业能力的实质作用，增强创新创业能力对提升人才培养质量研究的解释力度。

第二，建立我国大学生创新创业能力研究体系。本书仅以研究型大学本科生作为研究对象探究创新创业能力结构模型，研究结论存在局限性。创新创业能力作为我国高等教育人才培养的重点，在未来的研究中，可从以下两个方面进行拓展延伸：

其一，继续深化我国大学生创新创业能力本土化结构模型。当前我国大学生创新创业教育研究缺少深厚的理论基础，通过构建我国大学生创新创业能力结构模型将有利于发展新理论，发掘对我国创新创业教育的全新理解与认识。

其二，科学开发研究型大学本科生创新创业能力测评工具，建立我国创新创业能力的追踪评价数据库。学界应该推进我国大学生创新创业能力测评工具的开发并达成基本共识，推进探索不同类型高校、不同年级等大学生群体创新创业能力的影响因素，这将有利于推进我国创新创业教育模式个性化、可视化和可操作化，进而保障创新创业教育实践成果。对大学生创新创业能力进行追踪观测，有助于进一步挖掘创新创业教育在学生终身发展上的作用，并能够适时调整大学生创新创业能力培养机制。

参考文献

一、专著

[1] 哈瑞·刘易斯.失去灵魂的卓越:哈佛是如何忘记教育宗旨的[M].侯定凯,译.上海:华东师范大学出版社,2012.

[2] 威廉·德雷谢维奇.优秀的绵羊[M].林杰,译.北京:九州出版社,2016.

[3] 付八军.高等教育属性论:教育政策对高等教育属性选择的新视角[M].江西:江西人民出版社,2008.

[4] 阿兰·法约尔,海因茨·克兰特.国际创业教育:议题与创新[M].金昕,王占仁,译.北京:商务印书馆,2019.

[5] 徐岚.大学教师的学术责任:流沙之上的朝圣之路[M].厦门:厦门大学出版社,2019.

[6] 吴薇.中荷研究型大学教师信念比较研究[M].广州:广东高等教育出版社,2012.

[7] 林崇德.创新人才与教育创新研究[M].北京:经济科学出版社,2009.

[8] 孙惠敏,陈工孟,主编.全球创新创业教育研究报告[M].北京:经济管理出版社,2016.

[9] 中国科学学与科技政策研究会.科技政策学学科发展报告2016—2017[M].北京:中国科学技术出版社,2018.

[10] 阿兰·法约尔.创业教育研究手册:第3卷[M].刘志,译.北京:商务印书馆,2020.

[11] 伯克·约翰逊,拉里·克里斯滕森.教育研究:定量、定性和混合方法:第4版

[M].马健生,等译.重庆:重庆大学出版社,2015.

[12]王占仁."广谱式"创新创业教育概论[M].北京:人民出版社,2016.

[13]杰弗里·蒂蒙斯.创业者[M].周伟民,译.北京:华夏出版社,2002.

[14]科林·琼斯.研究生创业教育[M].王占仁,译.北京:商务印书馆,2016.

[15]科林·琼斯.本科生创业教育[M].王占仁,译.北京:商务印书馆,2016.

二、期刊文献

[1]王建华.创新创业与大学范式革命[J].高等教育研究,2020,41(2):9-16.

[2]周叶中.人才培养为本 本科教育是根:关于研究型大学本科教育改革的思考[J].中国大学教学,2015(7):4-8.

[3]吴凡.我国研究型大学本科生学习时间与学业任务的调查研究[J].高等教育研究,2018,39(11):71-78.

[4]常桐善.中美研究型大学本科学生基本能力比较研究[J].中国高教研究,2018(2):48-55.

[5]王建华.加速时代如何成就大学的卓越[J].江苏高教,2020(4):7-15.

[6]王洪才,郑雅倩.创新创业教育的哲学假设与实践意蕴[J].高校教育管理,2020,14(6):34-40.

[7]王洪才.论创新创业教育的多重意蕴[J].江苏高教,2018(3):1-5.

[8]王洪才,汤建.创新创业教育:高等教育内涵式发展的关键[J].武汉科技大学学报(社会科学版),2021,23(1):110-116.

[9]陈耀,李远煦.改革开放以来我国高校创新创业教育组织变迁及其启示[J].高等教育研究,2019,40(3):46-52.

[10]眭依凡.一流本科教育改革的重点与方向选择:基于人才培养的视角[J].现代教育管理,2019(6):1-10.

[11]王占仁,刘志,刘海滨,等.创新创业教育评价的现状、问题与趋势[J].思想理论教育,2016(8):89-94,103.

[12]刘帆.高校创新创业教育现况调查及分析:基于全国938所高校样本[J].中国青年社会科学,2019(4):67-76.

[13]党建宁,Amy Gerrard.融合与嬗变:世界多国创新创业教育的比较与镜鉴:访澳大利亚南昆士兰大学科林·琼斯博士[J].中国电化教育,2020(9):105-111.

[14]毛建青,陈文博,宣勇.重新识读研究型大学:美国研究型大学的发展特征及

其对中国的启示[J].湖南师范大学教育科学学报,2023,22(2):103-114.

[15]杨林,刘念才.中国研究型大学的分类与定位研究[J].高等教育研究,2008(11):23-29.

[16]李勇,闵维方.论研究型大学的特征[J].教育研究,2004(1):61-64.

[17]郑雅倩.地方本科高校大学生创新创业能力影响因素实证研究[J].创新与创业教育,2023,14(5):11-20.

[18]王占仁.创新创业教育的核心要义与周边关系论析[J].国家教育行政学院学报,2018(1):21-26.

[19]包水梅,杨冬.美国高校创新创业教育发展的基本特征及其启示:以麻省理工学院、斯坦福大学、百森商学院为例[J].高教探索,2016(11):62-70.

[20]杜瑞军,周廷勇,周作宇.大学生能力模型建构:概念、坐标与原则[J].教育研究,2017,38(6):44-57.

[21]王洪才.创新创业教育的意义、本质及其实现[J].创新与创业教育,2020,11(6):1-9.

[22]徐蕾,严毛新.多重制度逻辑视角下中国高校创业教育的演进[J].教育发展研究,2019,39(3):41-47.

[23]王洪才,郑雅倩.大学生创新创业能力测量及发展特征研究[J].华中师范大学学报(人文社会科学版),2022,61(3):155-165.

[24]王志强,郭宇."追求成功"还是"追求幸福":对创新创业教育目的的伦理审思[J].教育发展研究,2022,42(1):77-84.

[25]卓泽林,赵中建.高校全校性创业教育:美国经验与启示[J].教育发展研究,2017,37(17):46-53.

[26]严毛新.创业教育的中国经验[J].教育研究,2017,38(9):70-75.

[27]黄兆信,曾纪瑞,曾尔雷.以岗位创业为导向的人才培养体系研究与实践:以温州大学为例[J].教育研究,2013,34(6):144-149.

[28]周光礼.从就业能力到创业能力:大学课程的挑战与应对[J].清华大学教育研究,2018,39(6):28-36.

[29]王占仁,林丹.大学生创业素质结构论析[J].社会科学战线,2012(3):250-252.

[30]王洪才.创新创业能力评价:高等教育高质量发展的真正难题与破解思路[J].江苏高教,2022(11):39-46.

[31]贾建锋.基于能力成熟度模型的大学创新创业课程体系构建[J].高等工程教育研究,2018(5):178-182.

[32]尹向毅.创业是否可教:基于教育学视角的分析[J].高等教育研究,2017,38

(5):64-71.

[33]李琳璐.研究型大学大学生创业能力实证测评[J].当代教育科学,2019(8):84-90.

[34]邬大光.重视本科教育:一流大学成熟的标志[J].中国高教研究,2016(6):5-10.

[35]战双鹃,李盛兵.美国常春藤大学本科教育的基本特征[J].高等教育研究,2019,40(5):92-99.

[36]崔军.欧盟创业能力框架:创业教育行动新指南[J].比较教育研究,2017,39(1):45-51.

[37]王严淞.论我国一流大学本科人才培养目标[J].中国高教研究,2016(8):13-19,41.

[38]别敦荣.大学教学改革新思维和新方向[J].中国高教研究,2020(5):66-70.

[39]张应强.从政策到行动:建设一流本科教育需要面对的关键性问题[J].江苏高教,2019(9):1-7.

[40]季波,李劲湘,邱意弘,等."以学生为中心"视角下美国一流研究型大学本科人才培养的特征研究[J].中国高教研究,2019(12):54-59.

[41]王平祥.世界一流大学本科人才培养目标及其价值取向审思[J].高等教育研究,2018,39(3):58-63.

[42]邓磊,崔延强.大学功能的演进逻辑:基于社会契约的视角[J].高等教育研究,2014,35(12):7-12.

[43]尹国俊,都红雯,朱玉红.基于师生共创的创新创业教育双螺旋模式构建:以浙江大学为例[J].高等教育研究,2019,40(8):77-87.

[44]姜嘉乐,李飞,徐贤春,等.浙江大学人才培养的理念、模式、特色及其实践:浙江大学校长吴朝晖访谈录[J].高等工程教育研究,2016(4):1-4.

[45]朱春楠,区玉辉.基于"创业思维"理念的创业教育:香港中文大学经验与启示[J].当代青年研究,2018(4):98-103.

[46]侯静,栾宇.青年创新意识与创业能力提升的路径借鉴:以香港创业教育实践经验为例[J].新疆师范大学学报(哲学社会科学版),2016,37(6):52-58.

[47]张琼,陈颖,张琳,等.新加坡南洋理工大学与国内高校创新创业教育的异同探析[J].电子科技大学学报(社科版),2017,19(3):36-41.

[48]张振刚,程琳媛.高等教育数字化转型的动因、实践与启示:以新加坡南洋理工大学为例[J].科技管理研究,2023,43(16):96-106.

[49]张燕妮.法国创新创业教育的现状和启示[J].江苏高教,2020(9):121-124.

[50]武学超,宋梦佳.印度高等教育转型发展的改革向度及基本逻辑:《国家教育政策 2020》述评[J].外国教育研究,2021,48(10):85-97.

[51]王建梁,刘海洋.高校创新创业教育的量化评价探索:印度阿塔尔排名及其启示[J].国家教育行政学院学报,2022(10):50-61.

[52]MARKUS H R, KITAYAMA S. Culture and the self: implications for cognition, emotion, and motivation[J]. Psychological review, 1991, 98(2): 224-253.

[53]KUH G D. What we're learning about student engagement from NSSE: benchmarks for effective educational practices[J]. Change: the magazine of higher learning, 2003, 35(2): 24-32.

[54]KINDEL A, STEVEN S M. What is educational entrepreneurship? Strategic action, temporality, and the expansion of US higher education[J]. Theory and society, 2021, 50: 577-605.

[55]NICOLAOU N, SHANE S. Entrepreneurship and occupational choice: genetic and environmental influences[J]. Journal of economic behavior & organization, 2010, 76(1): 3-14.

[56]ROGERS C R. A theory of therapy, personality and interpersonal relationships as developed in the client-centered framework[J]. Psychology: a study of a science, 1959, 3(1): 184-256.

[57]DIMAGGIO P, POWELL W. The iron cage revisited: institutional isomorphism and collective rationality in organizational fields[J]. American sociological association, 1983, 48(2): 147-160.

[58]CHANDLER G N, HANKS S H. Measuring the performance of emerging businesses: a validation study[J]. Journal of business venturing, 1993, 8(5): 391-408.

[59]THOMAS M, LAU T. Entrepreneurial competencies of SMEowner/managers in the HongKong services sector: a qualitative analysis[J]. Journal of enterprising culture, 2000, 8(3): 235-254.

[60]ONSTENK J. Entrepreneurship and vocational education[J]. European Educational Research Journal, 2003, 2(1): 74-89.

[61]LACKEUS M. Entrepreneurship in education: what, why, when, how[J]. Studies in continuing education, 2015, 31(1): 206-208.

[62]WILSON N, MARTIN L. Entrepreneurial opportunities forAll?: Entrepreneurial

capability and the capabilities approach[J]. The international journal of entrepreneurship and innovation，2015，16(3)：159-169.

[63]KLEIN S P，KUH G D，CHUN M，et al. An approach to measuring cognitive outcomes across higher education institutions[J]. Research in higher education，2005，46(3)：251-276.

[64]ETZKOWITZ H. Research groups as'quasi-firms': the invention of the entrepreneurial university[J]. Research policy，2003，32(1)：109-121.

[65]BAILEY J. Self-image，self-concept，and self-identity revisited[J]. Journal of the national medical association，2003，95(5)：383-386.

三、学位论文

[1]夏远.研究型高校大学生创业人力资本评价研究[D].北京:北京科技大学,2020.

[2]韩晨光.理工科大学生创业能力评价研究[D].北京:北京科技大学,2015.

[3]吴刚.工作场所中基于项目行动学习的理论模型研究[D].上海:华东师范大学,2013.

[4]张丹译.高校创新创业教育绩效评价研究[D].武汉:武汉科技大学,2019.

[5]段肖阳.大学生创新创业能力发展的"个体—院校"双层影响因素实证研究[D].厦门:厦门大学,2022.

[6]徐旭英.我国研究型大学创业教育的关键要素与运行机制研究[D].杭州:浙江大学,2018.

[7]黄翔.清华大学与哈佛大学创业教育比较研究[D].北京:中央民族大学,2021:20.

[8]李涵.法国高校创业教育研究[D].杭州:浙江大学,2018.

四、电子文献

[1]国务院办公厅关于深化高等学校创新创业教育改革的实施意见[EB/OL].(2015-05-13)[2020-05-23].http://www.gov.cn/zhengce/content/2015-05-13/content_9740.htm.

[2]教育部关于加快建设高水平本科教育全面提高人才培养能力的意见[EB/OL].(2018-10-08)[2020-06-01].http://www.moe.gov.cn/srcsite/A08/s7056/201810/t20181017_351887.html.

[3] 普通高等学校本科教育教学审核评估实施方案(2021—2025 年)[EB/OL]. (2021-02-03)[2023-01-01]. http://www.moe.gov.cn/srcsite/A11/s7057/202102/t20210205_512709.html.

[4] 清华副校长杨斌：一流大学应有什么创业教育？[EB/OL].(2022-11-16)[2023-01-01].https://learning.sohu.com/a/606739490_608848.

[5] Harvard College.Vision[EB/OL].[2020-10-12].https://college.harvard.edu/about/mission-vision-history.

[6] Duke University. Our students[EB/OL].[2020-11-21]. https://admissions.duke.edu/our-students.

[7] University of Oxford. An exceptional education[EB/OL].[2020-11-11]. https://www.ox.ac.uk/admissions/undergraduate/student-life/exceptional-education.

[8] Stanford facts. Stanford facts 2022[EB/OL].[2022-05-02].https://facts.stanford.edu/wp-content/uploads/sites/20/2022/01/Stanford-FactBook2022-web-v7.pdf.

[9] Indian Institute of Technology Bombay.Indian Institute of Technology Bombay Startup Policy 2021[EB/OL].[2023-06-21]. https://www.iitb.ac.in/sites/www.iitb.ac.in/files/basicpagefile/Revised％20IITB％20Startup％20policy_01％2010％2021_circ.pdf.

[10] The University of Toronto. Mission[EB/OL].[2020-12-11]. https://www.utoronto.ca/about-u-of-t/mission.

附　录

附录一　研究型大学本科生创新创业能力访谈提纲

一、访谈提纲(学生版)

尊敬的同学：

您好！非常感谢您接受访谈，本次访谈主要围绕以下问题展开：

1. 请您详细描述您认为具有成就感的事件或具体经历。(3~5件)

2. 请您详细描述您在求学或者工作期间遇到过的困难事件及其解决过程。(3~5件)

3. 请举事例说明是什么能力或素质决定了您与同伴的不同。(3~5件)

4. 若您想取得更突出的成就，您认为自己缺乏什么能力素质？或者哪些能力素质需要进一步提高？如有详细事件请具体描述。

5. 您如何看待创新创业大学生？您认为创新创业大学生需要具备什么能力？

二、访谈提纲(教师版)

尊敬的老师：

您好！非常感谢您接受访谈，本次访谈主要围绕以下问题展开：

1. 请您谈谈对创新创业人才的认识。

2. 请您谈谈对研究型大学本科阶段人才培养的认识。

3. 请您详细描述您印象中培养过的最优秀的本科生的能力特征。如有具体事例请说明。

4. 您认为学生在大学成长过程中可以分为几个阶段？每个阶段学生最突出的表现是什么？

5. 您如何识别学生未来的发展潜力？如有具体事例请说明。

6. 若学生想取得更突出的成就,您认为还缺乏什么能力素质？或者哪些能力素质需要进一步提高？

附录二　研究型大学本科生创新创业能力调查问卷

亲爱的同学：

　　您好！非常感谢您在忙碌中参与此次调查。本量表由研究型大学本科生创新创业能力研究课题组研发，旨在构建我国本土化创新创业能力结构模型，以深入推进创新创业教育发展。

　　本量表填写仅需10分钟左右，为匿名测试，测试结果仅用于学术分析，请您放心填写！

　　在此谨对您的协助与支持，致以最诚挚的谢意！

厦门大学大学生创新创业能力研究课题组

第一部分　创新创业能力量表

请根据您的实际情况选择"非常不同意～非常同意"。

编码	自我评价项目	认同度				
		非常不同意	不同意	不确定	同意	非常同意
Aa1	我知道自己是怎样的人					
Aa2	我清晰地知道自己的优势					
Aa3	我了解自己的性格					
Aa4	我了解自己的兴趣					
Aa5	我了解自己的发展需求					
Ab1	我认为自己是一个有价值的人					
Ab2	总体来说，我对自己是满意的					
Ab3	我相信自己能够很好地解决各种问题					
Ab4	我觉得自己有能力成就一番事业					
Ab5	我能成功地应对许多挑战					
Ac1	我能够很好地判断外界形势变化					

续表

编码	自我评价项目	认同度				
		非常不同意	不同意	不确定	同意	非常同意
Ac2	我对自己未来发展方向有清晰的认识					
Ac3	我有明确的发展目标					
Ac4	我的目标需要我全力以赴去实现					
Ac5	我为自己制定了短期目标和中长期目标					
Ac6	做事情前我都要先明确自己的目标					
Ac7	我知道该如何实现自己的目标					
Ba1	我做事情前都会做任务分解					
Ba2	在任务分解时我都会区分重点与难点					
Ba3	我做事情前会把任务分解到具体行动步骤					
Ba4	每一步行动计划都有确定的期限					
Ba5	进行计划时,我都会留出一定的余地					
Ba6	我能根据目标合理地规划资源					
Bb1	一旦制定了规划,我就会立马采取行动					
Bb2	我一直在寻找更好的方式以实现目标					
Bb3	我善于把想法付诸实践					
Bb4	即使别人不主动,我也会迅速采取行动					
Bb5	我经常创造条件去实现我的目标					
Ca1	我喜欢接受挑战					
Ca2	我喜欢大胆尝试新方案					
Ca3	我是一个雄心勃勃的人					
Ca4	我喜欢开拓未知领域					
Ca5	即使明知有风险,我也会试一试					
Ca6	我喜欢承担有挑战性的任务					
Cb1	我通常可以迅速作出决定					
Cb2	我总是能做出正确的决定					
Cb3	我在决策时不害怕失败					

续表

编码	自我评价项目	认同度				
		非常不同意	不同意	不确定	同意	非常同意
Cb4	我喜欢以我自己的方式行事					
Cb5	我通常不会犹豫不决					
Cb6	一旦作出决定后,我就不会后悔					
Da1	我能够流利自如地表达自己的想法					
Da2	在公共场合我能够从容地发言					
Da3	别人总是很容易理解我所说的话					
Da4	与他人沟通时,我能在合适的时候作出回应					
Da5	我擅长与人沟通					
Db1	在与他人合作时,我能够考虑不同人的想法					
Db2	我喜欢和别人合作					
Db3	我注重与团队成员密切配合					
Db4	工作中,我通常会考虑双方的利益					
Db5	我能够尊重他人不同的观点和建议					
Db6	我能主动调解团队成员的意见分歧					
Db7	我总是想办法促进大家团结					
Ea1	我善于发现机会					
Ea2	我擅长于将问题转化为机会					
Ea3	我能够评估潜在机会中的优势与劣势					
Ea4	我能够抓住难得的机会并采取行动					
Eb1	我经常尝试采用新的方法解决生活中出现的问题					
Eb2	我经常会从不同的角度来思考问题					
Eb3	我经常冒险去支持新的想法或创意					
Eb4	我经常检验新方法的有效性					
Eb5	我能够创造性地解决问题					
Eb6	我善于产生新颖的想法					
Fa1	每次行动我都要设想一下各种可能的风险					

续表

编码	自我评价项目	认同度				
		非常不同意	不同意	不确定	同意	非常同意
Fa2	一出现危机状况我就立即启动预案					
Fa3	每次行动时,我都要选择最合适的时机					
Fa4	我做事都会提前做好备选方案					
Fa5	我善于从不利角度思考并采取对策					
Fb1	我经常能够从失败中学到很多东西					
Fb2	我经常总结经验与教训					
Fb3	我会反思最初制定的目标是否合适					
Fb4	我会反思工作方法是否合适					
Ga1	不论未来会发生什么,我都会乐观对待					
Ga2	我总能看到事情光明的一面					
Ga3	我相信阳光总在风雨后					
Ga4	当遇到不确定的事情时,我通常期盼最好的结果					
Ga5	凡事我都看得开,几乎没有沮丧的时候					
Ga6	在困境中我会努力寻找对策					
Ga7	目前,我认为自己在生活和学习上相当成功					
Gb1	目前,我正精力充沛地追求自己的目标					
Gb2	遭遇失败后,我会想到这未必都是坏事					
Gb3	我能想出很多办法来实现我目前的目标					
Gb4	为了实现目标,我可以长期坚持不懈					
Gb5	遇到挫折时,我能够很快恢复过来并继续前进					
Gb6	我无论如何都会去解决遇到的难题					
Gb7	我能做到迎难而上					

第二部分 个人信息

1. 您的性别：
A. 男　　B. 女
2. 您的年级：
A. 大一　B. 大二　C. 大三　D. 大四（包括大五）
3. 您的专业所在学科门类：
A. 文科　B. 理科　C. 工科　D. 医科
4. 您所在高校名称：_____
5. 您的家庭所在地：
A. 农村　B. 乡镇　C. 县城　D. 地级市　E. 省会城市

后 记

本书是在我硕士学位论文的基础上进行的补充与修订。拙作即将付梓,以一个崭新的身份再次回望从硕士入学、论文选题到如今的历程,漫长而艰辛的探索,心中满是感慨。

学术研究无疑是一段充满思索与发现的过程。本书的构思发端于一个简单的问题:在快速变化的时代,我们的大学如何培养能够引领未来的创新创业者?为解答这个问题,我首先分析了创新创业教育的理论基础,探讨了创新创业、创新创业能力的本质。理论繁复而深奥,我在这海洋般的知识里寻找着能够引导大学生创新创业的灯塔。但每当我觉得自己抓住了一丝线索,深入探索后往往又发现这只是冰山一角。这种反复的过程让我产生了强烈的挫败感,甚至开始怀疑自己的能力。然而,当我与优秀的专家教授,以及那些充满活力、怀揣梦想的学生交谈时,我的信心又会重新燃起。他们的故事和经历如同星辰,照亮了我前进的道路。我开始理解,这研究不仅仅是关于理论的陈述,更是关于人的故事,是关于那些在创新创业路上跌跌撞撞却依然前行的年轻灵魂的记载。这,正是创新创业的集中体现。当研究型大学本科生创新创业能力模型逐渐清楚后,我又产生了一个困惑:世界一流学府是如何培养学生强大的创新创业能力?因此,在原有学位论文基础上,我又增加了清华大学、浙江大学、哈佛大学等国内外著名研究型大学案例,在这些代表了高等教育创新创业的最佳实践中试图寻求共性。这些实例不仅代表了学校的形象,更是无数教育工作者和学生心血的结晶。我希望能够公正地呈现他们的努力,以及他们所创造的影响力。

在写作的漫长日夜里,孤独与疲惫常在。面对电脑屏幕和堆积如山的笔记,我不断地质疑自己的观点。然而,每当我解决了一个问题,或是在文本中找到了一个完美的表达方式,那种成就感便是对所有努力的最好回报。回想起书稿初稿完成的那一刻,我仍然清晰地记得那种如释重负的轻松感。但那只是开始,因为随后的校对和修改工作同样烦琐。我努力琢磨每一个词句,希望能够为读者提供最清晰、最精确的信息。这些经历,虽然极为漫长,却同样是我学习和成长的宝贵时刻。我深深知道,这本书不仅记录了我的学术探索,也见证了我的心路历程。每一段文字背后,都有一个小小的自我发现和超越的故事。

最后,我要感谢所有支持我完成这本书的人。没有他们的鼓励和帮助,这一切都不可能实现。感谢我的导师——王洪才老师,王老师不仅勇敢地选择了一个刚开始接受学术规训的学生进入国家级课题研究团队,而且在整个研究过程中给予了我无限的支持和宝贵的指导。王老师的深邃见解、严谨态度以及对学术研究的热情激励了我,也为本书的构思和完成提供了坚实的基础。正是在王老师的悉心培养下,我有幸经历了从学术新手到独立研究者的转变,本书的出版也才成为可能。感谢别敦荣老师、陈兴德老师、洪志忠老师、陈斌老师等在学位论文的开题和实施过程中给予的指导;感谢我的同门、我的同学、我的家人,以及那些无私分享知识和经验的教师和学生,你们的每一次鼓励和每一条建议都是我前进的动力。成长之路,所遇之人,均值得感谢。但遗憾的是,我还未能一一列尽他们的名字,也未能一一详述他们对我的厚爱。我唯一能做的,就是带着这份厚爱,继续努力前进!

我期待着读者能够在这本书中找到对他们有价值的内容,并希望它能够成为促进创新创业教育发展的一砖一瓦。更进一步,我希望它能够为那些立志于改变世界的年轻创新创业者提供灵感和指引。

"初生之物,其形必丑",本书是我接触创新创业教育后的首次系统研究,也是第一次对量化数据进行实际操作、第一次尝试运用混合研究方法,研究能力不足致使研究仍存有较多遗憾,恳请批评指正!

郑雅倩

2023年5月1日于厦门大学